Wolf Jobst Siedler

Wider den Strich gedacht

Wolf Jobst Siedler

Wider den Strich gedacht

Siedler

Erste Auflage

© 2006 by Siedler Verlag, München,
in der Verlagsgruppe Random House GmbH

Schutzumschlag: Rothfos + Gabler, Hamburg
Satz: Ditta Ahmadi, Berlin
Reproduktionen: Mega-Satz-Service, Berlin
Das für dieses Buch verwendete FSC-zertifizierte
Papier EOS liefert Salzer, St. Pölten.
Es ist alterungsbeständig und
aus chlor- und säurefreier Produktion.
Druck und Bindung: GGP Media GmbH, Pößneck
Printed in Germany 2006
ISBN-10: 3-88680-844-0
ISBN-13: 978-3-88680-844-1

www.siedler-verlag.de

Inhalt

BRIEFE

Nach fünf Jahrzehnten

MIT DEM ACHTZIGSTEN JAHR ist wohl die Zeit des Rückblicks gekommen. Hat man die Epoche schreibend begleitet, so stellt sich die Frage, wie hat man auf die Sensationen und Revolutionen der Zeit reagiert, was hat einen zum Nachdenken gebracht, ist man von den vorübergehenden Aufgeregtheiten abhängig gewesen, oder ist es gelungen, einen Standort außerhalb der Debatten einzunehmen?

Die Texte aus einem halben Jahrhundert, die dieser Band zusammenfaßt, sind in verschiedener Lage geschrieben worden. Manches liest der Autor wie ein Fremder. Nicht ohne Überraschung sieht er, was ihn in diesen Jahrzehnten bewegte und was ihm so wenig bedeutete, daß er wortlos darüber hinwegging. Sein Forum waren nahezu ein Jahrzehnt Zeitschriften und Zeitungen, vom »Monat« und der »Neuen Zeitung« bis zum »Tagesspiegel«, dessen Feuilletonchef er Ende seiner Zwanzig wurde. Dann war er fast zwei Jahrzehnte verantwortlich für zwei Verlage, die in der Welt der Literatur lange vor ihm etwas bedeuteten, Ullstein und Propyläen. Damals war er ganz und gar der Literatur hingegeben, wie ihr wohl alle jungen Leute verfallen sind. Heinrich Böll besuchte ihn häufig in Dahlem, später war er mit Hans Schwab-Felisch und Georg Ramseger Vorsitzender einer Jury, die unter anderem den Hermann-Hesse-Preis zu vergeben hatte. Damals sorgte er dafür, daß der junge Martin Walser für seinen Erstling »Ehen in Philippsburg« ans Licht des Tages gezogen wurde.

Der eigene Verlag, der seinen Namen trägt und mit dem er dann das Abenteuer des Verlegens auf neue Weise erleben sollte, war nicht von der Literatur, sondern von der Geschichte und der

Gegenwart geprägt, die inzwischen auch wieder Geschichte geworden ist. Wieder war er fast zwei Jahrzehnte Verleger, und er schrieb selber nur noch gelegentlich. Bei der Auswahl der Texte für diesen Band sieht er überrascht, wieviel dann doch zustande gekommen ist. Nach wiederum fast zwanzig Jahren übergab er seinen Verlag einer jüngeren Generation, da ging er schon auf das Fünfundsiebzigste zu.

Wenn er selber schrieb, ging der Autor über das meiste hinweg, was gerade literarisch Furore machte. Dazu gehörten in der unmittelbaren Nachkriegszeit Ernst Kreuders »Die Gesellschaft vom Dachboden«, Hermann Kasacks »Die Stadt hinter dem Strom« und Elisabeth Langgässers »Das unauslöschliche Siegel«, Bücher, die nach dem erzwungenen Schweigen von zwölf Jahren für einen Aufbruch zu stehen schienen. Aber selbst Heinrich Bölls Romane scheint er als vergänglich gesehen zu haben, obwohl er ihm doch über Jahrzehnte als Verleger seiner Taschenbücher freundschaftlich verbunden war. So ging es ihm auch mit den Büchern, die Günter Grass in nicht abreißender Produktivität alle paar Jahre hervorbrachte. Das waren die einzigen deutschen Nobelpreisträger der zweiten Nachkriegszeit, aber der Autor fühlte sich ganz offensichtlich niemals zu essayistischer Erörterung ihrer Werke herausgefordert. Einzig Uwe Johnson blieb er ein Leben lang verbunden. In der Friedenauer Niedstraße trafen sie sich zum ersten Mal, als der Mecklenburger gerade nach West-Berlin übersiedelt war, und in der Wohnung Hannah Arendts am New Yorker Riverside Drive, wo der Unstete und Heimatlose ein flüchtiges Zuhause gefunden hatte, sah er Johnson dann immer wieder, bevor der seine endgültige und letzte Unterkunft auf einer Insel in der Themse fand. Dessen Erstling »Mutmaßungen über Jakob« hatte er 1959 hymnisch begrüßt, und in dem abschließenden Band des großen Romanwerks »Jahrestage« sah er so etwas wie die Ehrenrettung der deutschen Nachkriegsliteratur. Hatte er die Empfindung, »von hier und heute« gehe eine neue Epoche der deutschen Literatur aus, wie es den Anschein hat?

Ganze Legionen von Büchern sind inzwischen dahingesunken,

wobei man mitunter Mühe hat, selbst Namen wie Hans Erich Nossack und seinen Roman »Spätestens im November« noch zu erinnern, in dem alle Welt einst einen Höhepunkt der deutschen Literatur sah. Alfred Andersch wiederum war ihm auch deshalb sympathisch, weil der Verehrer Ernst Jüngers so hartnäckig auf seinem eigenen Urteil bestand; aber selbst sein Hauptwerk »Winterspelt« hat ihn nicht zu einer Stellungnahme herausgefordert. Wortlos ging er auch über die frühen Romane Wolfgang Koeppens hinweg, die in den fünfziger Jahren als Verheißung der deutschen Literatur gesehen wurden. Sein Freund Siegfried Unseld – sie trafen sich in den späten fünfziger Jahren zu dritt in der Frankfurter Wohnung von Hans Schwab-Felisch in der Freiherr-vom-Stein-Straße zum ersten Mal – bat ihn dringend, Koeppen zu einem Gemeinschaftswerk deutscher Schriftsteller einzuladen. Aber auch daraus wurde nichts, die Schreibhemmung des Greifswalders, der als einer der ersten Übersiedler in den Westen gekommen war, war so groß, daß er nicht eine einzige Seite zu Papier brachte. Aber Nossack wie Koeppen sind nahezu vergessen, und ihr früher Ruhm ist inzwischen verblaßt.

Walther Kiaulehns Erfahrung war dem Autor in solchen Momenten eine Beruhigung: »Das große Schwurgericht der Literatur, das insgeheim alle fünfzig Jahre zusammentritt – keiner kann sagen wie und wo –, verurteilt in Schnellverfahren ganze Reihen von Schriftstellern und ihre Bücher zum Tode des Vergessens. Es gibt keine Revision gegen diese Urteilssprüche, und kein Lamento hilft. Dennoch erschrickt man bei dem Blick zurück, wie viele auf der Strecke geblieben sind.«

Die heitere Resignation Kiaulehns angesichts der Vergänglichkeit von Büchern scheint auch die des Autors gewesen zu sein. Ganz anderen Vorgängen als dem Kommen und Gehen von Büchern galt seine Aufmerksamkeit. Die untergegangenen Provinzen im Osten, das Leiden auf den endlosen Trecks, wo mehr als eine Million Flüchtlinge ihr Ziel nicht erreichten, und in gleicher Intensität die Untaten der Gewaltherrschaft drängten sich ihm vor alle Literatur. So schrieb er 1964 in dem Essay »Trauer um den verlorenen Schmerz«, daß im Osten nicht nur die verspielten Provinzen, sondern auch die vergessenen Lager liegen. Daraus zog er den Schluß, daß Sorge um verlorene Landstriche den Maßstab verletze, wo Schrecken vor ganz anderem Grauen geboten sei: »Das empfindlichere Bewußtsein scheut die Erinnerung an die Trecks der Flüchtlinge, weil mit ihnen auch die Waggons der Häftlinge aus dem Dunkel steigen.«

In diesem Licht sah er auch die Ereignisse von 1945, bei denen ihn anderes beschäftigte als das ständige Fragen, ob »der Zusammenbruch des Deutschen Reiches Untergang oder Befreiung« gewesen sei, Anlaß zur Trauer oder zur Erleichterung. Dieses Dilemma alles Erinnerns suchte der Essay »Land ohne Hauptstadt« zu fassen. Bücher, die man der sogenannten »schönen Literatur« zurechnete, waren dem Autor demgegenüber ephemer. Was man heute die Osterweiterung der Europäischen Union nennt, sah er in historischer Perspektive: »Der Osten wird der Westen sein, oder er wird gar nicht sein. Das ist die tiefere Bedeutung der Ereignisse, die Europa und mit ihm Deutschland im Jubiläumsjahr der Französischen Revolution noch einmal umstürzten.«

Immer stand die Historie im Vordergrund seiner Aufmerksamkeit. Hier und da dachte er über das Gewicht, auch das literarische, der Tagebuchliteratur der Nachkriegszeit nach, von Victor Klemperers »Ich will Zeugnis ablegen bis zum letzten« über Ernst Jüngers »Strahlungen« bis zu Brigitte Reimanns »Alles schmeckt nach Abschied«. Zuweilen fragte er dann, ob die Schrecken der Vergangenheit so ungeheuer gewesen seien, daß sie sich der erzählenden Literatur entzogen. In dem Ungenügen an den Romanen der Nachkriegszeit habe sich vielleicht das Staunen ausgesprochen, daß die beiden Gewaltherrschaften so wenig in das Schreiben der Nachgeborenen eingegangen sind. Warum hat die deutsche Nachkriegsliteratur keine solchen Bücher wie Giorgio Bassanis »Die Gärten der Finzi Contini« und Carlo Levis »Christus kam nur bis Eboli« und Vercors »Das Schweigen des Meeres« hervorgebracht? Diese Frage wäre Gegenstand eines eigenen Essays gewesen. Dazu ist es nicht mehr gekommen.

AUFSÄTZE

Als die Buchmesse noch ein
literarisches Ereignis war

VON JAHR ZU JAHR WERDEN ES MEHR: mehr Bücher, mehr teil-
nehmende Länder, mehr Verlage. Diesmal sind's rund tausend-
vierhundert Verlage, fünfundzwanzig Länder, 60 000 Bücher, die
in Frankfurt vertreten sind. Aus der guten alten »Buchhändler-
Kantate«, zu der am vierten Sonntag nach Ostern, eben dem Sonntag Kantate, die Buchhändler und Kommissionäre nach Leipzig
reisten, ist die Buch-*Messe* geworden, eine Messe wie andere
auch, immer größer, immer lärmender, immer mehr auf imponie-
rende Zahlen bedacht; fast, daß man über all dem Trubel vergißt, welche Ware denn hier eigentlich feilgehalten wird.

Die Buchmesse *ist* eine Messe, das Verlagswesen längst eine
Industrie geworden: der strapazierende Rundgang durch Frankfurts Ausstellungshallen macht es immer wieder deutlich. Längst
sind die Verlage Betriebe wie andere auch, sind mit Maschinen
ausgestattet, die laufen müssen, soll das Unternehmen florieren.
Sorge macht nicht so sehr das Buch, das man drucken möchte,
aber nicht kann, sondern jenes, das man drucken muß, aber nicht
hat. Da behilft man sich dann mit Auftragsarbeiten, Photobü-
chern, Übersetzungen auch drittrangiger Belletristik, die Produktion darf nicht ins Stocken geraten, die Fabrikation muß ren-
tabel bleiben: das Konsumgut-Buch will abgesetzt sein. Das füllt
dann hier die Verkaufsstände und Bücherkojen kilometerweit.
Wer durchkommen will, muß gut auf den Beinen sein. Das andere kommt schon von selbst.

Das andere – das ist der literarische Aspekt der Sache, des-
sentwillen die Buchmesse noch immer nicht nur eine Verkaufs-
schau von Handelsware, sondern auch so etwas wie eine Interna-

tionale des Geistes ist. Denn schließlich und über allen treuherzigen Poeten-Mißmut hinweg trifft sich hier in Frankfurt, wie nirgendwo sonst, die literarische Welt für acht Tage. Was in Europa im Laufe der letzten zwölf Monate in einem guten Dutzend Sprachen in Druck gegangen ist, kann nun in Augenschein genommen werden: in Hochglanzpapier und japanischer Seide, in durablem Leinen und englischer Broschur ist hier nun alles vereinigt, was in Poetendachstuben, Seminaren und auf Ministersesseln letzthin gedichtet, gedacht und analysiert worden ist. Es ist alles da – nur, daß es von der Masse des Überflüssigen fast erdrückt wird. Man muß es zu finden wissen.

Hat man die ersten Kilometer hinter sich gebracht, findet man sich im labyrinthischen Gewirr der Gänge und Treppen schon besser zurecht. Vorn gleich am Eingang sind wie immer die Werke des Friedenspreisträgers in den Erstausgaben zu besichtigen; diesmal ist es Karl Jaspers, dem der Buchhändlerverein den Preis zugedacht hat, und seine Bücher füllen samt den Übersetzungen ins Finnische, Spanische und selbst ins Japanische gleich sechzehn Vitrinen. Da sind die sowjetischen Verlage, dicht bei ihnen die der Volksdemokratien und mitten darunter, ein wenig verloren, die Jugoslawen. Südafrika ist da und am anderen Ende des Ganges Rotchinas Staatsverlag mit herrlichen Kunstbüchern. Sonst fehlt Asien, wie es denn überhaupt auf dem europäischen Büchermarkt kaum zu Worte kommt. Gerade noch, daß Japan mit drei Romanen in deutschen Übersetzungen vertreten ist; von den jungen Arabern sind einzig die französisch schreibenden Nordafrikaner da, und Persien, Pakistan oder die Türkei fehlen ganz. Eben erst hat man in Paris bei der UNESCO darüber beraten, und beim Hanser Verlag, der als deutscher Teilnehmer der Besprechungen Näheres zu berichten weiß, hört man, daß die UNESCO mit Druckbeihilfen die Übersetzungen aus asiatischen Sprachen in Gang bringen will. Vielleicht ist nächstes Jahr das Konzert schon vielstimmiger geworden.

Aber sonst ist das Bild so schlecht nicht, wie die Skeptiker uns glauben machen wollen. Es kommen in diesen Monaten und

Wochen schon ein paar Dutzend Bücher heraus, die die Mühe des Lesens lohnen. Von Boris Pasternaks »Doktor Schiwago« ist bei Fischer wenigstens der Glanzpapier-Umschlag schon zu betrachten, und wenn nichts dazwischenkommt, wird das in Italien schon zum Bestseller gewordene Buch nächstens auch hierzulande in den Schaufenstern liegen. Kiepenheuer & Witsch haben den Wettlauf um die Übersetzungsrechte verloren, dafür bringen sie nun Pasternaks Selbstbiographie heraus und von Pasternaks gleichaltrigem Landsmann Zamjatin den vielumstrittenen Roman »Wir«. Überhaupt Kiepenheuer: Das Unternehmen wird immer gewichtiger und ist dabei, auch Häuser mit älterem Namen auszustechen. Diesmal ist unter den Novitäten nicht ein Titel, der nicht neugierig machte, voran Patrick Whites, des großen Australiers zweiter Roman, der nach dem Erstling »Zur Ruhe kam der Baum des Menschen nie« nun unter dem Originaltitel »Voss« vorliegt. Zweifellos eines der wichtigsten literarischen Ereignisse der Saison. Und daneben Erzählungen Henry James', Ernst Niekischs Lebenserinnerungen, Erich Kästners »Gesammelte Schriften« und aus Polen Marek Hlaskos »Der achte Tag der Woche«. Vielleicht sind wirklich auch in diesem Jahre die Übersetzungen am wichtigsten – bei Biederstein etwa die vorjährige literarische Sensation Frankreichs, Michel Butors Roman »Paris–Rom«, bei Rowohlt und Suhrkamp die Spanier Juan Goytisolo und De Ayala, bei Coverts der neue Faulkner und Wright Morris, in der Deutschen Verlagsanstalt endlich wieder ein Australier, Robert S. Closes »Eliza Callaghan«. Aber auch mit den deutschen Autoren ist es nicht schlecht bestellt. Auch wenn man von denen absieht, die nun allmählich in die Reihe der alten Garde aufrücken, Ernst Jünger etwa, der mit den »Jahren der Okkupation« die Fortsetzung zu den »Strahlungen« vorlegt, sein Bruder Friedrich Georg auch, der seine Lebenserinnerungen um einen weiteren Band fortgeführt hat. Auch bei den Dreißig- bis Fünfzigjährigen tut sich etwas. Gaiser hat sein bisher bestes Buch, »Der Schlußball«, geschrieben, Heinz von Cramer einen neuen Roman, Ulrich Becher, Heinz Risse, Ernst Schnabel, Geno

Hartlaub, Hans Helmut Kirst – sie alle sind nicht müßig gewesen, und aus zerfledderten Manuskripten sind nach Leim und Papier riechende Bücher geworden, in denen man herumblättert, um sie ein wenig abzuschmecken. Es ist keine so schlechte Ernte, die heuer in die Scheuern eingebracht wird. Man muß nur die Spreu vom Weizen trennen.

Lasse man sich nur ja nicht auf die Verleger und Lektoren ein, die in ihren Kojen bei Kognak und Kaffee Cercle halten. Geht es nach ihnen, hat nur vom Besten das Beste den Weg in die Druckereien gefunden. Man macht die Vortrefflichkeit der hauseigenen Produktion in vielen Sprachen klar, denn neben den Sortimentern und Kritikern sind ja auch Vertreter aus aller Herren Länder von der eigenen Wohlgeratenheit zu überzeugen. Messe heißt ja nicht so sehr, daß man verkaufen will – das ist zumeist schon in den Sommermonaten geschehen; wenn sich hier die Tore öffnen, sind siebzig bis achtzig Prozent der Abschlüsse schon längst getätigt. Wichtiger als Kauf und Verkauf sind die Begegnungen, die Gespräche auf zerbrechlichen Stühlen und in Hotelhallen. Agenten bieten von fremdsprachigen Bestsellern die Ubersetzungsrechte an und halten nach Erzeugnissen heimischer Autoren-fleißes Ausschau, die sich auch in fremde Zungen transponieren ließen. Ein Stimmengewirr, wo man sich auch hinwendet. Rowohlt, längst in den Siebzigern und noch immer mächtige Erscheinung, klagt, daß ihn der Arzt unlängst zu Mosel-Sekt verurteilte, Witsch ärgert sich, daß ein unverständiger Kritiker sein bestes Buch mit der linken Hand abtat, beim Beck- und Biederstein-Verlag sitzt unterm »Berlin«-Buch gleich dessen Autor Kiaulehn und gibt Schwänke aus den zwanziger Jahren zum besten.

Sage man nur ja nicht, daß all das, die heitere und geschäftige Geschwätzigkeit am Rande, Nebensache und Begleiterscheinung sei. Es ist die Hauptsache. Hier wird, neben vielen Geschäften, auch ein bißchen Literatur gemacht, und gewiß wird in ein oder zwei Jahren auf der Buchmesse manches Buch zu besichtigen sein, das hier in betriebsamer Enge ausgehandelt wurde.

Hat Deutschland noch eine literarische Öffentlichkeit?

HABEN WIR NOCH EINE LITERATUR? Nicht, haben wir noch Bücher? Davon haben wir mehr als genug, Jahr für Jahr kommen etwa sechzigtausend Novitäten heraus. Nicht, haben wir noch Autoren? Noch nie zuvor haben wir so viele Menschen gehabt, die ihr Leben über dem Verfertigen von Druckerzeugnissen zubringen. Kürschners neues Schriftstellerverzeichnis hat den Umfang eines mittleren Telephonbuches und führt mehr Namen auf, als die Einwohnerlisten von Städten zur Goethezeit enthielten.

Haben wir noch eine *Literatur*, gibt es – abgesehen von Bestsellern und Mißerfolgen – so etwas wie ein literarisches Bewußtsein, in dem sich der Zustand unserer Gesellschaft artikuliert?

SCHLÄGT MAN UNSERE GAZETTEN und Journale auf, scheint daran kein Zweifel möglich. Ein paar Dutzend größerer und kleinerer Tageszeitungen halten an dem angenehmen Brauch fest, ihren Lesern zum Sonntagmorgen eine Literatur-Beilage zu präsentieren, in der die Neuerscheinungen des in- und ausländischen Büchermarktes, und mitunter auf gar nicht so üblem intellektuellem Niveau, vorgestellt, gewürdigt, kritisiert werden. Eine Handvoll monatlich und vierzehntägig erscheinender Zeitschriften haben sich ausschließlich der Literatur verschrieben, kein Blatt, das auf sich hält, wird über Chruschtschow und de Gaulle an Pasternak und Hemingway vorbeigehen. Es wird von literarischen Ereignissen geschrieben und von Autoren, die sich mit ihrem jüngsten Roman in der vordersten Reihe der Gegenwartsliteratur etabliert haben. Jedes Land hat seine eigene Akademie, und ihre Zahl steht nachgerade in einem Mißverhältnis zur Zahl der akademiewürdigen Schriftsteller; man behilft sich, indem man sich die Mitglieder gegenseitig abspenstig macht.

Niemals zuvor sind in Deutschland, auch wenn man das, was sich jenseits des Brandenburger Tores tut, außer Acht läßt, so viele Literaturpreise verliehen worden. Jeder Stadt ihr Preis, von friesischen Hafenstädten bis zu Lindau am Bodensee. Manche davon dienen der Fremdenverkehrswerbung oder der Ankurbelung heimischer Industriebetriebe. Aber es sind auch sehr achtbare, übrigens hoch dotierte, darunter, die von Juroren verteilt werden, auf deren Sachverstand man bauen kann. Kein deutscher Dichter, der seinen Namen nicht zur Etikettierung eines Literaturpreises hergeben mußte, und da die Zahl unserer Olympier beklagenswerterweise mit der Vermehrung literarischer Medaillen nicht Schritt hielt, sind einige Städte in schöner Eintracht zur gemeinschaftlichen Ausbeute der großen Namen übergegangen. Frankfurt hat seinen, Hamburg eben den Hansischen Goethepreis. Nach außen hin ist alles in Ordnung, war es nie besser mit der deutschen Literatur bestellt.

Aber da bleibt die Klage der Autoren selber. Kaum einer von ihnen, auch von den namhaftesten, kann seinen Lebensunterhalt mit den Erträgnissen seiner literarischen Produktion bestreiten. Das war, wird man sagen, auch früher so. Auch da hatte man seinen Neben- oder Hauptberuf und suchte in der Juristerei, Medizin oder Theologie sein Auskommen: mit deutschen Dichtern hätte man im neunzehnten Jahrhundert die Kirchsprengel einer ganzen Provinz und ein paar Dutzend Amtsgerichte ausrüsten können. Der Vergleich hinkt aber. Erstens haben wir heute zehnmal mehr Leser als 1820, und es sollte leichter sein, ein – schließlich doch auch zahlendes – Publikum oder eine Gemeinde um sich zu versammeln. In Wirklichkeit ist es schwerer als je zuvor, was natürlich mit unserer soziologischen Struktur zusammenhängt.

Dann aber, und viel wichtiger: der Broterwerb früherer Zeiten gefährdete die Integrität der literarischen Hervorbringungen nicht im heutigen Maße. Man kann sehr wohl einer Bauersfrau die Gicht kurieren und abends ein Sonett schreiben; man kann sehr wohl zu einer Stunde die Sakramente austeilen und zur anderen die Exposition eines Schauspiels entwerfen. Dergleichen ist vielleicht sogar eher stimulierend, indem es den Schreibenden mit dem Stoff versieht, aus dem das Leben nun einmal gemacht ist. Unsere Bölls und Koeppens und Hildesheimers haben keinen Nebenerwerb dieser Art. Heute eilt man ins Funkhaus oder ins Fernsehstudio, und zwischen zwei Romankapiteln wird schnell noch ein Hörspiel, ein Feature, eine Reisereportage hergestellt. Solche Dinge aber verlangen eine andere Technik, einen anderen Stil, eine vive Hurtigkeit, deren man sich nicht so schnell entledigt, wie man sie sich zulegte. Der wirkungssichere, pointierte, auf sehr raffinierte Art um Simplizität bemühte Stil, den unsere Rundfunkanstalten so pflegen, zieht seit neuestem auch in die Literatur ein. Es gibt eine neue Variante der alten Geschichte von dem verschluderten Talent. Aus manchen Büchern glaubt man heute die atemlose, gehetztnervöse Stimme eines routinierten Funksprechers herauszuhören. An dem Gebrauch, den unsere Autoren von Satzzeichen machen, könnte man das im Oberseminar beweisen. Sie werden nicht mehr zur Gliederung einer Periode oder zur Strukturierung eines Gedankenganges verwandt; sie entsprechen dem gesprochenen Wort, das durch den Äther zu uns kommt: Pausen, Einschnitte werden da gemacht, wo nicht der Rhythmus eines Prosagefüges, sondern die Aufnahmefähigkeit des Ohres es verlangt.

Aber natürlich kann man mit Schriftstellern nicht ins Gericht gehen, weil sie sich woanders als in der Literatur ihr Auskommen suchen. Einem prominenten Mitläufer des Dritten Reiches wird der Satz zugeschrieben, daß er mit dem Regime seinen Kompromiß geschlossen habe, weil er keine Lust hatte, plötzlich wieder Straßenbahn zu fahren. Es steht Leuten, die vom Wirtschaftswunder selber kräftig profitieren, schlecht an, dem Maler zu verargen, daß er eine Akademie-Professur dem ungeheizten Atelier vorzieht, dem Lyriker, daß er außerdem noch Abteilungsleiter in der Hörspiel-Abteilung eines Senders ist. Hier und da hört man dann noch das Argument, daß große Kunst immer nur aus der auch materiell ungesicherten Qual des Schöpferischen gekommen sei. Aber die Folgerungen, die daraus von romantischen Wirrköpfen gezogen werden, sind purer Unfug: es gibt eine ganze Reihe von prominenten Beispielen, daß es sich auch in Equipagen und Cadillacs nicht übel dichten läßt. Die Männer, die den »Faust« und den »Faustus« geschrieben haben, fanden sich auch im Irdischen ganz gut zurecht.

Der deutschen Literatur von heute fehlt allerlei, vielleicht fehlen ihr sogar wirklich die ganz großen Begabungen, obwohl das nicht ausgemacht ist. Was ihr am meisten fehlt, ist eine literarische Öffentlichkeit. Natürlich können Genies auch in der Einsamkeit wachsen, und selbstverständlich entstehen Meisterwerke auch abseits der großen Welt; eine lebendige Literatur aber braucht eine ebenso lebendige Öffentlichkeit, die sehr dünnhäutig und feinnervig auf die Bewegungen des literarischen Klimas reagiert. Wir haben Talente, und wir haben sogar eine ganze Reihe von durchaus beachtlichen Büchern – aber wir haben auch nicht die Rudimente dessen, was man ein literarisches Bewußtsein der Gesellschaft nennen könnte.

Es ist ziemlich töricht, immer wieder die literarischen Hervorbringungen der zwanziger Jahre gegen die Produktion dieser zweiten Nachkriegszeit aufzurechnen: es ist gar nicht so sicher, ob Ludwig Renns »Krieg« ein besseres Buch war als Bölls »Wo warst du, Adam?«, ob Alfred Andersch den Vergleich mit Wassermann zu scheuen hat und ob Doderer nicht die ganzen Zweigs, Glaesers und Remarques aufwiegt. Viel an dem Ruhm der *roaring twenties* ist ein Mythos, der übrigens mit jedem Wiederbelebungsversuch, den unsere Bühnen etwa an Sorge, Hasenclever, Unruh und Goering unternehmen, weiter abbröckelt.

Aber eben jener Mythos fehlt uns heute. Es fehlt uns sogar die literarische Mode, der intellektuelle Snobismus. Es ist verhältnismäßig einfach, über Damen zu lächeln, die bestimmte Neuerscheinungen gelesen haben müssen. Zugegebenermaßen spricht es nicht für den Kunstverstand einer Epoche, daß es *en vogue* ist, bei der *vernissage* des »Sturm« oder des »Blauen Reiter«

dabeigewesen zu sein und daß man auf Premieren abonniert sein muß, um im Grunewald-Salon *à la mode* zu sein. Aber es spricht für eine Epoche, daß es Leute gibt, die sich dieser Illusion hingeben. Keine lebendige Literatur kommt ohne dergleichen aus. Auch daher kommt der literarische Glanz von Paris.

Sind wir, wie uns gewisse Kulturkritiker glauben machen wollen, wirklich ernster, ehrlicher, nüchterner geworden, weil uns die Kunst kein angenehmes Dekor des Gesellschaftlichen mehr ist? Die Kehrseite davon ist, daß unsere Neuerscheinungen, Uraufführungen und Kunstrevolutionen im Schatten der Öffentlichkeit bleiben. Als Remarques »Im Westen nichts Neues« herauskam, war die erste Auflage nach wenigen Stunden vergriffen, Glaesers »Jahrgang 1902« und Zweigs »Sergeant Grischa« hatten im Handumdrehen die Hunderttausend-Grenze überschritten; die fortsetzungsweisen Vorabdrucke aus dem längst vor seinem Erscheinen zu einer Sensation gewordenen »Zauberberg« ließen die Auflage der Fischerschen »Rundschau« emporschnellen. Bibliophile Kostbarkeiten, von Kokoschka oder Kubin illustrierte Luxusausgaben, konnten herausgebracht werden, weil es genügend Kaufleute und Rechtsanwälte gab, die – und sei es aus Snobismus – auf bibliophile Sonderdrucke abonniert waren.

Nein, mit diesen Torheiten haben wir heute aufgeräumt. Aber wir haben auch keine bibliophilen Ausgaben mehr (das verlegerische Risiko wäre viel zu groß), und auch die besten unserer Autoren kommen selten über die Fünftausend-Grenze. Es gibt keine Romane mehr, die man gelesen haben muß, weil man darüber spricht; die Folge ist, daß die Bücher erst gar nicht gekauft werden. Wassermann war wahrscheinlich ein ziemlich schlechter Modeschriftsteller, und Stefan Zweig stellte genau jene eleganten und ein ganz klein bißchen fragwürdigen Biographien her, mittels derer man einen Blick aus der Perspektive des Unterrocks in die Weltgeschichte werfen konnte. Aber das Erscheinen des »Fall Maurizius« und der »Marie Antoinette« war fast so etwas wie ein gesellschaftliches Ereignis. Wer weiß eigentlich, daß in diesem Herbst ein neuer Böll und ein neuer Wolf von Niebelschütz herausgekommen ist? Daß ein völlig unbekannter sechsundzwanzigjähriger Ostzonen-Flüchtling namens Uwe Johnson mit einem Roman »Mutmaßungen über Jakob« eine literarische Sensation ersten Ranges geliefert hat. Wahrscheinlich werden auch von diesen Büchern nicht viel mehr als fünftausend Exemplare verkauft werden, und im nächsten Frühjahr sitzen die drei wieder im Hörspielstudio.

Sicherlich kann man einwenden, daß es denkbar belanglos ist, ob in Damenzirkeln über Dichtung gesprochen wird und ob Stammtische sich über Anti-Kriegsbücher ereifern. Aber es ist nicht gleichgültig, ob ein Schriftsteller von einer Sozietät getragen wird, die auf seine Arbeit klar erkennbar reagiert. Picassos Satz, daß seine Bilder nicht anders aussähen, wenn er sie mit der Zunge in den Staub einer Zuchthauszelle hätte malen müssen, ist zwar ein hochfahrendes Gleichnis für die Unbedingtheit und Unverletzlichkeit der Kunst. Aber dieser Satz stimmt nicht – nicht einmal für Picasso selber. Immerhin ist *»La Guernica«* die Replik eines Künstlers auf die moralische Herausforderung des spanischen Bürgerkriegs – es gäbe dieses Bild und es gäbe Picasso nicht, wenn es die Gesellschaft nicht gäbe, auf deren Bewegungen er mit zitternder Erregbarkeit respondiert. Mag sein, daß alle große Kunst aus der Einsamkeit kommt und in die Einsamkeit geht: dazwischen aber liegt die Sphäre des Gesellschaftlichen, die dem Künstler mit eigenen Forderungen und Ansprüchen begegnet. Die Misere unserer Literatur ist auch und vielleicht sogar zuerst einmal die Misere unserer Öffentlichkeit, die keinen Autor mehr anspricht und sich nun auch von keinem mehr angesprochen fühlt.

Aus den zwanziger Jahren datiert die ironische Geschichte von dem Damenkränzchen, in dem über die literarischen Novitäten der Saison geplaudert wird. »Haben Sie schon Einsteins Relativitätstheorie gelesen?« wird die Seniorin der Runde gefragt. »Ach, ich warte lieber, bis es als Film kommt.« Die Dame fehlt uns heute – oder doch die Gesellschaft, in der die Teilnahme an der Literatur sich solche Schnörkel leistete. Aber wir haben keine literarische Öffentlichkeit.

Endlich eine neue Stimme:
Uwe Johnson

DIE DEUTSCHE LITERATUR hat seit dem Kriege eine ganze
Reihe bemerkenswerter Bücher hervorgebracht; so schlecht, wie
man uns weismachen will, ist es mit den in den letzten zehn Jahren hervorgetretenen Autoren nun auch wieder nicht bestellt.
Man kann auch nicht gerade sagen, daß unsere Schriftsteller der
Gegenwart aus dem Wege gegangen seien: Diktatur, Krieg, Zusammenbruch, Spaltung sind in Legionen von Zeitromanen ab-
gehandelt worden. Seit Plievier haben sich ein gutes Dutzend
Bücher Stalingrad vorgenommen, man hat seine Hiebe nach links
und nach rechts ausgeteilt, die einen leben vom grusligen Bei-
klang des Wortes »Staatssicherheitsdienst«, die anderen gehen
nach dem Vorbild Koeppens gegen den Sumpf an, den sie unter
der Sache »Bonn« vermuten. Auch an Gesamtdarstellungen ist ja
kein Mangel: bis hin zu den jüngst erschienenen Romanen Ina
Seidels und Stefan Andres' hat es nicht an dickleibigen Versuchen
gefehlt, das zu geben, was man dann in Verlagsprospekten »Sinn-
deutungen des deutschen Schicksals« zu nennen pflegt.

Unsere Literatur krankt vielleicht an allem Möglichen, gewiß
aber nicht an irgendeinem Eskapismus. Sie ist vielmehr weit über
das zuträgliche Maß hinaus mit Ideen, Auseinandersetzungen,
Plädoyers befrachtet. Kein besserer Kriegsroman läßt seine Sol-
daten nicht im Unterstand über Tyrannei und Freiheit diskutie-
ren, kein Zeitbuch, in dem man nicht nächtlicherweise in Bars
über »Lobbyisten«, »Pressure groups« und das »Wirtschaftswunder« meditiert. Unsere Autoren leben weiß Gott nicht in einem
elfenbeinernen Turm, sie sind überpolitisiert in einem Maße, das
auch ihre besten Bücher ruiniert.

Das erste Buch nun, das all das – die großen Worte, Gespräche, Fragen – mit einer ruhigen, entschiedenen Gelassenheit beiseite schiebt, ist das einzige Buch, in dem die Wirklichkeit dieses unseres zweigeteilten Deutschland jenseits aller Polemik oder Apologie literarischen Ausdruck gefunden hat. Sein Verfasser, um das vorwegzunehmen, heißt Uwe Johnson, und man weiß von ihm nicht mehr, als der Verlag uns mitteilt. Also: 1934 geboren, im Gefolge des Krieges irgendwann mit einem Treck aus Pommern nach Mecklenburg verschlagen, später dann Studium der Germanistik in Leipzig, heute wohnhaft in West-Berlin. Sein Schicksal also, könnte man sagen, prädestinierte ihn zum Chronisten der deutschen Spaltung, aber damit ist es so eine Sache. Die literarischen Ostzonen-Flüchtlinge haben bislang nicht eben viel zur künstlerischen Artikulierung politischer Zustände beigetragen. Die Biographie Uwe Johnsons gibt keine hinreichende Auskunft über seinen Roman »Mutmaßungen über Jakob« her.

Das Vertrackte an diesem ersten politischen Roman von Rang liegt ja gerade darin, daß er die Politik selber ganz außer Betracht läßt. Obwohl hier zum ersten Male die Teilung Deutschlands das eigentliche Thema eines Romanes abgibt, wird das politische, ideologische und soziologische Vokabular nur insoweit bemüht, als es momentweise durch das Bewußtsein der handelnden Personen zieht. Das ist um so auffälliger, als die Geschichte selber von nahezu kriminalistischem Zuschnitt ist und der junge Verfasser durchaus keine Scheu vor extremen Konstellationen hat.

Der Held des Buches, eben jener Jakob, über dessen Schicksal nachzusinnen der Leser aufgefordert wird, ist wie sein Autor in den Wirren des Zusammenbruchs mit seiner Mutter aus Pommern nach Mecklenburg verschlagen worden, wo sie beide im Hause des alten Tischlermeisters Cresspahl und seiner Tochter Gesine Unterkunft finden. Jakob wird Streckendispatcher bei der Reichsbahn, Gesine studiert Anglistik, geht dann aber in den Westen und wird Sekretärin bei der NATO. Die eigentliche »Geschichte« des Romanes erzählt nun den Versuch des Staatssicherheitsdienstes, die »republikflüchtige« Gesine über Jakob und

Jakobs Mutter für die sowjetische Spionageorganisation zu gewinnen. Jakob weigert sich zwar, Herrn Rohlfs vom SSD eine Verbindung zu Gesine zu verschaffen, sieht jedoch keinen Anlaß, die Zone zu verlassen. In diesen Tagen fährt Gesine ohne Paß zu ihrem Vater in die Zone; Herr Rohlfs, der sie wie Jakob ständig beschattet, kann sich jedoch dem Eindruck des ungarischen Volksaufstandes nicht entziehen und läßt Gesine wenige Tage später in die Bundesrepublik zurückkehren. Auch Jakob, durch ein langes Gespräch mit dem Verlobten Gesines, einem »revisionistischen« Assistenten der Ost-Berliner Universität, und Herrn Rohlfs an der Tragfähigkeit seiner unpolitischen Berufswelt irregeworden, fährt zu Gesine nach Westdeutschland. Diese Welt aber scheint ihm fremder noch als der vertraute Umkreis der Zone. Als der ungarische Aufstand niedergeschlagen und Ägypten durch englische und französische Flugzeuge bombardiert wird, hat seine Reise ihren Sinn für ihn verloren. Er kehrt in die Stadt an der Elbe zurück und fällt dort auf den Geleisen seines Bahnhofs einem Unfall zum Opfer. Wirklich ein Unfall? Oder der Zugriff des SSD? Ein Selbstmord? Der Leser sieht sich auf *Mutmaßungen* angewiesen.

Eine bemerkenswert sauber gearbeitete Konflikt-Situation, die ein beträchtliches kompositorisches Geschick des fünfundzwanzigjährigen Autors verrät und das Gerüst eines handfesten Zeitromans abgeben könnte. Aber diese klare und überschaubare Fabel ist lediglich das Skelett des Buches. Des eigentliche Thema des Romans ist nicht der Gegensatz zweier Ideologien und der durch sie getragenen Staatsgebilde; erst recht nicht das Geschick eines Mannes, der zwischen Ost und West in die Fänge der Geheimdienste gerät. Der Roman hat es einzig und allein mit der Entfremdung der beiden Deutschland zu tun, wobei Uwe Johnson seine ganze erzählerische Energie daransetzt, das Gerümpel der zu ihrer Erklärung gemeinhin bemühten politischen Begriffswelt abzuräumen. Hier und da ist gesagt worden, der Roman stelle die erste literarische Abrechnung mit dem Ostzonen-Staat dar. Wenn man die Sache richtig versteht, ist das eine ziemlich gründliche Verkennung der Absichten Johnsons. Sofern die »Mutmaßungen« überhaupt auf der Ebene gesellschaftskritischer Literatur spielen, gehen sie mit der Welt der Gesangsvereine, Flüchtlingslager und Nato-Dienststellen nicht glimpflicher um als mit der der »Hundefänger«, womit die Angehörigen des SSD gemeint sind. Die schwer durchschaubare Tragödie Jakobs, der an den geheimen Nahtstellen des Buches »der Gerechte« genannt wird, ist ja gerade die Tragödie dessen, der jene Alternative zwischen West und Ost für seinen Teil zurückweist.

Es fällt schwer, hinsichtlich des Helden nicht an Parzival oder an Simplizissimus zu denken. Der torenhafte Zug ist ihm von Anfang an beigegeben, und seine Unkenntlichkeit kommt daher, daß er in einer hier wie da vergesellschafteten Welt der einzige ist, dessen Existenz sich mit seinen *Meinungen* und *Überzeugungen* nicht erschöpfen läßt.

Uwe Johnson erzählt diese Geschichte eines Mannes ohne Vaterland in einem hochmodernen Erzählstil, der mit einer bei einem gerade fünfundzwanzigjährigen Autor kaum glaubhaften Virtuosität die technischen Mittel der gebrochenen, übereinandergeschichteten, diskontinuierlichen Handlungsführung einsetzt. Es ist keine Frage, daß Johnson sich die stilistischen und formalen Errungenschaften der Neuerer des modernen Romans ebenso zunutze gemacht hat wie die Stilmittel Brechts oder Benns. Das Bemerkenswerte daran ist, daß er dennoch von vornherein seine eigene, unverwechselbare – übrigens durch Einsprengsel mecklenburgischer Bedachtsamkeit ins Dialekthafte gewendete – Sprache spricht und der Eindruck des Epigonalen auch nicht augenblicksweise aufkommt. Während fremde Mittel – seien es die Hemingways, Mailers oder Faulkners – sonst von unseren jungen Autoren ziemlich wahllos auf jeden beliebigen Stoff übertragen werden, besteht hier zwischen der Erzählweise und dem Erzählten völlige Übereinstimmung. Das Aufbrechen des Romans in Bericht, Dialog und Monolog ist auch da keine Koketterie mit der Modernität, wo der junge Autor weit übers Ziel hinausschießt, sondern dient dem Offenhalten einer

Geschichte, die sich eben nicht einfach erzählen, vielmehr nur in Andeutungen, Hinweisen, Vermutungen wiedergeben läßt. Die Zurückweisung des einschichtigen, geradlinigen Chronikstils entspricht der Scheu des Autors, über seinen Helden feste, unmißverständliche und unwiderrufliche Aussagen zu machen. Das, und nur das, ist der stille, gelassene Protest Uwe Johnsons gegen eine Welt, in der der Mensch zu einer festen, beschreibbaren, berechenbaren und eben deshalb auswechselbaren Größe geworden ist.

Land ohne Hauptstadt

ZIEMLICH GENAU ZWEI JAHRZEHNTE nach dem Ende des Krieges versammelte sich in Berlin ein Kreis, um alten Erinnerungen nachzuhängen. Bis tief in die Nacht saß man zusammen: Ernst Jünger, der gerade seinen siebzigsten Geburtstag hinter sich gebracht hatte, Karl Silex, einer der alten Journalisten, die aus der Epoche Stresemanns über die Zeit Hitlers in die Ära Adenauers hineinragten, dann der aus dem Exil heimgekehrte Ernst Josef Aufricht, der legendäre Chef des Schiffbauerdamm-Theaters und in mancher Hinsicht der Entdecker Brechts, sowie einige Freunde.

In vorgerückter Stunde erzählte Silex von der Zeit, die er mit Jünger zusammen in einem amerikanischen Internierungslager verbracht hatte. »Wissen Sie noch«, fragte er Jünger, »wie alle entrüstet die Zumutung ablehnten, sich freiwillig einem Intelligenz-Test zu unterziehen? Wir beiden waren die einzigen, die bereitwillig darauf eingingen.« Dann berichtete er, wie Jünger dazu bemerkt habe, nun erfahre er wenigstens einmal, wie es mit seinem Scharfsinn bestellt sei.

Jünger hatte die Einzelheiten der Begebenheit vergessen und hörte eher überrascht zu, als Silex von den Reden erzählte, die sie am Ende des Tests aus dem Stegreif hatten halten müssen. Jünger war die Aufgabe gestellt worden, sich in die Lage eines deutschen Offiziers zu versetzen, der in den letzten Tagen des Krieges seiner Truppe mitzuteilen hat, daß die Wehrmacht kapituliert habe und der Krieg zu Ende sei; die Einheit gehe – zwar entwaffnet, aber unter dem Kommando ihrer Offiziere – geordnet in die Gefangenschaft. Der amerikanische Militärpsychologe hatte Jünger eine Bedenkzeit von einer Minute gegeben, dann mußte er die fiktive Ansprache halten.

»Dazu brauche ich keine Minute«, habe Jünger geantwortet und unverzüglich angehoben: »Kameraden! Das Reich ist besiegt, Hitler ist tot. Das Oberkommando der Wehrmacht hat bedingungslos kapituliert. Der Krieg ist zu Ende.« Doch dann habe er fortgefahren, daß dies kein Augenblick der Verzweiflung sein dürfe, denn mit der Niederlage sei auch die Gewaltherrschaft von der Bühne abgetreten. Andererseits sei das Ende des Krieges aber auch kein Anlaß zur Freude. Mit dem Zerbrechen des Regimes sei auch das alte Deutschland untergegangen, und nie werde es wiederkehren; Erleichterung und Schmerz seien untrennbar ineinander vermischt. Dann, verallgemeinernd: »Kein Untergang ist ein Gegenstand von Freude«, Zum Schluß, ganz knapp: »In dieser Lage gibt es nur eines – Würde und Haltung.«

Weitere zwanzig Jahre später ist das Nachsinnen über den Mai 1945 an diesen Punkt zurückgekehrt. War der Zusammenbruch des deutschen Reiches Untergang oder Befreiung, ist er Anlaß zur Trauer oder zur Erleichterung? Das sind deutsche Überlegungen, die ihre Moralität für sich haben, und doch ist es zweifelhaft, ob mit solchen Alternativen zureichend erfaßt wird, was 1945 wirklich geschah.

WIRD DAS ZERBRECHEN des deutschen Nationalstaates, der ja immer auf dem Spiel stand und nur mit Mühe aus dem Chaos des Ersten Weltkriegs gerettet worden war, wirklich jener Vorgang sein, dessen sich die Geschichte als eines tiefen Einschnitts in den europäischen Dingen erinnert? Als Bedrohung war dieses Reich vom Tage seiner Gründung an empfunden worden, zu unausgeruht, um gelassene Hegemonialmacht der europäischen Mitte zu sein, zu dynamisch, um sich unauffällig in das heikle Gleichgewicht des Kontinents einzufügen. Hätte nicht der Schrecken der bolschewistischen Umwälzung das bürgerliche Europa alarmiert, so wären die Mächte wohl schon damals übereingekommen, das Reich Bismarcks zu zerschlagen; Aufteilungspläne gab es zwischen London und Paris genug. Als die Zerteilung des Landes nach dem zweiten Krieg dann wirklich vorgenommen wurde, war das für das übrige Europa alles andere als ein Schock. Eher waren es die Umstände, unter denen sich die Abtrennung seiner östlichen Gebiete vollzog.

Aber die Amputation des Landes selber blieb ein Gegenstand von praktischen Überlegungen, in die sich bestenfalls hier und da Hemmungen der Humanität mischten. Würde man die zwölf Millionen Deutschen auf halbwegs geordnete Weise in den Westen »transferieren« können, wie Churchills Ausdruck für die Vertreibung von einem Dutzend Millionen Menschen lautete? Und wie würde ein Rumpfdeutschland sie ernähren können, dessen Industrie man ja auf das Notwendigste reduzieren wollte?

In all den Gesprächen in der Zaren-Villa am Schwarzen Meer und später im Landhaus des Kronprinzen am Heiligensee wird nicht einmal in einer Nebenbemerkung faßbar, daß man die historische Dimension dessen ahnte, was zu vollziehen man sich anschickte. Churchill bringt die Ernährungsfrage eines Landes ins Spiel, dem man seine agrarischen Gebiete nehmen wird; Truman kommt immer wieder auf das Problem zurück, wie ein Deutschland ökonomische Wiedergutmachung an Rußland leisten soll, dessen oberschlesisches Industriegebiet man an Polen gegeben hat. Irritiert, durchaus nicht degoutiert, lassen sie sich von Stalins rauher Herzlichkeit beruhigen, zur Überbevölkerung im restlichen Deutschland werde es schon nicht kommen. Ein paar Millionen Deutsche seien ja schon tot; bis alles vorüber sei, werde wohl noch einmal eine Million ums Leben kommen. Dann geht man zu wichtigeren Fragen über.

Das ist das Klima, in dem eine Ordnung umgestoßen wird, die die Mitte des Kontinents seit Jahrhunderten bestimmt hatte, jenes Herzland Europas zwischen Moldau, Donau und Weichsel. Zwei kranke Männer und ein Massenmörder; Trinksprüche, Gläserklirren, Gelächter. Dazwischen besorgte Überlegungen, ob wohl das kommunistische Lubliner Komitee sich auch mit der polnischen Exilregierung in London arrangieren werde. Dann wieder Heiterkeit über kaukasische Scherze und sowjetische Bitten um die Intensivierung des Luftkriegs.

MAN MUSS NICHT DAS NIVEAU des Wiener Kongresses oder des Berliner Kongresses im neunzehnten Jahrhundert vor Augen haben, um sich in gespenstische Welten versetzt zu fühlen. Jenes politische Ordnungsdenken, das aus dem Schrecken des Dreißigjährigen Krieges geboren worden war und für ziemlich genau drei Jahrhunderte eine stets gefährdete Gesittung in die Mitte Europas gebracht hatte, war wie ausgelöscht. Der Ausbruch Hitlers aus aller Vorstellungswelt hatte mit der politischen auch die moralische Weltordnung umgestülpt; nun führte man die Wahrheit des Brecht'schen Satzes vor, daß auch der Haß gegen das Böse das Antlitz verzerrt.

Die Orgie der Rache, der in der letzten Phase des Kriegs, als alles längst entschieden war und die siegreichen Armeen in zerschmetterte Regionen einzogen, von Würzburg über Dresden bis Potsdam Dutzende deutscher Städte zum Opfer fielen, folgte die Raserei auf der Landkarte, und nicht nur auf der deutschen. Am Ende war nichts mehr so, wie es gewesen war, seit sich die europäische Staatenwelt konstituiert hatte.

Als sich die Armeen vom Schlachtfeld zurückzogen, begaben sich andere Heere auf die Wanderschaft – zwölf Millionen Deutsche, acht Millionen Polen, zehn Millionen Russen, dann Finnen, Rumänen, Balten. Zwanzig Millionen Deutsche, Skandinavier und Niederländer hatte Hitler im eroberten Ostreich ansiedeln wollen. Nun antwortete seinem neuen Germanenzug eine Völkerwanderung ganz anderer Art; Panjewagen und Kopftuch rückten um Hunderte von Kilometern in die Mitte Europas vor.

Auch daran dachte Henry Kissinger, als er sagte: »Es ist schon richtig, daß Rußland eine der großen Defensivmächte der Geschichte ist. Nur sonderbar: Am Ende eines jeden Jahrhunderts hat es seit dem späten Mittelalter seine Grenzen immer wieder um ein paar hundert Kilometer vorgeschoben.«

Und als Graf Platen gut 150 Jahre zuvor die fremdartigen Völkerstämme aus dem Osten durch Polen reiten sah, notierte er:

Ach, wir schwelgen im Genusse,
daß bereits zu dieser Frist,
jener vielgeliebte Russe
unser nächster Nachbar ist.
Bloß Barbaren rebellieren,
wenn man ihnen bricht den Eid.
Kommt an unser Herz, Baschkiren,
weil ihr so gebildet seid.

Der Nationalstaat der Deutschen, jene kurze Irritation in der Mitte Europas, wird in der Erinnerung der Welt kaum länger bleiben als die Spanne seiner Dauer; schon muß man in anderen Erdteilen erklären, ob jener Kaiser mit dem sonderbaren Helm denn in dem einen oder in dem anderen Deutschland geherrscht habe. Aber tief hat sich in das Empfinden der Völker eingegraben, daß die Zeiten vorbei sind, in denen Kanonenboot und Dudelsack auch für eine geistige Herrschaft standen. Dies war ein Europa, das die Welt nicht nur kolonialisierte, sondern bis in die Formen des Lebens hinein so tief prägte, daß Saigon noch heute französische, Manila spanische und Neu-Delhi britische Züge tragen.

Als wolle der Kontinent sich von sich selber verabschieden, kostete er in der Belle Époque seine eigenen Reize noch einmal aus und verzauberte die Welt. In Petersburgs Eremitage wie im Metropolitan Museum von New York ist zu besichtigen, in welchem Maße das alte Rußland und das junge Amerika damals dem Glanz Europas erlagen; Großfürsten und Eisenbahnkönige trugen die Avantgarde aus Paris zusammen, oft genug, bevor sie dort selbst entdeckt wurde. Überall in den großen Opernhäusern und Konzerthallen spielte man die Stücke der alten Welt, und an den Pulten standen die europäischen Meister, Gustav Mahler in New York, Hans von Bülow in St. Petersburg. In der Herrenmode gab

London den Ton an; was man auf der Promenade trug, wurde in Biarritz festgelegt. Es ist das Jahrzehnt, in dem die Maharadschas englischen Rasen an die Ufer des Ganges holen und der Khedive in Alexandrien das osmanische Meublement seines Palastes gegen eine Einrichtung im Stil des zweiten Empire austauscht. Ein Fin de siècle, aber in ganz anderem Sinne, als es zu sein vermeinte.

Jenes Europa hat sich selber abgeschafft. Der alte Kontinent konnte den Erdteilen zwar eine *pax europeana* auferlegen, die trotz Sepoy-Erhebung, Rif-Kriegen und Herero-Aufstand in einem Jahrhundert weniger Menschenleben kostete als Biafra oder Kambodscha in einem einzigen Jahr. Aber dieser Kontinent vermochte nicht, sich über Triest, Danzig oder Straßburg zu verständigen; in Versailles zeigte sich, daß man am Konferenztisch so hilflos war wie in Verdun sieglos.

Die Erfahrung des Kontinents war nach den Glaubenskriegen des siebzehnten Jahrhunderts darauf hinausgelaufen, daß der besiegte Gegner stets in das Kalkül des Morgen einbezogen werden muß. Das hatte Talleyrand, Hardenberg überspielend, einst Metternich in Wien abgerungen; in Nikolsburg war es zu Nervenzusammenbrüchen gekommen, als Bismarck seinem Monarchen den Einzug in Wien verwehrte. Auch darin lag die politische Weisheit des neunzehnten Jahrhunderts.

Die Friedensschlüsse des zwanzigsten Jahrhunderts wußten von solcher Staatskunst nichts mehr. Die Reglements, die den Besiegten auferlegt wurden, kodifizierten nur die gewandelten Machtverhältnisse; die Unterwerfung des Gegenspielers, seine dauernde politische Schwächung und moralische Demütigung, sollte die heikle Weltordnung stabilisieren. Man war von Waterloo nach Zama zurückgekehrt. Das hat Deutschland sein Reich und fast seine Geschichte gekostet.

ABER AUCH IM GESICHT der anderen Mächte sind die europäischen Züge undeutlicher geworden. Jenseits des Atlantik werden die Interessen schon stärker vom pazifischen oder iberoamerikanischen Raum geprägt als von den alten Metropolen, die nur noch bezaubern. Wie immer – von der Seidenstraße bis zur Gewürzstraße – werden solche Verschiebungen an den Verbindungswegen des Handels greifbar: Das pazifische Verkehrsaufkommen der Vereinigten Staaten wächst mit jährlichen Zuwachsraten von zehn Prozent, während das atlantische Mühe hat, den Stand zu halten. Das Reich auf beiden Seiten des Urals aber, das seine Wendung zum Westen schon mit dem Wechsel von Petersburg nach Moskau rückgängig gemacht hat – woran keine Rückbenennung von Städten etwas ändern kann –, nimmt zunehmend die Züge jener Kirgisen und Baschkiren an, deren Anblick Goethe beim Einzug in Weimar so erschreckte.

Immer waren die Moskowiter das ganz Andere gewesen, ein fernes Land, das weder Renaissance noch Reformation oder Humanismus erlebt hatte. Der Ruf »Die Kosaken kommen!« war während der Kriege des achtzehnten Jahrhunderts ein Anlaß zum Schrecken gewesen; wenn sie mit ihren Piken angeritten kamen, flüchteten ganze Dörfer in die Wälder. Jetzt aber behauptet dieses moskowitische Reich nur mühselig noch seine russischen Züge. Wie in den südlichen Gebieten der Vereinigten Staaten mehr Spanisch als Englisch gesprochen wird, so ist das Russische in großen Teilen des östlichen Imperiums vom Kaukasus bis zur Mongolei auf dem Rückzug. Die russisch-europäische Farbe platzt, je weiter der Reisende nach Osten kommt, ab, und überall kommen die asiatischen Muster zum Vorschein. Die Freiwerdung Rußlands von der lastenden Erbschaft Lenins ändert am Vorrücken seiner asiatischen Teile nichts.

DIE BLINDHEIT FÜR DIESEN VORGANG, die bei den Beratungen in Teheran, Jalta und Potsdam sichtbar wurde, mag durch die mühevolle Niederringung jenes Mannes erklärlich sein, der während des Krieges immer mehr die Züge von Tamerlan angenommen hatte. Schwer zu verstehen ist das vollkommene Fehlen auch nur der Ahnung, daß nicht nur die deutsche Raserei an ihr Ende gekommen war, sondern auch die alte Weltordnung. Die

Generalresidenten in Damaskus und Algier beschäftigten sich während dieser Jahre mit der Nachkriegsordnung der arabischen und afrikanischen Welt, eifersüchtig darauf bedacht, ihren englischen Konkurrenten entgegenzuarbeiten. Im Foreign Office dagegen spielt man Überlegungen durch, einem Deutschland, das sich Hitlers entledigt hat, Anteil am kolonialen Besitzstand zu gewähren. Wenige Jahre später wird niemand mehr Kolonien haben.

Goerdeler lebte in der Tat in irrealen Welten, als er meinte, nach einem Staatsstreich etwas von Hitlers territorialem Gewinn behaupten zu können. Aber wie getrübt war auch der Wirklichkeitssinn Edens, als er sich um dieselbe Zeit – auf dem Höhepunkt des Weltkrieges – Gedanken über einen langfristigen Interessenausgleich des britischen Empire mit der französischen Communauté machte.

Ist Geschichte immer so ahnungslos über das, was wirklich auf der Tagesordnung steht? Beide Länder haben schon zehn Jahre später keine afrikanischen und asiatischen Besitzungen mehr. Geht Geschichte immer so vor sich? Wie war es in der alten Welt? Was dachte Valerian, als er in die orientalischen Provinzen Roms eilte, weil unter dem Ansturm der Sassaniden die östliche Metropole Antiocheia gefallen war? Rom feierte seinen Frieden und seinen Luxus, als Boten meldeten, Dromedarnomaden hätten seine nordafrikanischen Bastionen überrannt, überall seien Alanen, Goten und Iraner im Aufbruch. Aber nahm man die Meldungen auch dann noch leicht, als Raubzüge der südrussischen Stämme den ganzen Donauraum in Bewegung brachten? Kam in der Mitte des dritten Jahrhunderts wenigstens ein Bewußtsein auf, daß die *pax romana* an ihr Ende gekommen war?

EUROPA HAT VON DER ZERSTÜCKELUNG des Deutschen Reiches einiges gewonnen. Zum ersten Mal in ihrer Geschichte haben sich die Deutschen rückhaltlos dem Westen zugewandt; der riesenhafte Schatten der Macht, der auf die Mitte des Kontinents gefallen war, vermochte, wozu die Ideen des Westens aus eigenem nicht gereicht haben. Die Geschichte selber hat das Gesicht Deutschlands gewaltsam nach Westen gedreht; das galt für die Empfindung der Menschen in der östlichen Hälfte des Landes fast noch mehr als für jene, die im Schutz der Allianz lebten. Mehr als die äußere Schwächung war es die innere Wendung, die Europa mit Wohlwollen auf die deutschen Dinge schauen ließ.

Der Traum von einem wiedergeborenen selbständigen Mitteleuropa, von einem »Zwischeneuropa«, das die Mitte zwischen Paris und Moskau hält, der alte Traum ist endgültig ausgeträumt. Nach dem Ersten Weltkrieg wollte Lenin die Seele Deutschlands gewinnen; Radek kam im Auftrag der Volkskommissare nach Berlin und München und warb um Geist und Gemüt der Deutschen, wobei er sich auch mit dem jungen Ernst Jünger traf. Nach dem Zweiten kam Stalin und wollte den eisfreien Kriegshafen Königsberg und ein um Ostpreußen, Schlesien und Pommern vergrößertes Polen als vorgeschobenen Posten seiner Macht. So stieß er ganz Osteuropa von sich, als er durch seine Militärgouverneure Besitz von ihm zu ergreifen suchte.

Nun endlich wollen Polen, Tschechen und Ungarn zum Westen gehören. Der Panslawismus, der ein Jahrhundert lang als Schimäre die Menschen verzauberte und der Schrecken Wiens war, ist kein Traum mehr, sondern ein Alptraum. An Weichsel, Moldau, Donau und Drau weiß man, was man zuvor am Rhein lernte. Der Osten wird der Westen sein, oder er wird gar nicht sein. Das ist die tiefere Bedeutung der Ereignisse, die Europa und mit ihm Deutschland im Jubiläumsjahr der Französischen Revolution noch einmal umstürzten.

Trauer um den verlorenen Schmerz

DIE GROSSEN NIEDERLAGEN gliedern die Geschichte in ähnlichem Maße wie die großen Siege, deren andere Seite sie oft, aber durchaus nicht immer sind. Tatsächlich sind es die Untergänge, die sich der Erinnerung der Nationen am tiefsten einprägen, und die verlorene Schlacht markiert die Epoche noch kräftiger als die siegreich zu Ende geführte.

Dies mag damit zusammenhängen, daß Reiche an einem Tage zerbrechen können, aber nur in Jahrzehnten und Jahrhunderten zusammengefügt werden. Die Gründung von Imperien vollzieht sich niemals als Eklat, ihr Ausgang aber oft als Debakel, wie kennzeichnenderweise einer der großen politischen Romane, Zolas Epos über den Untergang des zweiten Kaiserreichs, heißt. Der Aufstieg Roms läßt sich in Daten schwer fassen; der Untergang Karthagos steht auf den Tag genau fest.

Zu den bewegenden Erfahrungen eines Umgangs mit den Dokumenten des deutschen Widerstands gehört der Einblick in den Schmerz, der die Handelnden des 20. Juli angesichts des heraufziehenden Verhängnisses erfaßte. Wenn es nicht ihre Tat wäre, die ihnen eine so einzigartige Stellung zuweist, so wäre es die Leidensfähigkeit, die sie vor dem Schicksal des Landes beweisen. Noch einmal und zum letzten Mal gewinnen hier die romantisch-anachronistischen, weil ungesellschaftlich unpolitischen Vokabeln »Deutschland« und »Vaterland« Würde; sie tauchen in den Debatten der Verschwörer und in den Protokollen der Gefolterten immer wieder auf.

Während sich die herrschenden Mächte in den Besitz der Begriffe »Staat« und »Volk« gesetzt haben, treten unter dem Schatten der hereinbrechenden Katastrophe die ihrer Emotionalität wegen längst unaussprechbar gewordenen Worte »Nation« und »Land« noch einmal nach vorn: Auch dies ist es, was jenen Gestalten um Stauffenberg die Farbe des Jünglingshaften und Vergangenen gibt.

In diesen Monaten vor dem Sturz begreift die Masse ganz plötzlich und vorübergehenderweise, daß das Land auf etwas zutreibt, was die Geschichte Untergang nennt. Das Volk weiß es auf seine derbe Manier, die dumpfen Empfindungen stets im Zynismus Ausdruck gibt: »Nach dem Kriege kaufe ich mir ein Fahrrad und sehe mir Deutschland an. – Und was machst du nachmittags?« Das deutlichste Gefühl und die schmerzlichste Empfindung, daß es auf anderes zuläuft als auf eine Kapitulation und eine Niederlage, aber haben vielleicht die nach draußen Geflüchteten und Verfolgten.

ES IST DIES EIN ASPEKT DES LEIDENS, der an der deutschen Emigration meist übersehen wird, weil immer nur ihres Hotel-Schmerzes gedacht wird. Doch drängt er sich bei der Lektüre der Briefe und Schriften Reuters und Unruhs, Heinrich Manns und Brünings geradezu auf; das Zugrundegehen der Nation und das Verspieltwerden des Landes werden von Kalifornien aus schärfer und ohnmächtiger noch empfunden als im Hotel Majestic in Paris.

Den von Ernst Jünger dort so deutlich gesehenen Zusammenhang zwischen den Schinderstätten des Regimes und dem Sturz des Reichs hat niemand so scharfsinnig interpretiert wie im selben Jahr 1944 Theodor Adorno im amerikanischen Exil: »Es drängt sich der Gedanke auf, das deutsche Grauen sei etwas wie vorweggenommene Rache. In den Konzentrationslagern und Gaskammern wird gleichsam der Untergang von Deutschland diskontiert. Während sie alles gewannen, wüteten sie schon als die, welche nichts zu verlieren haben.«

An der deutschen Entwicklung seit jenen Tagen des Sturzes in die Tiefe hat vieles die Welt überrascht. Die oberflächliche

Verwunderung galt der wirtschaftlichen Wiedergeburt und das äußerliche Staunen dem lautlosen Verschwinden der Ideologie, die sich eben noch angeschickt hatte, die Welt zu unterwerfen. Die eigentliche Verblüffung hat dem leidenslosen Gleichmaß zu gelten, mit dem es sich dieses Volk im Untergang bequem gemacht hat. Die tiefste Bestürzung betrifft die Unempfindlichkeit des Landes für einen staatlichen Kollaps, wie ihn die neuere Geschichte nicht gesehen hat.

Es macht dies die Bitterkeit aus, die den Beobachter angesichts der Opfer der Verschwörung erfaßt: Nicht nur von ihrer Tat ist nichts geblieben, sondern auch die Anstrengung der Empfindung ist vergangen, aus der sie handelten. Dergleichen wird Schleswig-Holsteins erster Nachkriegs-Ministerpräsident Theodor Steltzer, einer der wenigen Überlebenden des Kreisauer Kreises, im Sinn haben, wenn er von dem neuen Kreisauer Kreis spricht, der in der Bundesrepublik not tue.

BLICKT MAN MIT DEM ABSTAND von zwei Jahrzehnten aus der seelischen Landschaft der Bundesrepublik auf die Gefühlswelt des Winters 1944 zurück, nimmt das Vokabular, in dem damals von dem Bevorstehenden gesprochen wurde, einen pathetischen, gespenstischen und unwirklichen Klang an. Der *Untergang Deutschlands, die nationale Tragödie, das Ende des Reiches* – das alles hat stattgefunden, trotz jener fünfundsiebzig Divisionen in der Weichselstellung und der zwanzig Verschwörer in der Bendlerstraße. Die Katastrophe ist von so verschiedenartigen Opfern nicht abgewendet worden, aber an ihrem Ende steht das Behagen. Der Wohlstand, der bei solcher Gelegenheit, seiner rhetorischen Ergiebigkeit wegen, meist ins Feld geführt wird, ist in diesem Zusammenhang durchaus unerheblich; eine Nation läßt sich nicht auf Armut festlegen, nur um ihre Trauer zu artikulieren. Wien hat trotz allen mit der Industrialisierung hereinbrechenden Glanzes den Verlust der Lombardei durch Solferino schwer verschmerzt, und Paris leidet bei aller Richesse der Belle Époque unter dem Verlust des Elsaß noch um die Jahrhundertwende. Nicht ihr Nationaleinkommen spricht gegen die Deutschen, sondern daß ihre betäubte Empfindungslosigkeit heute so würdelos ist wie gestern ihre nationale Ausschweifung.

Tatsächlich ist die Unbeweglichkeit des Gemüts das eigentlich Beängstigende an der Epoche; hinter solchem Gleichmut können sich seltsame Dinge tun. Diese Gelassenheit, die mehr die Züge der Unbekümmertheit als die der Kälte zeigt, ist bisher nur an dem Verhalten gegenüber den Schrecken der gestrigen Lagerwelt beobachtet worden; unbeachtet blieb, daß sie auch die Stellung zum heutigen Geschick des Landes kennzeichnet. Was dort das Gesicht der Verdrängung trägt, gibt sich hier als eine Selbstvergessenheit zu erkennen, die von den Politikern beider Parteien vielleicht nicht ganz zutreffend als Mündigwerdung des Volkes begrüßt wird.

Nicht nur die Robustheit erstaunt, die nach Auschwitz vom Unrecht an Deutschland zu sprechen wagt; auch das Selbstverständnis ist unbegreiflich, das sich nach Jalta und Potsdam als unter glücklicheren Umständen wiedergeborenes Weimar begreift.

Es hätte sich während der letzten Kriegsmonate voraussehen lassen, daß die Sorge der gegnerischen Koalition vor einer deutschen Résistance unbegründet war; die siegreichen Armeen zogen in zerschmetterte Regionen ein, und die Gefahr der Lähmung war größer als die der Rebellion. Undenkbar aber schien, daß nach dem letzten Schuß das Bewußtsein der Katastrophe und die Empfindung des Untergangs ausbleiben würden und daß jenes Ende der Tyrannei nicht auch als tiefer Einschnitt in der deutschen Geschichte verstanden und gefühlt werden würde. Ist denn so, nach Issos, auch Persien und auf diese Weise, nach Zama, auch Karthago untergegangen, mit der seelischen Unberührtheit eines Heloten?

ALLE GESCHICHTE HAT EINE VORLIEBE für das Tragische, und den Götterdämmerungen wendet das romantische Bedürfnis des Volkes sich mit sonderbarer Sehnsucht zu: Im brennenden Troja und in Etzels Palast hält sich die Phantasie der Sänger am liebsten auf. Ist es so, daß sie von den Kindstaufen in den renovierten Palästen nur nicht erzählen?

Deutschland hat sich, nach einer Phase der Benommenheit, wiedergefunden. Es ist, und dies unterscheidet das postfaschistische vom nachwilhelminischen Land, weit davon entfernt, seine Niederlage zu leugnen. Der Erste Weltkrieg lebte, in der Erinnerung des Staates zumindest, in der nach klassischen Regeln geschlagenen Feldschlacht von Tannenberg, im Haudegen-Bravourstück Lettow-Vorbecks, im Kaperglück Graf Luckners weiter; dieser Zweite zieht sich in den glücklosen Namen der 6. Armee und des Schlachtschiffes »Bismarck« zusammen: Noch das traurige Verklärungsbedürfnis schafft sich Besiegte.

In verblüffendem Maße fixiert sich dieser zweiten Nachkriegszeit der hinter einem Schleier zurückgetretene Krieg in den erlittenen Vernichtungsschlachten und in den unverhinderten Frontdurchbrüchen; auf eine nach 1918 undenkbare Weise richtet sich das Denken der Überlebenden und Nachgeborenen auf die verlorenen Schlachten Stalingrad, Invasion, Oder-Stellung. Aber damals ist der 9. November 1918 zum Trauma geworden; was am 8. Mai 1945 geschah, weiß heute kaum einer zu sagen. Es ist noch viel weniger in das Bewußtsein getreten, daß jene erste Niederlage das Ende des Kaiserreichs brachte, diese zweite aber ein Ereignis, wie es Europa seit den polnischen Teilungen nicht gesehen hat. Es ist nicht einmal das Bewußtsein von Cannae da: geschweige denn das von Zama.

ZU DEN WINKEN, mit denen uns eine Zeit zu verstehen gibt, wie man es mit ihr zu halten hat, gehört auch das Vokabular, das sie verwendet, wenn sie von sich spricht. In diesem Zusammenhang ist die Vokabel Zusammenbruch aufschlußreich, die heute – und zwar von Bevölkerung und Geschichtsschreibung gleichermaßen – verwendet wird, wenn vom Jahre 1945 die Rede ist. Denn dieses Wort, das die zur Bezeichnung verlorener Schlachten und Kriege üblicherweise verwendeten Begriffe verdrängt und ersetzt hat, ist nicht nur entschiedener und endgültiger als die Vokabel Niederlage: Es verlegt den Vorgang aus der Ebene des Konflikts in die der eigenen Ohnmacht. Es ist eine überraschend passive und teilnahmslose Wendung; man ist nicht niedergeworfen worden, sondern man ist zusammengebrochen.

Es ist die Unbeteiligtheit, die an einem Wort auffällt, das zwischen der Gegenwart und dem Gewesenen eine Barriere aufrichtet, die nicht zufälligerweise die Stunde Null genannt wird. Der Zusammenbruch trennt das Heute vom Gestern, und er begründet für die heute Lebenden jene Verantwortungslosigkeit für die Vergangenheit, die an der Haltung zu der Lagerwelt des Regimes ja ebenso auffällt wie an der Stellung zu dem abgetrennten Teil des Rumpfstaates und die natürlich nur eine so noch nicht vorgekommene Identitätsverweigerung ist.

Mit der Wendung vom »Zusammenbruch« wird nämlich Distanz zur Geschichte hergestellt und damit Leidenslosigkeit vor der Katastrophe. Es ist ja nicht die Tragödie, die Katastrophe, der Untergang Deutschlands eingetreten, den sie alle von Adorno bis Witzleben in jenem gespenstischen Sommer 1944 hilflos hereinbrechen sahen; es kam nur der Zusammenbruch. Sarkasmus könnte die Formulierung finden, dies sei das Satyrspiel nach der Tragödie, auf das niemand gekommen wäre: Oktoberfest und Pauschalreise.

Hat Stauffenberg vorm Erschießungspeloton, wie berichtet wird, wirklich »Es lebe das ewige Deutschland!« gerufen oder sich der Georgeschen Wendung vom »heiligen« Deutschland erinnert, wie Edgar Salm aus der geistigen Physiognomie jenes letzten vom George-Kreis geprägten Aristokraten vermutet? Vielleicht ist verbitternder noch, als daß er nicht retten konnte, wofür er starb, daß nicht vermißt wird, was er nicht retten konnte. Unter den Umdüsterungen des Volkes nennt die Meinungsbefragung das Schicksal des Landes an letzter Stelle.

Vor solcher Unberührtheit vom Untergang einer Nation drängt sich das Wort vom Ende der nationalstaatlichen Ära auf, und wirklich scheinen nationale Schmerzen im erkennbaren Be-

reich heute nicht mehr empfunden zu werden. Vieles deutet darauf hin, daß gerade die Jugend mit entschiedenerem Drängen der Einigung Europas als der Teilung Deutschlands zugewendet ist. In welchem Sinne wir das Zeitalter der Nationen verlassen haben, gibt sich auch darin zu erkennen, daß staatliche Katastrophen zu Recht vor Ereignissen zurücktreten, die nicht mehr die Völker, sondern den Menschen betreffen: Die tiefere Tragödie hat auch den tieferen Schmerz im Gefolge.

Tatsächlich verletzt die Sorge um verlorene Landstriche den Maßstab, wo Schrecken vor ganz anderem Grauen geboten ist. Das empfindlichere Bewußtsein scheut die Erinnerung an die Trecks der Flüchtlinge, weil mit ihnen auch die Waggons der Häftlinge aus dem Dunkel steigen; die größere Sensibilität nähert sich nur vorsichtig dem Gedächtnis an einen Osten, wo nicht nur die Namen der verlorenen Städte, sondern auch die der vergessenen Lager zu suchen sind. Dies macht die Fluchtberichte der Gräfin Dönhoff und des Grafen Lehndorf nobel, daß sie so ganz Abschied und so wenig Klage sind.

Doch soll auch gesagt sein, daß der Verweis auf die eigene Schuld, womit Gleichgültigkeit sich ein moralisches Alibi für ihre Kälte zu sichern sucht, vor der Instanz des Leidens nicht zählt; der Schmerz vor dem Zustand des Landes und vor einer vertanen Geschichte wird nicht geringer, weil gestern oder vorgestern falsche Politik gemacht worden ist.

Und dennoch mag es sein, daß noch die Abneigung gegen die herrschende Unempfindlichkeit in der Sprachlosigkeit die Tugend des Tages erkennt. Es macht den vornehmen Konservativismus stumm, daß er von den Größenordnungen des Schmerzes weiß, und es macht ihn vornehm, daß er stumm ist.

In diesem Sinne läßt sich sagen, daß die Gewaltherrschaft nicht nur die Provinzen verspielt hat, sondern auch die Trauer um sie.

Bürgerliche Straßen in unbürgerlicher Welt

Die »Linden«: Der preußische Corso

MIT DER UNVERHOFFTEN WIEDERVEREINIGUNG des Landes wie der Stadt erhielt Berlin über Nacht auch die »Linden«, die alte Allee der Residenzstadt, zurück. Plötzlich war die Chance gegeben, daß man anstelle des erst nach dem Krieg ruinierten wilhelminischen Kurfürstendamm die Avenue aus der Epoche Friedrichs des Großen wiedergewann. Sie hatte ja den Krieg, zwar schwer beschädigt, aber doch in der Substanz ungemindert überdauert. Nun könnte sozusagen das Vergangene das Zukünftige werden: die »Linden«, der Corso des achtzehnten Jahrhunderts, und der Kurfürstendamm, der Boulevard der Jahrhundertwende, als die Flaniermeilen des einundzwanzigsten Jahrhunderts.

Ging man 1950 vom Brandenburger Tor her über die nur kulissenhaft ausgeglühten »Linden« an Nerings und Schlüters Zeughaus auf der einen und Knobelsdorffs Königlicher Oper und Stracks Kronprinzenpalais auf der anderen Seite vorbei in Richtung des Schlosses, so schien die historische Stadtmitte leidlich durch den Krieg gekommen zu sein. Zwar wurden das Stadtschloß von Andreas Schlüter, in dem in den ersten Jahren nach dem Kriege schon wieder Ausstellungen stattgefunden hatten, und der Pariser Platz, wo im Hotel Adlon in den Trümmern des Kriegsendes ärmliche Menüs serviert worden waren, in den fünfziger und sechziger Jahren abgerissen. Aber der östliche, der eigentlich dynastische Teil der »Linden« mit Boumanns Palais des Prinzen Heinrich, das nach Jena und Auerstedt Universität geworden war, und dem gegenüberliegenden, Mitte des neunzehnten Jahrhunderts aufgestockten und »embellezierten« Kronprinzenpalais, dem anschließenden Prinzessinnenpalais von Gentz und dem Alten Palais von Langhans wurde doch wiederhergestellt. Das Politbüro brauchte eine repräsentative Allee, um die Genossen aus Moskau gebührend empfangen zu können, da man selber in einem halben Jahrhundert nur der barackenartigen »Protokollstrecke« zum jahrzehntelang nur provisorischen Flughafen Schönefeld fähig gewesen war.

Aber der im Grunde bürgerliche Teil der »Linden« im Westen, also der Abschnitt zwischen der Friedrich- und der Wilhelmstraße – der beiden Straßen, die mit ihren Namen schon für die Dynastie stehen, die in all den Friedrich Wilhelms sozusagen zu sich selber kommt –, wurde sonderbarerweise vom Sozialismus nach dem Kriege abgeräumt. Die ja nur ausgeglühte spätklassizistische Preußische Akademie der Künste fiel dem Wahn einer sozialistischen »Magistrale« ebenso zum Opfer wie die Botschaftsgebäude Großbritanniens, der Vereinigten Staaten und Frankreichs auf dem alten »Quarrée«, das dann nach den Freiheitskriegen der Pariser Platz geworden war. Noch jahrzehntelang führten rauchgeschwärzte Fassaden vor Augen, weshalb man im alten Sankt Petersburg die »Linden« den glänzendsten Prospekt Europas und den Platz am Brandenburger Tor den Salon Berlins genannt hatte.

Einen Boulevard dieser Art hatte es ja tatsächlich nirgendwo sonst in Europa gegeben, und die wilhelminischen Zutaten seiner westlichen Hälfte störten im Grunde nicht sonderlich. Es war eine Allee, die von dem Renaissance-Erker des Schlosses gegenüber dem Lustgarten bis zu dem Vorklassizismus des Tores von Langhans am Saum des Tiergartens reichte. Von Schlüter über Knobelsdorff und Schinkel bis zu Persius und Stüler hin reihte sich hier eine klassische Architektur an die andere, bis in das Frühjahr des Jahres 1945. Was waren die Champs-Élysées aus dem Kaiserreich Napoleons III. und was Roms Via Veneto mit ihren Bürgerpalästen aus dem Fin de siècle dagegen? Noch bis in die Straßenkämpfe der Eroberung hinein war Berlin – sonst doch,

nach Fontanes Wort, nicht viel mehr als eine hochgebuffte Ansammlung von Häusern – wenigstens an dieser Stelle eine der
großen Städte Europas.

Hatte der Sozialismus noch Spuren der Visionen aus der Auf-
bruchszeit vom Jahrhundertbeginn, oder folgte er nur willenlos
den Direktiven aus Moskau, wo inzwischen der Stalinsche Spät-
stil über den Elan der zwanziger Jahre triumphiert hatte? Jedenfalls war man gleich rücksichtslos wie der Zukunftsenthusias-
mus der anderen Stadthälfte. Westlich des Brandenburger Tors
träumte man ja anstelle des verachteten Häusermeers von einer
heiteren »Stadtlandschaft« inmitten grüner Parkanlagen, die sich
aus Trümmern erheben sollte. Der erste Entwurf des »Planungs-
kollektivs« nach dem Kriege, dem Hans Scharoun vorstand und
der noch im Stadtschloß ausgestellt wurde, sah nicht einmal den
Straßenzug der »Linden« vor. Die erhaltenen Bauten aus Berlins
klassischer Epoche sollten nicht mehr entlang einer Straße »aufgereiht« sein, sondern als Erinnerung an die historische Stadt
vereinzelt für sich auf Rasenflächen stehen. Dazwischen aber
über- und unterirdische Schnellstraßen – »Verteiler«, »Anbinder«
und »Anschließer«, in der Scharounschen Terminologie. Einer
der großen Architekten der deutschen Moderne als der große
Stadtzerstörer der Nachkriegszeit.

In der anderen Stadthälfte war es nicht viel anders. Die Wand-
lung der Visionen in den vier Jahrzehnten von der Zukunfts-
euphorie des Kriegsendes über die proletarische Palastarchitek-
tur der Stalin-Ära bis zu den Notdurftbauten des untergehenden
Honecker-Staates spiegelt die ganze Misere der sozialistischen
Welt. Die Mai-Aufzüge der fünfziger Jahre hatten noch in den Resten der aristokratischen und der bürgerlichen Welt stattgefunden; zum vierzigjährigen Jubiläum des Oststaates zogen Nationale Volksarmee und FDJ vorbei an Plattenbauten oder durch
leere Quartiere, durch die der Wind strich.

Die alten »Linden« bildeten das Gehäuse der aristokratischen
Welt, die bis in die erste Hälfte des neunzehnten Jahrhunderts
hinein hier ihre Bühne gehabt hatte. Der Kurfürstendamm aber

war das Wohnquartier der bürgerlichen Gesellschaft, in die dann in der Republik die Geschäftswelt drängte, so daß er neben den Champs-Élysées den eigentlichen Boulevard des Europas der Zwischenkriegszeit darstellte. Aber nach der aristokratischen und der bürgerlichen Gesellschaft war nicht die verheißene proletarische Kultur gekommen, wie sie einst Liebknecht, Rosa Luxemburg und wohl auch der entlaufene Bürgersohn Brecht verkündet hatten. Die neuen Städte oder Stadtteile zwischen Marzahn, Nowa Huta und Bratislava zeigen, daß der Sozialismus auch im Städtebau die Gesellschaft nicht reformiert, sondern abgeschafft hat.

Die »Linden« sind aber nicht einfach die deutsche Entsprechung zu all den anderen Boulevards Europas, den berühmten französischen wie den italienischen und spanischen Avenuen. Fast überall sonst sind ja solche Straßen ohne jeden Bezug auf die Schlösser der Dynastie und die Paläste der Aristokratie entstanden. Die Champs-Élysées liegen fernab des Louvre oder der Tuilerien, die von der Commune 1871 niedergebrannt und später abgerissen wurden. Der Corso ist in seinem Ursprung nichts anderes als eine Verbindung der Piazza del Popolo, dem Eingangsplatz Roms, mit dem Forum Romanum und der vorgelagerten Piazza Venezia. Staatliche oder kirchliche Bauten liegen nur insoweit am Corso, als eben in Rom kein Platz denkbar ist, der nicht große Erinnerungen heraufbeschwört.

Die »Linden« stehen dagegen in engem Bezug zu dem Schloß Andreas Schlüters, von dem sie ihren Anfang nehmen, und sie enden am Brandenburger Tor, hinter dem der Tiergarten beginnt. An diesen »Linden« liegen fast alle Bauten der staatlichen Repräsentation, das Zeughaus wie das Kronprinzenpalais, das Prinzessinnenpalais und das Alte Palais, das seine historische Würde vorzugsweise daraus bezog, daß sich der neunzigjährige Monarch hier hinter dem »historischen« Fenster beim Aufzug der Wache sehen ließ. Dazwischen treten dann im Lauf der Jahrhunderte Opernhäuser, Museen und Bibliotheken, die alle eng mit dem Staat verbunden sind. Aber am westlichen Teil der »Linden« zum

Tiergarten hin stehen die Häuser der Bürger, und es findet sich in ganz Europa kaum eine Parallele zu jener Mischung der Stände, die hier Gardeoffiziere und Generalswitwen neben Handschuhmachern und Konditormeistern, Stadthäuser des Adels neben Häusern von Handwerkern versammelt. Selbst der sie abschließende Pariser Platz ist ursprünglich bürgerlichen Zuschnitts, bis dann hohe Offiziere wie Zieten und Schwerin im achtzehnten und neunzehnten Jahrhundert und fremde Gesandtschaften, später Botschaften, hier Quartier nehmen.

Diese Mischung des Aristokratischen mit dem Bürgerlichen und der Handwerkerwelt machte den einzigartigen Charakter der »Linden« aus, die übrigens noch lang ungepflastert blieben; noch im achtzehnten Jahrhundert mußte eine Verfügung ausdrücklich festlegen, daß kein Vieh mehr zwischen den vier Lindenreihen getrieben werden dürfe. Auf der »Linden-Rolle« von 1820 sind wenige kleine Hotels und einige Gasthöfe eingezeichnet, so unter anderem das berühmte »Hôtel Petersbourg«. In der Mitte des Jahrhunderts kamen dann Thee-Stuben und schließlich Cafés hinzu, bis am Ende des Jahrhunderts die »Linden« weniger eine Wohnstraße als ein Treffpunkt der Gesellschaft sind, die sich mit dem Café Bauer und dem Café Kranzler hier ihre eigenen Begegnungsstätten schuf.

Diese »Linden« wechseln alle dreißig Jahre ihr soziales Gepränge und ihren architektonischen Zuschnitt. Eben beherrschen noch zweigeschossige barocke Häuser das Straßenbild, unter denen einige Bauten mit drei Stockwerken in die Augen fallen. Aber das Biedermeier, das ja auch Schinkels im barocken Berlin monumental wirkende Bauten vom Alten Museum am östlichen bis zum Palais Redern am westlichen Ende der »Linden« entstehen sieht, ist in seinen späten Jahren eine Epoche des Baufiebers. In der Mitte des Jahrhunderts sind die »Linden« durchgängig drei-, meist sogar viergeschossig mit klassizistischen Häusern bebaut. Aber wiederum eine Generation später werden um 1880 auch diese Häuser abgerissen, um »Pracht-Palais« im neuesten Geschmack Platz zu machen.

Berlin war eben noch immer eine ländliche – auswärtige Besucher sagten: eine provinzielle – Residenz, die sich mit den anderen Kapitalen Europas nicht messen konnte. In Rom stehen am Corso noch heute die Häuser, in denen Goethe, Thorwaldsen, Humboldt und Thomas Mann verkehrten; in Berlin waren schon lange vor dem Bombenkrieg und den Straßenkämpfen die Gebäude verschwunden, die einst Lessing, E. T. A. Hoffmann und Mendelssohn bewohnten, weshalb man hier schon vor dem Ersten Weltkrieg die Orte suchen mußte, mit denen sich stadtgeschichtliche Erinnerungen verbinden.

Dieses alte Berlin im Bereich des Gendarmenmarkts und der »Linden« hatte eine Vielfalt in der sozialen Zusammensetzung, für die man das Wort demokratisch gebrauchen würde, wenn die preußische Monarchie dergleichen Begriffe nicht unangemessen erscheinen ließe. Mit der Zeit war aus der reinen Wohnstraße der »Linden« eine elegante Geschäftsstraße geworden, in der nur hier und da die alten Bewohner ausharrten. Die Besitzverhältnisse hatten sich geändert und mit ihnen die Mischung der Bewohner. Aber es charakterisiert solche Straßen ja gerade, daß ihre Boulevardqualität über die Eigentumsverhältnisse triumphiert. Man ging zur Zeit der Jahrhundertwende zu den »Linden«, weil sich hier das Leben der Metropole zusammenzog. Hier oder in unmittelbarer Nähe lagen die feudalen Clubs, die Hotels, die Restaurants, die eleganten Cafés und eben die vornehmen Geschäfte der wilhelminischen Epoche.

Boulevards geben sich auch darin zu erkennen, daß sie ein bestimmtes Lebensklima entwickeln und auch in die Kunst und Literatur einer Zeit eingehen. Die Zahl erst der Couplets des neunzehnten und dann der Songs des zwanzigsten Jahrhunderts über die »Linden« wie den Kurfürstendamm ist Legion – hin bis zu jenem »Doch grüß' mich nicht unter den Linden«, wo auf die Barrieren angespielt wird, die zwischen den Gardeoffizieren und den süßen Mädchen unüberschreitbar waren und die dennoch in Affären immer wieder übersprungen wurden; ein Konflikt, der in Fontanes »Stine« das Thema einer großen Erzählung werden sollte.

In diesen Zusammenhang gehören auch die Eintragungen in den Adreßbüchern, wonach bestimmte Lokalitäten von Offizieren nicht in Uniform betreten werden durften. Die egalitäre Gesellschaft unserer Zeit weiß von solchen Scheidungen nichts mehr, aber sie kennt auch nicht mehr Avenuen oder Boulevards, die bestimmten Schichten vorbehalten sind. Das Shoppinggehen der Mutter mit ihrer Tochter ist ebenso eine Erscheinung vom Anfang des Jahrhunderts wie der *Five o'clock tea* zu den zwanziger Jahren gehört. Weder die Mutter noch die Tochter flanieren heute noch auf den eleganten Straßen der Metropolen; sie machen bestenfalls Besorgungen, und das übrigens selten zusammen.

Der schnelle Wandel der jeweils neusten Bebauung hatte den ganzen Stilwirrwarr des neunzehnten Jahrhunderts über die »Linden« hereinbrechen lassen, so daß Photographien aus den achtziger Jahren vor Augen führen, weshalb es seine Berechtigung hatte, wenn man von Paris und London aus mitleidig auf die Stillosigkeit Berlins heruntersah. Aber nach wenigen Jahrzehnten ging auch das vorüber, und kurz bevor der Krieg hereinbrach, machte sich die Stilreinigung des neuen Jahrhunderts bemerkbar, die sich eher mit Alfred Messels Kaufhaus Wertheim am nahen Leipziger Platz als mit den immer wieder ins Feld geführten Fabrikbauten von Peter Behrens ihre eigentlichen Tempel errichtete. In den letzten zehn Jahren vor dem Krieg war die Weltstadt dabei, eine eigene Architektur-Sprache zu finden, wie Moeller van dem Bruck in seinem Buch »Der preussische Stil« beobachtete. Das galt für die beiden Boulevards ebenso wie draußen vor der Stadt, wo sich die großen Konzerne in Siemensstadt und Borsigwalde Stadtrandsiedlungen bauten. Diese gebändigte Modernität lag gleich weit von dem vorausgegangenen Eklektizismus wie von der Ort- und Zeitlosigkeit des kommenden »Internationalen Stils«, der dann die ganze Welt prägen sollte.

In diesem Zusammenhang stellt sich natürlich die Frage, ob die egalitäre Massengesellschaft des zu Ende gehenden Jahrhunderts im Osten wie im Westen eines Boulevards noch fähig und

bedürftig ist. Ein Boulevard hat die zweckfreie Aufgabe aller großen Straßen der Welt, der Menge mit sich selbst zu imponieren,
wie Goethe angesichts von Veronas Arena über solche Versamm-
lungsorte sagte. Das nämlich und nicht die Bereitstellung von
Arbeitsraum für Angestellte oder das Feilbieten von Gütern –
Bürokomplexe und Warenhäuser also – ist der erste und vornehmste Sinn aller Plätze dieser Art.

Geht man heute den Broadway oder die Fifth Avenue entlang,
oder schlendert man über Londons Regent Street und die Oxford
Street, so lehrt einen der Augenschein, daß auch die Gesellschaft,
die nach der bürgerlichen kam, solche Bedürfnisse zu haben
scheint, nur sucht sie sich andere Orte, die ihre Kulisse bilden.
Straßen sterben, und andere werden geboren; fast immer kann
man die Ersatzstraßen nennen, die sich das Verlangen geschaffen
hat, wo ihm seine angestammte Kulisse genommen wurde. Der
Kurfürstendamm ist wie die Via Veneto und die Champs-Élysées
zwar als Boulevard verdorben, aber die Menschen sind noch da,
die ihn einst bevölkerten. Sie erobern sich stille Nebenstraßen, in
die nun mit den Geschäften auch die zugehörigen Menschen einziehen, in Berlin in die Nebenstraßen des Kurfürstendamms, in
denen sich heute jene Restaurants und Geschäfte finden, die
früher dem Boulevard vorbehalten waren. So ist es überall, in
Wien in den Seitengassen der Kärntnerstraße wie in Zürich neben der Bahnhofsstraße.

Die Frage, die der Wiederaufbau der zerstörten oder ruinierten Stadtmitte aufwirft, gilt also der Fähigkeit unserer Zeit,
neue Bühnen zu bereiten, auf denen das alte Stück stattfinden
soll. Kann die Gegenwart, um es auf eine Formel zu bringen,
noch einen Boulevard als Boulevard konzipieren, zu dem es den
Besucher zieht, weil er, ein Flaneur in nachbürgerlicher Zeit, sich
selber begegnen will? Oder wird wieder nur eine Ansammlung
von Regierungsgebäuden, eine Bürolandschaft- und Laden-
ketten-Meile daraus, aus der das Leben in die unversehrten
Räume flieht?

DAS IST DIE WIRKLICHE AUFGABE, vor die sich Berlin mit seinen beiden Stadtzentren gestellt sah und die nicht in erster Linie an die Architekten und Stadtplaner gerichtet ist. Stadtquartiere und Straßenräume werden von dem Leben bestimmt, das dort einzieht, nicht von der Architektur, die preisgekrönt wird. Insofern hat die gedankliche Anstrengung der formalen Bemühung vorauszugehen. Tatsächlich ist es der Mangel des Denkens, der an dem Mißlingen der Nachkriegsarchitektur noch mehr in die Augen fällt als das Versagen der Kunst. Über die banale Fassade eines Hauses kommt man hinweg; was einen Boulevard als Boulevard ruiniert, ist die Verkennung seiner Idee oder, schlimmer noch, daß niemand mehr zu sehen scheint, daß einer Straße eine bestimmte Aufgabe im Stadtzusammenhang zukommt. Die Logik der Sprache weiß das sehr genau; sie sprach früher von den Stadt*vätern;* die Architekten sind demgegenüber nur die Geburts*helfer.* Sie sollen lediglich dem von einem Gemeinwesen Gewollten zum bestmöglichen Ausdruck verhelfen. Das wurde früher immer gewußt, nicht nur in monarchischer Zeit, wo die Herrscher verfügten, welche Art von Häusern in welchem Quartier für welche Benutzer entstehen sollten. Auch in Republiken, in Florenz, Amsterdam oder in Lübeck, stimmte vor dem Auftrag an die Architekten der Rat der Stadt darüber ab, wo Kirchen, Rathäuser, Waisenhäuser und die Häuser der Bürger errichtet werden sollten. Die Aufgabenverteilung ist in einer monarchischen Welt nicht anders. In Berlin läßt sich das an den Entwürfen für die geplante Stadterweiterung der Südlichen Friedrichstadt ablesen; am Rondeel zum Beispiel legte der Souverän den Verwendungszweck der Häuser fest, bevor die Baumeister hinzugezogen wurden. In Potsdam kamen Büring, Manger oder Gontard in der barocken Stadterweiterung erst zum Zuge, als Friedrich entschieden hatte, welcher Aufgabe die neuen Stadtquartiere dienen sollten.

Die Misere des Nachkriegsbaues hat viel mit der Umkehrung dieses Verhältnisses zu tun. Immer wenn der Staat nicht weiterwußte, blickte er fragend auf die Architekten. Er schrieb also einen Wettbewerb aus, der ihm Ideen geben sollte. Im Grunde sollten die Architekten nicht zeichnen, sondern denken. Da die Architekten selber aber auch keinen zureichenden Begriff von der zukünftigen Gesellschaft hatten, lief das darauf hinaus, daß der Lahme den Hinkenden stützte.

Es ging also bei dem Neuentwurf von Berlins historischer Mitte um die Verständigung über das Leben, das zwischen dem Pariser Platz im Westen, dem Gendarmenmarkt und dem Wilhelmsplatz im Süden und dem Alexanderplatz im Osten der »Linden« stattfinden sollte. Darüber hätte sich Berlin erst einmal verständigen müssen – dann erst wurde die Frage der Architektur wichtig. Die Architekturwelt zeigte sich in den Monaten nach der Vereinigung jedoch vor allem besorgt, ob die Stadt auch die einzigartige Chance begreife, die ihr zugefallen sei, nämlich die Avantgarde nach Berlin zu holen. Die Architektur interessierte sie, nicht die Stadt. Der Architektur wurde eine Rolle zugebilligt, die ihr nicht zukommt. Die Stadt ging den alten Weg, der sie seit Jahrzehnten schon in die Irre führt: Sie trat die eigentlich an sie gestellte Aufgabe an die sogenannten Fachleute ab. Nicht das Stadtparlament beriet über Sinn und Zweck und Funktion des historischen Zentrums, sondern delegierte diese vornehmste und wichtigste Pflicht an die, denen sie doch ihrerseits Direktiven geben sollte: an die Architekten, aus deren Reihen dann die üblichen Gremien gebildet wurden.

Es lag dem ein merkwürdiger Glaube an die Weisheit von Beiräten zugrunde, der trotz allen Mißlingens der Vergangenheit unausrottbar scheint. Ein einziger Blick auf die Ergebnisse von solchen Preisausschreibungen während der letzten hundert Jahre zeigt aber, daß die Akademien, Hochschulen und Architektenverbände besonders schlechte Ratgeber in Fragen der Stadtplanung sind. Es ist nicht so, daß die Stadt bei den katastrophalen Fehlentscheidungen der letzten Jahrzehnte – der Abrißeuphorie der fünfziger wie der Großsiedlungsideologie der sechziger Jahre – sich über die Empfehlungen der Fachleute hinweggesetzt hätte; sie ist ihnen nur allzu getreu gefolgt. Fast unter jedem verhängnisvollen Beschluß steht der Name eines Akademiepräsidenten, meist sekundiert von den Architektenverbänden.

So war es schon seit dem Verlust eines verbindlichen Stilkanons in der Mitte des vorigen Jahrhunderts. Mustert man zum Beispiel die Wettbewerbsentwürfe für den Reichstag aus den siebziger, für den Dom aus den achtziger Jahren des letzten Jahrhunderts oder für den Königsplatz, den späteren Platz der Republik, aus dem Anfang dieses Jahrhunderts, so fällt es ins Auge, wie der Zeitgeist die Koryphäen in höherem Maße noch beherrscht als die öffentliche Meinung. Wilhelm II. hatte für die neue Hofkirche neben dem Stadtschloß, die an die Stelle der von Schinkel umgebauten barocken Domkirche treten sollte, alles erwogen – eine gotische Kathedralkirche, einen Dom im Stil der italienischen Hochrenaissance und ein romanisches Münster (das er dann in Gestalt der Kaiser-Wilhelm-Gedächtniskirche am jetzigen Breitscheid-Platz, dem einstigen Auguste-Viktoria-Platz, baute). Entscheidend war ihm, daß dieser Dom am Ende der »Linden« die Macht des neugewonnenen Kaiserreichs darstellte und in seiner Zuordnung zum Schloß ein Sinnbild der Verbindung von Thron und Altar war.

Dies aber waren nicht Phantasien eines zeitenthobenen Monarchen, der ja auch sonst seinen Adlerhelm über die Industriewirklichkeit der Epoche stülpte; es waren Träume einer ganzen Generation, die sich nach vergangener Größe zurücksehnte. In den Preisrichterkollegien, die all das trugen, saßen alle prominenten Vertreter von Raschdorffs Architektenschaft und Anton von Werners Akademie; meist gaben, erst spät vom Kaiser geadelt, Ihne und Schwechten den Ton an. Nur wenige Außenseiter wie Karl Scheffler, Max Osborn und Alfred Lichtwark widersprachen dem Unisono der Zeitgenossen, die sich für Baustile entschieden, die für Deutschlands vermutete Größe standen. Aus dem Abstand eines Jahrhunderts fallen die damals so umkämpften Unterschiede ins Nichts zusammen; das gemeinsam Wilhelminische drängt sich statt dessen in den Vordergrund.

Es ist üblich geworden, das alles dem Industriekaiser aufs

Konto zu schreiben, der an der wirklichen Moderne vorbeigegangen sei, für die die Architekten vergeblich gestritten hätten. Aber als seine Untertanen ihr eigenes Haus in Gestalt des Parlamentsgebäudes des neuen Reichs gleich neben dem Brandenburger Tor zu entwerfen hatten, fielen die Ergebnisse der Wettbewerbe fast noch trostloser aus. Sieht man heute die damals zur Debatte stehenden Entwürfe, so hat man die ganze Misere eines Zeitgeschmacks vor Augen, der die Hochschulen im selben Maße prägte wie die Hofgesellschaft.

Stadtplanung aber, die nicht das Spektakuläre, sondern die Stadt im Auge hat, geht genau umgekehrt vor. Sie kommt zuerst mit sich selber ins reine, welche Funktionen im Stadtzusammenhang ein Areal haben soll und was daraus für die Straße folgt. Daraus geht dann alles Weitere hervor, auch und vor allem die Nutzung der Straße, also der Anteil und die Verteilung von Wohnungen, Geschäftsräumen und Büroflächen in den einzelnen Häusern. Dann müßte festgelegt werden, welchen Charakter der Straßenraum haben soll; Gestaltungsrichtlinien nannte man das in der Weimarer Zeit. Erst wenn alle diese Fragen entschieden sind, kommen die Baumeister zum Zug, um mit den Mitteln der Architektur zu klären, wie die verschiedenen Baukörper, also die Häuser und deren der Straße zugewandten Fassaden, aussehen sollen. Nur so könnte der moderne Boulevard einer Metropole entstehen: der lebendige Schauplatz städtischen Lebens.

Natürlich, die »Linden« waren schon in den Modernisierungswellen des späten neunzehnten und frühen zwanzigsten Jahrhunderts als Flaniermeile verdorben, Firmenniederlassungen verdrängten die alten Bewohner. Längst hatten die Mieten eine Höhe erreicht, die es gerade jenen Geschäften, die doch zu einem Boulevard gehören, unmöglich machten, hier ihren Platz zu behaupten. Auch die letzten privaten Wohnungen sahen sich zuletzt einem Verdrängungswettbewerb ausgesetzt. Die Anwaltskanzleien und Arztpraxen machten ebenso jenen Konzernniederlassungen Platz wie die Stadtwohnungen des Adels und die wenigen verbliebenen Quartiere der Bürger, unter denen Max

Liebermann bis ganz zuletzt am Pariser Platz aushielt. Liest man die Tagebücher und Briefe, in denen vom Fackelzug der Machtergreifung am 30. Januar 1933 oder den Bombenangriffen der zweiten Kriegshälfte berichtet wird, so wird aber deutlich, wie offensichtlich noch bis in den Untergang des Mai 1945 hinein Einsprengsel des bürgerlichen Lebens an den »Linden« zu Hause waren. Die Tagebücher von Hans Georg von Studnitz, Ursula von Kardorff und Marie »Missie« Wassiltschikow halten in Momentaufnahmen fest, was die Adreßbücher der dreißiger Jahre belegen – bis hin zu jenem Herrenschneider Ludwig, der in seinem ausgebombten Haus noch nach dem Kriege sein Geschäft betrieb. Ein Kunde prägte sich ihm besonders ein, weil der stets Arbeiteranzüge und Schiebermützen bestellte, aber aus feinstem englischen Stoff. Sein Name war Bertolt Brecht.

Insofern läuft jeder Prolog zu den neuen »Linden« auf einen Nekrolog hinaus. Bevor noch die ersten Gerüste stehen, wußte man schon, was alles mißlingen würde. Natürlich wird der einstige »Prachtboulevard«, als den die Stadtführer des Kaiserreiches die Straße feierten, schon irgendwie wiedererstehen. Hie und da werden Neubauten die Lücken schließen, deren ästhetische Banalität sich mit dem Namen des Boulevards ein wenig Glanz zu entleihen sucht, »Lindenhotel« und »Lindencorso«. Sonst werden die Plattenbauten des Sozialismus den Luxusfassaden des Kapitalismus weichen, und inzwischen wird schon sichtbar, wie in die Ministerien des untergegangenen Staates die Behörden der neuen Republik einziehen. Ihre Nutzer, hohe Beamte und kleine Angestellte, werden das Personal stellen, das in den Büropausen und nach Dienstschluß die Straße bevölkern wird, bevor sie allabendlich ihren Wohnquartieren am Stadtrand zustreben.

Aber nichts spricht dafür, daß der Boulevard als Boulevard wiedererstehet.

Der Kurfürstendamm:
Der Boulevard der republikanischen Weltstadt

DAS HOCHKOMMEN der wilhelminischen Bürgerstraße im Westen der Stadt hatte mit dem Absinken der alten aristokratischen Promenade in der Mitte zu tun. Niederlassungen großer Unternehmen verdrängten dort um die Jahrhundertwende jene Wohnhäuser, Gaststätten, Cafés und kleinen Hotels, die der Allee zwei Jahrhunderte lang ihren Charakter gegeben hatten und die in der berühmten »Lindenrolle« aus den zwanziger Jahren des neunzehnten Jahrhunderts bewahrt sind. So zog sich das Leben der Stadt im neuen Jahrhundert an den Kurfürstendamm zurück, der zwischen den beiden Weltkriegen in seiner Mischung von großbürgerlichen Wohnungen, Anwalts- und Arztpraxen, Luxusgeschäften, Vorgartencafés, Restaurants, Max-Reinhardt-Theatern und Uraufführungs-Kinos das eigentliche Schaufenster der republikanischen Reichshauptstadt wurde. Zuletzt waren die »Linden« entthront; in der Zwischenkriegszeit war der Kurfürstendamm die Meile der Metropole geworden. Hier zwischen Kaiser-Wilhelm-Gedächtniskirche und dem Vergnügungsetablissement Lunapark am Halensee trafen sich auch, wie man in den Tagebüchern und Briefen der Epoche nachlesen kann, die Schriftsteller von Giraudoux über Isherwood bis zu Thomas Wolfe und die Künstler der Weimarer Epoche von Kirchner bis zu Beckmann.

Der Kurfürstendamm war der Boulevard der neuen Zeit, und er war dabei, wie Maillol zu Graf Kessler sagte, die Champs-Élysées zu verdrängen; er schickte sich damals an, neben den Broadway oder die Fifth Avenue zu treten. Die Halbwelt, die immer die andere Seite der großen Welt ist, hatte sich längst von den »Linden« zurückgezogen. George Grosz wie Otto Dix fanden ihre Modelle vorzugsweise in der Gegend des Kurfürstendamms, auf jeden Fall im »Neuen Westen«; dort lebten natürlich auch ihre Kunsthändler wie Flechtheim und Cassirer. Übrigens zogen jetzt auch die jungen Diplomaten an den Kurfürstendamm, wo Martha

Dodd, die Tochter des amerikanischen Botschafters, zusammen mit dem jungen Ledig-Rowohlt die Bars zwischen Uhlandstraße und Gedächtniskirche unsicher machte. George F. Kennan erzählt in seinen Berliner Erinnerungen, wie er morgens von seiner Wohnung in der Giesebrechtstraße aus die Reiter auf dem Mittelstreifen des Kurfürstendamms gleich neben der Straßenbahn zum Grunewald ziehen sieht.

Diese Welt hatte sich in Ruinenkulissen noch nach dem Zweiten Weltkrieg erhalten, als sich auch die Literatur der Epoche, von Gide und Sartre bis zu Koestler und Thornton Wilder, noch einmal auf dem Kurfürstendamm traf. Weit vor Roms Via Veneto und Londons Oxford Street war Berlins Kurfürstendamm die literarische Flanierstraße der Nachkriegszeit. Im »Monat«, der wichtigsten Zeitschrift dieses Jahrzehnts, erschien in den fünfziger Jahren ein geistreicher Aufsatz seines Herausgebers, Melvin J. Lasky, wonach die Dazugehörigen – Heimito von Doderer hätte »die Unsrigen« gesagt – wie auf allen großen Bummelstraßen der Welt vom Boulevard Saint-Germain bis zu Barcelonas Ramblas auch auf dem Kurfürstendamm nur auf einer Straßenseite, der meteorologischen Sonnenseite, in den Vorgartencafés sitzen dürfen, wenn sie zu erkennen geben wollen, daß sie Eingeweihte sind.

Das Entscheidende ist: Der Kurfürstendamm wurde damals ganz selbstverständlich zu den großen Straßen der Welt gezählt. Würde heute noch jemand auf diesen Gedanken kommen? Die eigentliche Zerstörung Berlins kam erst nach den Bomben, und sie wurde vom Zeitgeist als Fortschritt gefeiert. Wer in den siebziger Jahren aus dem Ausland in die eingemauerte Stadt kam, erkannte die ramponierte und doch glanzvolle Metropole der Nachkriegszeit nicht wieder. Noch immer war ja in dem Trümmermeer von 1950 die Weltstadt der Kaiserzeit und der Republik sichtbar gewesen, wie an einer gealterten Kokotte der Zauber von einst erkennbar ist.

Hier suchte man das Verlorengegangene nicht wieder herzustellen, wie man das in München oder in Hamburg tat; man hatte eine neue Konzeption von Stadt, und man hielt sich etwas zugute, daß man nicht an das Alte anknüpfte. Wahrscheinlich hängt dieser städtebauliche Neuentwurf von Berlin mit der Jugendlichkeit der Stadt zusammen und ihrem Verhältnis zur Kategorie der Zukunft, die sie in den Umbrüchen der Zeit stets hatte. Das Kurfürstentum hatte sich ja mit einem Mal als Deutschlands jüngstes Königreich verstehen müssen, aber auch das hatte wenig mehr als anderthalb Jahrhunderte vorgehalten, dann war Deutschland ein Kaiserreich. Aus diesem unaufhörlichen Avancement des historischen Nachzüglers war ein Bevölkerungswachstum gefolgt, wie es die anderen Hauptstädte der europäischen Mächte nicht kannten. Eben hatte die Stadt gerade einmal 150 000 Einwohner gezählt, jetzt waren es 250 000 gewesen, und nun sprengte die Zuwanderung jedes Maß. Von einer halben Million ging es in wenigen Jahrzehnten auf eine Million Einwohner, und dann vermehrt sich die Einwohnerschaft auf anderthalb, dann auf zweieinhalb und schließlich auf vier Millionen.

Als der Zweite Weltkrieg beginnt, hatte Berlin mit viereinhalb Millionen bald soviel Einwohner wie die Hauptstädte Englands und Frankreichs; Albert Speers Planungen gingen kurzfristig von sechs, mittelfristig von acht Millionen aus. Neue Stadtviertel, die man nach dem Krieg Satellitenstädte genannt hätte, sehen Hunderttausende von Einwohnern in neuen »Südstädten« vor, die von Hitlers Triumphstraße, Speers Nord-Süd- Achse, erschlossen werden sollen. Das wird gemeinhin als Gigantomanie des Dritten Reiches verstanden, aber dieses Emporschnellen der Bevölkerung Berlins ist gering im Vergleich zu dem Wachstum in jenem einzigen Jahrhundert zwischen 1840 und 1940.

Es sind solche demographische Daten, die hinter der städtebaulichen Kurzatmigkeit der Baugeschichte Berlins stehen, auch hinter der Konzeption der »Linden« wie des Kurfürstendamms, die beide als reine Wohnstraßen beginnen und als Luxusstraßen enden. Zugleich wird immer ins Nichts hinein entworfen, soll ein Noch-nie-Dagewesenes entstehen, im Kaiserreich wie im Dritten Reich und dann auch in der Nachkriegszeit. Man will jedesmal etwas ganz anderes, und dieses Neue ist immer ein gewollter Bruch mit allem Bestehenden. Aber der Geist, der sich darin ausspricht, ist nicht neuartig, ob nun eine Nord-Süd-Achse konzipiert wird oder eine Großsiedlung wie das Märkische Viertel, das ja auch mit der historischen Stadt brechen wollte. Bei alldem glaubt man stets, die besten Beziehungen zum Fortschritt zu unterhalten; man hat das gute Gewissen dessen, der mit den Sünden der Vergangenheit zu brechen vermeint. Berlins Architektur des letzten halben Jahrhunderts ist nicht von Nachlässigkeit geprägt, sondern von überanstrengtem guten Willen.

»Wir entwerfen«, sagte Hans Scharoun, der Präsident der Akademie der Künste und einflußreichste Stadtarchitekt der Nachkriegszeit, »eine neue Gesellschaft. Wir werden doch nicht in die ausgebrannten Gehäuse der alten Gesellschaft gehen.« Das gab der Generation nach 1945 das moralische Selbstverständnis, als sie die leidlich durch den Bombenkrieg gekommenen Quartiere abriß und sowohl die Krolloper von Persius auf dem Platz der Republik als auch den Anhalter Bahnhof von Schwechten demolierte.

Am schlimmsten spielte diese Neuerungssucht dem Kurfürstendamm mit. Sicher war er architektonisch niemals bedeutend gewesen, genausowenig übrigens wie die Champs-Élysées oder die Fifth Avenue. Keiner der namhaften Architekten von 1900 baute hier ein einziges Haus; aber er hatte die lebendige Bühne einer bürgerlichen Welt dargestellt. Nun, meist Ende der fünfziger, mitunter erst in den sechziger Jahren, wurden die oft nur in den oberen Geschossen ausgebrannten Gründerzeithäuser abgerissen und die einstige Kleinteiligkeit der Parzellen in übergroße Komplexe zusammengefaßt; mitunter wurden ganze Boulevardabschnitte mitsamt den Nebenstraßen in einen einzigen Block zusammengezogen und einheitlich bebaut, sozusagen als Ouvertüre zu der Art, in der man nun nach der Vereinigung der beiden Stadthälften die alte Stadtmitte wiederherstellt. Das war es ja, was auch die neue Friedrichstraße ruinierte, bevor die ersten Mieter einzogen.

Zugleich ergriff ein anderes Leben von dem Boulevard Besitz. Nicht mehr Ärzte, Rechtsanwälte und Geschäftsleute wohnten am Kurfürstendamm, sondern Firmenniederlassungen, die ihre Büros hier einquartierten. Fährt man heute nach Geschäftsschluß die drei Kilometer von Halensee zum Zoo-Revier entlang, so sind nur die Ladenzeilen noch erleuchtet. Darüber erstrecken sich geschoßweise dunkle Etagen, die sich erst in den frühen Morgenstunden mit dem Einzug der Reinigungsfirmen wiederbeleben.

So wurde aus dem ausgebombten Boulevard der Nachkriegszeit die banale Straße, die sich in den siebziger und achtziger Jahren dem Besucher darstellte. Zum dritten Mal in einem Dreivierteljahrhundert wandelte sich damit auch das Publikum, das den Kurfürstendamm bevölkerte. An die Stelle der großbürgerlichen, wenn auch nicht eigentlich zur aristokratischen Gesellschaft gehörenden Familien der Kaiserzeit und der demokratischen, oft jüdischen Anwälte, Ärzte und Geschäftsleute der Republik war eine ganz andere Welt getreten – jene Menge, die ihre Bedürfnisse in Fast-food-Ketten und in Discountläden befriedigt und deren Anblick Besucher aus München wie aus Düsseldorf und Hamburg, die ihre zukünftige Hauptstadt besichtigen wollen, immer wieder verblüfft.

Man kann fast auf das Jahr genau festlegen, wann einer dieser Kolosse errichtet wurde – die Travertinfassaden der fünfziger Jahre, das Marmorgesicht der sechziger Jahre, die Kunststoffhaut der siebziger und das Granit der neunziger Jahre. Stets aber hat die Stadt darauf verzichtet, durch soziale und ästhetische Vorgaben festzulegen, welches Gesicht der Boulevard haben soll. Das ist übrigens keine Frage der Parteien. Das konservative Bayern hat für seine Ludwigstraße zwischen Feldherrnhalle und Siegestor ebenso wie das sozialdemokratische Hamburg für seinen Binnenalster-Bereich vor allen Architektur-Entscheidungen festgelegt, welche Art der Bebauung zulässig ist: sogar die Farbe der Dächer oder die Farbe der Lichtreklamen sind vorgeschrieben. Das gibt dem Jungfernstieg oder der Maximilianstraße ihre Einheitlichkeit, während in Berlin die Beliebigkeit der Häuser der der Bewohner entspricht.

Wahrscheinlich rächt sich in der topographischen Banalität und typographischen Vulgarität der Lichtreklamen, daß Berlin seit der Weimarer Zeit weder einen »Stadtbaudirektor« noch einen »Reichskunstwart« besessen hat. Nun handelt jeder Bausenator nach seinem persönlichen Geschmack, und damit nur ja keine Einheitlichkeit aufkommt, beharren auch die einzelnen Stadtbezirke auf ihrer Hoheit. Die Bezirksbürgermeister pochen auf ihre Souveränität: die Rathäuser aneinandergrenzender Bezirke können sich sehr oft nicht einigen. Dann wechselt auf der Kantstraße, einer Parallelstraße zum Kurfürstendamm, alle paar hundert Meter der Laternentypus, weil diese Straße durch verschiedene Bezirke verläuft.

»An meinem Kurfürstendamm soll sich jeder Türke mit einer Boulette festmachen können«, so Hans Müller, der damalige Senatsbaudirektor, in einem berühmt gewordenen Satz, der den Verlust der Boulevardqualität zum offiziellen Programm erhob. Vielleicht hat er sogar recht gehabt. Nicht nur die großen Stadtbaumeister von einst, Hoffmann und Wagner, fehlten, sondern auch die Gesellschaft, für die alle großen Boulevards gedacht sind, existierte nicht mehr. Die Turnschuh- und Stretchhosenwelt hielt Einzug und vulgarisierte den Boulevard in höherem Maße, als das für alle anderen Metropolen gilt. Nun kam die Zeit jener vom Senat inszenierten Skulpturen-Boulevards und City-Feste, mit denen sich die zukünftige Haupt- und Regierungsstadt der staunenden Umwelt empfiehlt.

Die Geschichte des Kurfürstendamms dauert einhundert Jahre. Im letzten Jahrzehnt des neunzehnten Jahrhunderts werden seine ersten Häuser gebaut, und kurz vor dem Ersten Weltkrieg fallen die letzten Baugerüste; er ist die jüngste Straße unter den großen Avenuen Europas. Als Boulevard existiert er sogar nur ein halbes Jahrhundert, von 1920 bis 1970. Vorher ist er Wohnstraße mit Staketenzäunen und Vorgärten; hinterher ist er eine jener Einkaufs- und Geschäftsstraßen, wie es sie in der ganzen Stadt gibt. Niemand würde heute noch auf die Idee kommen, ihn Berlins Salon zu nennen, wie das Walter Benjamin und Siegfried Kracauer taten, die hier die letzten Flaneure suchten, und wie auch Thomas Wolfe fand, als er zusammen mit Ledig-Rowohlt während der Olympischen Spiele von 1936 in seinen legendären Bars saß.

Der Kurfürstendamm lebte, bevor es seinen Mythos gab, und er lebt noch immer, lange nachdem sein Mythos gestorben ist. Aber seine Boulevardqualität hat er verloren, was durch die internationalen Designer-Geschäfte, die seit der Wende hier ihre Filialen aufmachten, nicht dementiert, sondern gerade vor Augen geführt wird. Was unterscheidet diesen Kurfürstendamm von Roms Via Condotti? Die Juweliere und die Boutiquen, deren Niederlassung diesen Straßen einen Anstrich von Weltläufigkeit geben, sind ohnehin überall dieselben. Aber darin teilt der Kurfürstendamm vielleicht das Schicksal aller großen Boulevards von Paris bis New York, nicht nur der Champs-Élysées und der Via Veneto, sondern auch des Broadway. Dann wäre der Kurfürstendamm noch einmal repräsentativ für die bürgerliche Welt. Mit ihr wurde er geboren, und mit ihr starb er.

Hat die Geschichte ihr Finis geschrieben?

Erste Etappe

DIE SEELOWER HÖHEN ragen weit in die Oder-Niederungen hinein. Der Hang des aus eiszeitlichem Geschichtlehm aufgebauten Plateaus fällt steil zum Bruch hinab. Aus dem Glast der Ebene scheint das silbrige Band der Oder auf, flach und langsam dahinströmend und immer wieder Sandbänke freigebend, die so trivial-poetische Namen wie Ziegenwerder und Große Plage tragen.

Der Bruch, bis in die Mitte des achtzehnten Jahrhunderts hinein die längste Zeit des Jahres überflutet und stets versumpftes Gelände, aus dem sich hier und dort Haufen von Wenden-Katen erhoben, die sich mit Wällen aus Kuhmist vor dem Wasser schützten, war seit Menschengedenken während vieler Monate nur mit Kähnen passierbar, weshalb es denn die Sitte der Massentaufen und -trauungen gab. Der Pastor kam alle acht oder zehn Wochen im Boote und nahm seine Geschäfte vor; dann versank das von Kürbis-Anbau und Fischfang lebende und nur notdürftig dem Christentum und der deutschen Sprache gewonnene Land wieder in seine wendische Heidenwelt, die noch bis in die Mitte des folgenden Jahrhunderts anschaulich wurde, weil der märkische Adel auf der alten Tracht bestand, wie denn der Fürst-Kanzler Hardenberg auf Hardenberg keinen städtischen Kattun duldete.

Hier wie überall zwischen Wallonien und Sizilien tritt die Wahrheit in Erscheinung, daß die Erhaltung des Überkommenen Anstrengung von oben und nicht Lebenszähigkeit von unten ist. Tradition ist Kunstgewächs und ein artifizieller Vorgang, was denn noch heute jede Fahrt durch die alten Landschaften Europas vor Augen führt: Neben der Vulgarisierung durch den Fortschritt steht die Banalisierung durch das nach rückwärts gerichtete städtische Verlangen, das sich in den Besitz der alten Häuser bringt.

AM ENDE DES ACHTZEHNTEN JAHRHUNDERTS ist dann der Oderbruch die Kornkammer der Mark; die von Friedrich noch vor dem Siebenjährigen Krieg dem Wasser abgerungenen Pfuhle, das fisch- und vogelreichste Gebiet Preußens, haben nur drei Jahrzehnte gebraucht, um ihre Fruchtbarkeit freizugeben. Die 130 000 Morgen neugewonnenen Landes werden an 1300 Kolonisten vergeben, wozu man Pfälzer, Schwaben, Mecklenburger, Westfalen, Böhmen, Österreicher und Polen ins Land holt, das in königliche, städtische und adlige »Kolonistendörfer« aufgeteilt wird.

Wen die Berliner Gesandtschaften aus aller Herren Länder zum Eintritt in die preußischen Staaten bewegen können, wird für die Dauer von fünfzehn Jahren von allen Abgaben befreit und vor allem samt Kind und Kindeskindern von aller Werbung freigestellt. In den neuen Dörfern aber sind die Kolonisten ihrem jeweiligen Herkommen entsprechend zusammengezogen, so daß denn selbst nach einem Jahrhundert hier der brünette, tausend Schritt weiter der blonde Menschenschlag überwiegt; dem Besucher fallen noch an der Wende zu diesem Jahrhundert in den alten wendischen Flecken die Mädchen der ausdrucksvollen dunklen Augen wegen auf.

Als der König stirbt, ist der Oderbruch Preußens reichstes Raps-, Gersten- und Rübenland. Fünfzig Jahre später, in der Mitte des Jahrhunderts, steht Fontane auf der Seelower Höhe und sieht, wie unten in der Ebene »die ohnehin dicht gelegenen Dörfer in dem endlosen Coulissenbilde immer dichter zusammenrücken und alles verschmilzt zu einer weitläufig gebauten Riesenstadt, zwischen deren einzelnen Quartieren die Fruchtfelder wie üppige Gärten blühen. Wer hier um die Sommerzeit seines Weges kommt, wenn die Rapsfelder in Blüte stehn und ihr Gold und ihren Duft über das Bruchland hin ausstreuen, der glaubt sich wie durch Zauberschlag in ferne Wunderländer versetzt. Die Feuchte des Bruchs liegt dann wie ein Schleier über der Landschaft, alles Friede, Farbe, Duft, und der ferne, halb ersterbende Klang von dreißig Kirchtürmen klingt in der Luft zusammen, als läute der Himmel selbst die Pfingsten ein.«

DIE LANDSCHAFT, DAS DAUERNDE, hat viel von der weichen Milde bewahrt, eine Camargue an der Oder, nicht nur in ihrer wäßrigen Milchigkeit an das Rhône-Delta erinnernd. Überall Störche, auf manchem Dach zwei Nester, wie sonst nur an den großen ungarischen Flachseen, überall Sümpfe, Abzugsgräben, Pfuhle, »faule Seen« – Bruchland.

Aber viel fehlt und alles ist anders. Unten, im schimmrigen Weiß, kein Dorf an Dorf mehr, zur Stadt nahezu zusammenwachsend; nur verstreute, roh aufgeschichtete Gebäude, das ganze flache Drunten gibt nicht einen einzigen Kirchturm preis. Wer mit einem alten Meßblatt gekommen ist, sucht vergebens die kastanienumstandenen Alleen längs der Höhen und wie sie in der Ebene als Akazienreihen von Dorf zu Dorf führen. Nur Kropfweiden, hochgeschossene Pappeln, verwilderter Holunder, Niedergestrüpp. Niemand hier, der dem Nichts Träume abzwingt, kein Kolonist, der Linden vor sein Gehöft stellt, kein alter Derfflinger, der den Süden so liebt, daß er Zypressen und Zedern auf den Barnim holt, obwohl es in Wirklichkeit nur Taxodien sind.

Dies ist nicht Gutsland und nicht Bauernland mehr, nur landwirtschaftlich genutzte Fläche, erkennbar fruchtbar und ohne Geschichte. Nicht nur die »Schloß-Gesessenen« sucht die Erinnerung vergeblich, die sich an die Namen der alten Dörfer heftet; auch die Bauern fehlen, deren über Nacht gekommener Reichtum damals zum »Unsegen« geworden war, wie jene alten Berichte erzählen, die von bäuerlichen *Chaisen* sprechen, *Prunkgelagen* und allzu aufdringlich zur Schau getragener Opulenz.

Es fiel zu leicht euch in den Schoß,
»Zu glücklich sein« war euer Los.
Wie heißt der Spruch im goldnen Buch?
»Reichtum ist Segen und Reichtum ist Fluch.«

Sonderbar, das heute zu lesen. Längst ist alles verweht, der Segen
wie wohl auch der Fluch. Mit der adligen ging die bäuerliche Kultur, auch die hochgebuffte. Agrarindustrie jetzt mit kargem
Glück; kann sogar sein, daß es mit dem Auskommen der Landarbeiter besser als früher bestellt ist. Not gibt es jedenfalls nicht
mehr, man darf sich durch die Freudlosigkeit, die sich wie Mehl-
tau über alles gelegt hat, nicht täuschen lassen.

Vergebens jedoch sucht das Auge Freiheit, will sich an jenem
Überfluß festhalten, der nicht aus dem Reichtum, sondern aus
der Heiterkeit kommt. Aber keine Kirmes, kein Maibaum, kein
Schützenverein, der im girlandengeschmückten Festsaal zum
Tanz lädt; nur Spruchtafeln und Mauerplakate mit rituellen Lo-
sungen, in denen friedliche Ackerstädte versprechen, von der Erfahrung des ruhmreichen Brudervolkes zu lernen.

Woher kommt das Beharren auf der eigenen Unzulänglich-
keit, die der Belehrung durch das ferne Rußland bedarf? Mit den
Gefühlen des Volkes hat das nichts zu tun, so viel ist sicher. Ist es
ein Singen im Keller, mit dem ein Regime sich zu sich selber Mut
macht?

Gruß und Dank allen Werktätigen der DDR steht auf den Tafeln,
die den Weg zur Oder begleiten. Dies ist die optische Entsprechung zu dem Beifall, mit dem überall im östlichen Reich der
Redner sich selber applaudiert. Was für fremde, ferne Verhaltensweisen. *Der Sowjetunion auf ewig brüderlich verbunden* lautet das Ge-
löbnis in Seelow. Nicht das Revolutionäre, das uns notfalls für
sich einnehmen könnte, ruft das Staunen hervor, sondern die
Willfährigkeit in der Selbstdemütigung, die nichts davon wissen
will, wie das Ende der Gewaltherrschaft auch das des Landes
brachte. Die Siegesmaler, die hier in jedem Dorf den Vormarsch
des Gegners noch nach Jahrzehnten feiern, markieren ja nicht nur

fremde Triumphe, sondern den übriggebliebenen Eltern auch die Stätten, wo ihre Söhne den Tod fanden.

Zur Herrschaft berufene Imperien legitimieren sich auch darin, daß ihre Lebensform die unterworfenen Regionen zu faszinieren vermag. Im zweiten Jahrhundert will man zwischen Atlantik und Schwarzem Meer römischer Bürger sein, trägt Toga und pflanzt Rebstöcke; im neunzehnten besteht die Welt darauf, englisch zu sein; Dudelsack und *ham and eggs* sind schneller noch als Kanonenboote. Nichts davon hier, es springt geradezu in die Augen, wie in jeden freien Raum die amerikanische Weltzivilisation einschießt.

Erfolgloser noch als in der Schaffung von Wohlstand ist das Großreich im Osten in der Vermittlung jenes Russentums gewesen, das ein Jahrhundert zuvor den Westen so bezauberte. Manche Länder sind zur Herrschaft nicht berufen; nach Deutschland macht nun Rußland die Erfahrung, daß die Ausbreitung seiner Herrschaft mit dem Verlust der Faszination bezahlt wurde. Niemand hier möchte Russe sein.

NICHT IMMER IST DAS LAND DAS BLEIBENDE; auch das kann Selbstbetrug sein, Geschichtsvergessenheit im Umgang mit Natur. Dies Land im Osten, östliches Land, was ein gefühlsbeladenes Wort ist, war in seiner melancholischen Eintönigkeit Menschenwerk, fern der kulturgesättigten Fülle des alten Römerlandes im Süden und Westen und eben darum auf ergreifendere Weise geschichtsgeprägt.

Fielen die alten Gemäuer am Rhein, so bliebe es der Rhein, Kulturland und zur Besiedlung auffordernd; die Oderabhänge ohne Kirchdörfer, Herrensitze und Ufergemeinden sind wieder Fluß im Osten geworden, nahezu Weichsel, träger Strom zwischen industrieagrarisch genutzter Fläche, geschichtsloses Land, gestaltloses Land. Fährt man abends die neunundsechzig Kilometer in das zur Grenzstadt gewordene Berlin zurück, hat die Empfindung nur Gedachtes, nichts Gesehenes zur Bewahrung.

Nach drüben, wo im Dunst der Oder das andere Ufer auf-
scheint, auf dessen Höhen die versunkenen Namen von Kunersdorf und Zorndorf liegen, versperren Verhaue und Gestelle den
Weg; nicht weit von hier gabelten sich die Straßen, tun es wohl
immer noch. Bei Dirschau und Schneidemühl gingen sie nach
Ostpreußen ab, Fontane fuhr mit dem Schaufelraddampfer von
Frankfurt nach Schwedt; über Küstrin führten sie nach Stettin
und Breslau.

Wie weit ist das alles? Dreihundert, vierhundert Kilometer?
Und dann von dort nach Tilsit und weiter nach Memel? Noch
einmal fünfzig, einhundert Kilometer? Weiter jedenfalls als nach
Flensburg oder Aachen. Reiste man nach Süden, hielte man in
München, wenn man das Ende der Strecke erreicht hätte. Im Ne-
bel versunken, nicht nur im wäßrigen Licht des Stromes, eher
schon im Qualm der Geschichte. Verlorene, verspielte, verdor-
bene Geschichte.

Zweite Etappe

SEELOW, ZU BEGINN DIESES JAHRHUNDERTS eine der reizenden »Ackerbürgerstädte« des zum Stift Lebus gehörenden Landes, eine Sommerfrische mit dem ländlichen Gasthaus »Schwarzer Adler«, der mit seinen acht Zimmern und zwölf Betten bei
1,50 Mark Logis und 3 Mark Pension erfolgreich gegen das »Norddeutsche Haus« und den »Weinberg« bestand (denn im sechzehnten Jahrhundert waren die Hügel hier bis herauf nach Schwedt
alles Weinberge), die von den gärtengesäumten Höhenrändern
den Blick auf die tiefgelegenen Flure und den Strom freigaben,
war von der Oderebene her nur mit Mühe zugänglich: ein Ort,
gut zum Rekognoszieren und Barrikadieren.

So nimmt es denn nicht wunder, daß die malerische Bastion
ihrer Lieblichkeit zum Trotz ein Platz des Ernstfalles ist. Als
Preußens Existenz auf der Schneide steht, ziehen sich die Dinge
mehr als einmal an der Oder, und zwar an diesem Punkt, wie in

einem Brennspiegel zusammen. Dreimal geht es, so mißlich es auch bisweilen aussehen mag, am Ende glimpflich, sogar gut aus; nach dem vierten Mal gibt es Preußen nicht mehr.

TRÜGE DAS AUGE IM DUNST DER FEUCHTE WEITER, würde es gleich jenseits des Stromes die flache Erhebung von Zorndorf sehen, wo Friedrich am 25. August 1758 in verlustreicher Schlacht die russische Flut zum Stehen brachte, die das ganze Land in eine Wüste verwandelt hatte, wie der Marquis Montalembert nach Paris berichtet: »Alles ist eingeäschert, tot, geflohen; man findet keine Menschen, kein Pferd, kein Herdenvieh mehr.«

Die russische Flut, immer wieder. Das Wort reicht in wechselnde Vergangenheiten, geht tiefer ins Gewesene zurück als in die Erfahrung des letzten Anbrandens, das den heillosen Großreichstraum beantwortete und das Land seine Geschichte gekostet hat. Andere Staaten mochten um ihr Recht, um ihre Provinzen kämpfen, für Preußen stand immer sein Bestand auf dem Spiel, Aufteilungspläne gab es in Petersburg, Wien und Paris genug, in Gedanken waren seine Provinzen mehr als einmal verteilt.

Anderes kam hinzu. Die Erfahrung des Kolonisten, Grenzland zu bestellen, Nachbar von unübersehbaren Räumen mit fremdartigen Landstrichen und Völkerschaften zu sein, hat sein Bewußtsein nie losgelassen, in Sehnsucht und Schrecken. Es bedurfte dazu nicht des Gegners, auch der Verbündete blieb unheimlich.

> Da er nichts tut als erobern,
> Wird er uns nicht übersehn,
> Gerne wird er seinen Lobern
> Eine kleine Kette drehn,

notierte Graf Platen uralte Bedrohungsängste, als Petersburg mit der Billigung Europas, das sein vernünftiges System über seine romantische Empfindung stellte, Anfang des Jahrhunderts die polnische Erhebung niederwarf.

Als der Reichskanzler Bethmann Hollweg 1910 sah, wie in seinem Schloß zu Hohenfinow auf der Allee neue Linden gepflanzt wurden, winkte er müde ab, das lohne sich nicht mehr: *»In ein paar Jahren stehen doch die Russen hier.«*

UNTEN BLINKT DER FLUSS AUF, der einst »Mitte der Monarchie« genannt wurde und jetzt die Grenze Deutschlands darstellt, weshalb denn Fontanes »lachende Landschaft« Sperrgebiet ist und man die halbe berittene Stunde stromaufwärts nach Kunersdorf nicht kann, wo der König fast auf den Tag genau ein Jahr später, nämlich im August 1759, um ein Haar in die Hände von Kosaken fiel und von dem Major Prittwitz nur mit Mühe über die Schiffsbrücke bei Oetscher hierher aufs linke Ufer gerettet wurde.

Und noch einmal Seelow, wieder Kosakenhemden. Hier oben, wo es am unzugänglichsten ist, haben versprengte Regimenter der *grande armée* unter Nansouty Posto gefaßt, und drunten gelingt der Vorhut des General Czernicheff der Ritt über das brüchige Eis der Oder. Der jüngere Marwitz ist von Friedersdorf, das zwei Meilen flußaufwärts liegt, heruntergeritten und beschwört den in russischen Diensten stehenden Oberst Tettenborn, entweder nach Frankfurt zu gehen oder die Seelower Höhen zu nehmen; aber der scheut den Kampf und sucht den Ruhm, läßt Seelow oben liegen und unternimmt unten mit seinen Kosaken Streifzüge auf Berlin. »Mit solchem Kroop muß ich mich schlagen?« hatte Friedrich bei Zorndorf gesagt, als ihm die ersten gefangenen Kosaken vorgeführt wurden. An der unheimlichen Fremdartigkeit hat sich nicht viel geändert, als sie »auf struppigen Gäulen mit Pelzmützen und Piken« am 18. Februar 1813 die Oderabhänge hinaufreiten; noch Goethe erschrickt sich, als »Kirgisen, Baschkiren und Kosaken« einige Wochen später Weimar befreien. Die abziehenden Offiziere Napoleons hinterlassen die Erinnerung an Requirierungen, Festivitäten und Liebschaften.

RÄUMLICHE UND ZEITLICHE FERNE verschwimmen ineinander; es bedarf nicht des milchigen Lichts, daß einem Litewkas und Kosakenhemden, Waffenröcke und Russenblusen durcheinandergehen.

Am 16. April 1945, als im Morgengrauen die zweieinhalb Millionen Mann der 1. Weißrussischen und der 1. Ukrainischen Front, denen schon am 4. Februar der Oderübergang gelungen ist und die nun seit nahezu zehn Wochen im überfluteten Bruch zu Füßen der Oderberge stehen, zum Sturm ansetzen und in wenigen Tagen Berlin erreichen, ist hier oben auf den Seelower Höhen der letzte Beobachtungsstand der dünnen deutschen Linien. Der Angriff hat mit einem Trommelfeuer begonnen, wie ihn der russische Krieg noch nicht gesehen hat, und da man nicht zu Unrecht auf den Hügelrändern Gefechts- und Artilleriebeobachtungsstände vermutet, schießen sich Tausende von Geschützen auf die flachen Mulden der Anhöhen ein, die seit Jahrhunderten, lange vor der Urbarmachung der sumpfigen Niederung da drunten, den reizenden Kranz der Randdörfer tragen.

Am Abend ist alles vorüber, nicht nur der Gefechtslärm. Die ganze Strecke des Landes längs der Oder ist ausgelöscht. Von Frankfurt nach Küstrin und weiter nach Bad Freienwalde hinauf gibt es kein Dorf mehr, fast kein Haus. Was Geschichte war an diesem Landstrich, ist nicht mehr. Vorbei Wendenspuren und Askaniersteine, Ordensmauern und Adelssitze. Noch einmal ist Kolonistenzeit über das Land gekommen, aber wie anders jetzt. Kein »Schwarzer Adler« mehr und kein »Norddeutsches Haus«, nirgendwo mehr Akazienalleen und Kastanienwäldchen; verstreute, schmucklose Landarbeiterhäuser, anfangs, in den ersten Nachkriegsjahren, aus den Steinen der alten zerschossenen Gehöfte und der niedergerissenen Gutshäuser hochgemauert, umstanden von Niedergestrüpp, Fliedergebüsch; kaum ein Baum hier, der älter als dreieinhalb Jahrzehnte ist. Fremdes Neuland, fern von Vergangenheit. Die beiden Restaurants im Oder-Frankfurt heißen »Witebsk« und »Polonia«.

Nun längst zu Ende
graue Herzen, graue Haare
der Garten in polnischem Besitz
die Gräber teils-teils
aber alle slawisch,
Oder-Neiße Linie für
Sarginhalte ohne Belang
die Kinder denken an sie,
die Gatten auch noch eine Weile
teils-teils
bis sie weiter müssen.
Sela. Psalmenende.

Sah so der Untergang aus, von dem sie all die Jahre über gesprochen hatten, die in der Reichskanzlei am Tage des Kriegsbeginns und die im Bendlerblock, als sie in letzter Stunde das Land zu retten suchten? Was meinte Hitler, als er am 22. April 1939 zu Dönitz von *finis Germaniae* sprach, wenn es Krieg mit England gebe? Was hatten sie im Auge im Hauptquartier der Heeresgruppe Mitte im Osten und im Stab des Militärbefehlshabers Frankreich in Paris, was stellten sich Tresckow und Stülpnagel vor, wenn sie den Untergang des Landes beschworen, in den die Gewaltherrschaft Deutschland führe? Den Untergang des *Reiches*, dessen Traum man bewahrt hatte, über das problematische Zweite und das miserable Dritte hinweg? Den Verlust von Provinzen, den Abschied von der Nation? Oder ganz konkret: den Ruin des Landes und seiner Menschen?

Nach dem Kriege wußten sie es nicht mehr, sofern sie überlebt hatten. Fragte man sie danach, die Schlabrendorffs, Gersdorffs und Speidels, so versuchten sie sich zu vergegenwärtigen, was sie damals bewegt und zu verzweifelter Tat getrieben hatte, und fanden nur allgemeine Auskunft: den Ruin habe man gesehen, auf den alles hintrieb, den äußeren und inneren; aber wie der aussehen werde, habe man sich nicht ausgedacht und wohl auch nicht ausmalen wollen. Nur zu begreiflich.

Wer davongekommen ist oder nachgeboren wurde, dem ist das fern wie der Tag von Zorndorf oder Kunersdorf. Unfaßbar das alles, das Sterben wie das Überleben. Was ging in dem jungen Albedyll vor, der die Höhen von Wuhden, einen Steinwurf weit zu Lebus hin, noch bis zum Mittag jenes 16. April hielt, auch weil der Familiensitz Klessin wenig hinter der Front lag, und der dann wenig später am Stadtrand von Berlin fiel? Die davon erzählen, einst Bauern, jetzt Landarbeiter, sind ein-, zweimal in die Stadt gefahren, um sein Grab zu besuchen, obwohl das sinnlose Heldenstück das Feuer einen halben Tag länger auf sie zog, so daß von ihren Häusern nicht einmal die Grundmauern blieben. Dorf und Schloß Klessin sind ausgelöscht. Wiese jetzt, die Karte verzeichnet den Namen nicht mehr, wo einst zweihundert »Seelen« lebten.

Ist der Untergang tatsächlich gekommen, sieht es so aus, wenn die Geschichte ihr *Finis* schreibt? Oder ging alles weiter, kleiner zwar als früher, aber besser? Hat hier das Land zur sozialistischen Nation gefunden und drüben das andere Land, das einst dasselbe war, zur freiheitlichen Demokratie, die doch so viele immer wollten, auch wohl manche von denen, die jetzt hier irgendwo liegen müssen? Aber die letzte große Offensive des Krieges hat keinen Soldatenfriedhof hinterlassen; vergeblich sucht man in den Dörfern längs der Oder nach den Opfern des Untergangs.

Fragen über Fragen, unbeantwortbar alle. Dämmerung zieht herauf, auch Wolken und Schauer. Die Oder ist verschwunden wie das Land hinter ihr. Nun plötzlich zeigt sich, daß nur das Blinken des Lichts auf dem Wasser sie kenntlich gemacht hat; die Ebene, der Bruch ist weiter als gedacht.

Dritte Etappe

SEELOW BLEIBT ZURÜCK; immer nur Beobachtungsposten von Geschichte, selber ohne Geschichte, der Name nicht eines Seelowers ist überliefert.

Der Weg zurück nach Berlin ist ein Weg zurück auch in die Vergangenheit; jeder Name hier ruft Erinnerungen an Menschen, Ereignisse, Geschichten herauf, die man gestern noch in der Schule lernte. Friedersdorf, von wo damals im Februar 1813 Marwitz herüberritt, liegt kaum fünf Minuten weit. Erst der Augenschein macht deutlich, wie hier alles auf ein paar Dutzend Meilen beisammen lag; es war ein kurzer Ritt von Massows Steinhöfel, dem Lieblingsort Tiecks und Gillys, zu Finckensteins Matschdorf oder von der Lietzener Komturei Hardenbergs zu den Lestwitz auf Cunersdorf, immer nur bestenfalls eine Stunde. Dergleichen sieht man nicht, wenn man liest, daß Bismarck von Kniephof am Abend nach Trieglaff hinüberritt, um bei Marie von Thadden zu sein.

Also Friedersdorf. Reizlose Landschaft, gestaltloses Dorf; war es wohl immer. Was den Platz wichtig machte, waren die Marwitz, die hier seit Jahrhunderten saßen und fast in jedem Glied in die Geschichte des Landes verwoben waren. Im alten Herrenhaus, das auf wunderliche Weise das Wohngefühl der Renaissance in barocken Formen ausdrückte, bis dann Schinkel einen gründlichen Umbau vornahm, hängen sie alle in nachgedunkelten Porträts: Johann Friedrich Adolf, der sich dem Befehl Friedrichs verweigerte, als Antwort auf die Plünderung des Schlosses Charlottenburg durch sächsische Truppen das sächsische Schloß Hubertusburg zu verheeren, und der, weil es gegen die Ehre ging, lieber den Abschied nahm. Friedrich August Ludwig, der nach der Katastrophe von Jena und Auerstedt in den revolutionären Ideen des Freiherrn zum Stein und den ökonomischen Theorien seines Gutsnachbarn Hardenberg eine Bedrohung der ständischen Grundlagen des alten Preußen sah und seinen anderen Nachbarn, den Finck von Finckenstein, gewann, namens der lebusischen Stände gegen die umstürzlerischen Vorhaben keine *Petition*, sondern einen *Protest* einzulegen, und der dafür auf die Festung Spandau ging; und Alexander, der aristokratische Freund der Rahel Levin, Schwarmgeist und Staatsdenker, »in sieben Sprachen und fünf Wissenschaften zu Hause«. Als er mit siebenundzwanzig fällt, hinterläßt er Konvolute fragmentarischer Schriften zur Philosophie, zur Geschichte, zum Recht.

> Das ist die schwere Zeit der Noth,
> Das ist die Noth der schweren Zeit,
> Das ist die schwere Noth der Zeit,
> Das ist die Zeit der schweren Noth,

schrieb Chamisso, Flüchtling aus Paris, seinem Freunde Hitzig in den Tagen der Todesnachricht. Übrigens saß Chamisso gleich nebenan, nämlich bei Itzenplitz auf Cunersdorf, wo er ein Herbarium über die Flora des Oderbruchs anlegte und den »Schlemihl« schrieb. Als vom Felde Schreckensnachricht nach Schreckensnachricht kam, half der Refugié den Landsturm exerzieren. »Mit euch unterzugehen, will ich nicht verneinen«; so an Varnhagen in diesem Mai 1813.

Der unscheinbare Ort, vierzig Insthäuser und ein ländlicher Herrensitz, und dann Kartoffeln und Roggen, war Preußen auf unnachahmliche Weise – pauvre und idealisch, geistgetrieben und voller Standesgefühl.

Die Literatur ritt an der Tete, soviel sah man und liebte man, dichtete auch wohl selber. Aber besser war es schon, wenn auch die Schreibenden Aristokraten waren, wie Achim von Arnim auf Wiepersdorf, Friedrich de la Motte Fouqué auf Nennhausen, Friedrich von Hardenberg, der sich Novalis nannte, die Schwerins auf Tamsel drüben, jenseits der Oder oder eben Adalbert von Chamisso. So ganz war Goethe doch kein Standesherr. Als der ältere Marwitz ihn 1806 beim Herzog von Weimar trifft, gibt er ein allerliebstes Urteil: »Wenngleich der natürliche freie Anstand des Vornehmen sich vermissen ließ.« Es gebrach eben, kommentiert Fontane, ein unaussprechliches Etwas, vielleicht die hohe Schule des Regiments Gensdarmes.

Und dennoch, was für eine Welt, diese ländlichen Gutshäuser, mit jedem von ihnen ein halbes Dutzend Namen verbunden, die etwas bedeuten, meist Generäle, oft Minister, auch Diplomaten oder Kammerherren. Alle mit hochfliegenden Ideen und kargen Mitteln, keine ungarischen oder schlesischen Magnaten, große Verhältnisse auf kleinem Grund. Alles hier hat Allüre, selbst der Gartensaal, der eigentlich nur ein Zimmer zum Park ist.

ES IST NICHTS MEHR DA. Nichts hier in Friedersdorf, kein Schloß mehr, keine Bibliothek und keine Ahnenbilder. Nur die Erinnerung hat sie heraufgeholt, der Platz selber ist leer. Das Gutshaus, an jenem 4. Februar, als sie bei Seelow über die Oder gingen, nur mäßig beschädigt, ist ein paar Jahre nach dem Kriege, fast gleichzeitig mit den Stadtschlössern von Berlin und Potsdam, gesprengt worden, wie auch die ländlichen Schlösser von Cunersdorf und Schulzendorf, wo die Pfuels saßen; Finckensteins Reitwein wurde erst vor ein paar Jahren abgebrochen. Die Steine sollten an die Neusiedler aus Schlesien, Ostpreußen und Pommern verteilt werden, wozu es aber nicht mehr kam; da war schon die Kollektivierung da. Aus der alten Feldsteinkirche noch aus der Ordenszeit hat man gleich nach dem Krieg die Marwitzsche Gutsloge gebrochen wie gleich nebenan im Kloster Friedland auch.

INZWISCHEN HAT DIE ZEIT IHR WERK GETAN. Die Kirche, die für Fontane in den Marken nicht ihresgleichen hatte, weil das Braun der die Empore tragenden Pfeiler mit dem Weiß des Marmors der Sarkophage und Büsten und dem Bunten der Gemälde »ein glückliches Sichvermählen« eingegangen war, so daß die Gottesstätte *etwas heiter Anregendes hatte,* ist wieder verfallene Feldsteinkirche geworden und mit rostiger Kette versperrt. So sah sie wohl aus, als nach der Askanierzeit das schreckensvolle Interregnum die blühende Mark in eine Wüste verwandelt hatte. Nur vierzig Jahre, und auf dem Friedhof kein Grabstein mehr und kein Kreuz, nicht einmal gestürzt, zerbrochen und überwachsen. Alles eingeebnet, Waldboden mehr als Gottesacker, verwilderte Natur.

Nur draußen, vor dem verriegelten Tor ein gepflegtes Efeu-Geviert mit polierter Marmortafel: *Ruhm und Ehre den Helden der Sowjetunion.* Nebenan, im zerschossenen Podelzig, danken die Märker auf metergroßem Spruchband *Dem Marschall G. K. Shukow.* Gleich gegenüber der Gedenkstein für die Toten des ersten Krieges ist abgebrochen wie überall hier. Deutsche Tote gibt es nicht.

Wählte Ungnade, wo Gehorsam nicht Ehre brachte. Auch dieser Stein ist nicht mehr da, nur noch Erinnerung. Vielleicht ist es genug.

WAS FÜR HEITER STIMMENDE NAMEN an jeder Weggabelung. *Pimpinellenberg, Beresinchen, Gottesgabe, Gästebiese, Berlinchen* und dann der prosaische *Zickenberg,* der um die Jahrhundertwende poetischer Monte Caprino wird. Neues Land, Kolonistenland, man muß sich Namen finden, gestern waren ja hier noch Hochflächen im Luch. Auch scheint man ein gelassenes Verhältnis zu sich selber gehabt zu haben; daß Belvedere zum Bruch nicht paßt, wußte man.

Das Poplige ist geblieben, das Poetische dahin. Nun gibt diese Welt nichts mehr her, nur Gerste und Kartoffeln; nicht einmal die Wirtshäuser sind mehr da, die Gartenwirtschaften und Sommerfrischen. Kiesslings »Wanderbuch für die Mark Brandenburg« von 1914 zählt sie noch alle auf: »Bothes Gasthaus« in Güstebiese, gleich drei Hotels und zwei Restaurants in Berlinchen und die »Villa Bergfrieden« auf dem Zickenberg.

Wo sind sie geblieben, was haben sie angerichtet, daß sie dem Neuen geopfert wurden? Nun hat man zwischen Oder und Spree Mühe, auch nur eine Wirtschaft zu finden, wo man einkehren könnte. Erst am Stadteingang nach Berlin, wo sich der Wegweiser nach *Slubice* findet (69 km), was der jenseits der Oder gelegene Teil Frankfurts ist, finden sich Gaststätten. Schwer zu begreifen, weshalb mit den Schlössern auch die Wirtshäuser fallen mußten, neben der hohen Poesie auch die geringe. Nur die verdrießliche Prosa blieb.

KEINE KARTE, KEIN WEGWEISER gibt die Richtung nach Neu-Hardenberg an, dem Sitz des Fürst-Kanzlers, Geschenk des Monarchen nach den Befreiungskriegen. Was Fouqués Nennhausen auf der anderen Seite des Stromes war, literarischer Mittelpunkt der Romantik, Salon im Bruch, war Neu-Hardenberg auf dieser Seite des Barnim – Bühne und Text zugleich des Stücks, das Klassizismus hieß. Langhans hatte den ländlichen Gutshof Quilitz 1785–90 in antikischer Manier umgebaut, Schinkel ihn dann 1820 aufgestockt, Pückler den Lennéschen Garten in einen englischen Park verwandelt; die Skulpturen von Schadow und Rauch. Nicht ein Name preußischen Stilwillens zwischen 1780 und 1820, der an diesem Gesamtkunstwerk nicht beteiligt gewesen wäre.

Es kann nicht sein, daß mit dem Schloß auch der ganze Ort verschwunden ist. So folgt man, der Karte von damals vertrauend, der alten Landstraße, die von Seelow über Gusow, wo der achtzigjährige Derfflinger – sein Epitaph von Schlüter – die letzten Jahre seines Lebens mit seinen Zedern und Zypressen zubrachte; dann macht sie eine Biegung und führt nach Cunersdorf, das Friedrich dem Lestwitz schenkte, weil der ihm die Schlacht von Torgau gerettet hatte.

Aber kein Neu-Hardenberg, nur ein Angerdorf namens Marxwalde. Lange baumgesäumte Straße, die eingeschossigen alten Häuser geben den Blick auf die Felder frei. Nicht malerisch, aber voller Charakter; Anlage nicht des achtzehnten Jahrhunderts, sondern früherer, wendischer Zeiten. Aber merkwürdig klassizistisch die axiale Gliederung, so sah die Landbaukunst Gillys aus.

Plötzlich eine Vision: das Schloß, Hardenbergs Neu-Hardenberg. Kein märkischer Adelssitz, kein englisches Landhaus, kein aus der Landschaft gewachsenes Château, das noch seine Steine aus den umliegenden Bergen geholt hat. Ganz Schloß, sentimentalischer Wille zur Klassik, fremd in die Äcker gebaut, strenge

Gesimse, heller Putz, nichts von draußen aufnehmend, alles stolz verneinend und überhöhend, draußen der Barnim, drinnen Athen.

Der Anblick macht lächeln, wie hinten auf dem Vorwerk auch Schinkels Molkenhaus in Form einer Basilika. Welche Anstrengung der Empfindung und des Gedankens, wie verlangend das Sehnen nach der Antike, Traum in die Rüben gestellt. Hier also saß der Reform-Kanzler Preußens zwischen Jena und Waterloo, ein großer Kunstsammler, der auf die Rückführung seiner nach Paris entführten Sammlungen ausdrücklich verzichtete, weil er auf dem Wiener Kongreß die Restitution der geraubten Kunstgüter nicht mit Entschiedenheit verlangen könne, wenn er mit den öffentlichen Interessen zugleich seine eigenen fördere.

WAS BLIEB, KANN MEHR SCHMERZEN, als was versunken ist. In Friedersdorf kommen einem Phantasie und Erinnerung zu Hilfe, hier bleibt nur verhunzte Gegenwart. Das Schloß, leer und ruiniert, in der Auffahrt eine fünf Meter hohe Pyramide als Erinnerungsmal für die fremden Gefallenen, davor eine Spruchtafel, die der ruhmreichen Roten Armee für die Befreiung dankt und ewige Waffenbrüderschaft gelobt. Wo Hardenbergs geliebter französischer Garten im Geschmack des achtzehnten Jahrhunderts war, ein Postament mit dem übergroßen Kopf von Karl Marx, der englische Park Pücklers verwilderte Wiese, Haselnußgestrüpp, verfallene Gartenarchitekturen, Baracken für allerlei Gerätschaften, zerbrochene Brunnenschalen. Aus dem Teich mit seinen von Blechen gezeichneten Schwänen ist morastige Wiese geworden.

Keine Melancholie über allem, auch nicht Poesie des Verfalls, nur Heruntergekommensein. Wahrscheinlich ist es gut, daß es Marxwalde heißt; es gibt Neu-Hardenberg nicht mehr.

UNWIRKLICHE GESPENSTERAUFFAHRT vor dem Schloß. Räder drehen sich, der Kies knirscht. Ist es der Wagen Friedrichs, der dieses Gut seinem Retter vor den Kosaken bei Zorndorf schenkte und jetzt befremdet die Aufführung eines Herrensitzes sieht: »Prittwitz, er baut sich ja ein *Schloß*?«, woraufhin der gleich das Dach auf das Erdgeschoß setzt und den Ausbau seinem Nachbesitzer überläßt? Ist es die Kutsche, die Humboldt, Schinkel und Rauch aus Berlin hierher bringt, wo sie der Hausherr und sein Schwiegersohn, der Fürst Pückler, schon erwarten? Oder der Wagen, der, bald nach dem 20. Juli, den letzten Hardenberg auf Neu-Hardenberg abholt und nicht mehr zurückbringen wird?

Kein Rad auf Kies, längst ist die Auffahrt überwuchert, nur ein paar Kinder spielen. Zerstoben, was diese Schlösser einst bevölkerte, keine preußischen Aristokraten mehr, die Schlachten und Verse machen, keine geistreichen Jüdinnen, die lange Briefe an märkische Junker richten. Wo die Handwerkersöhne aus den umliegenden Landstädten, Schadow aus Saalow, Schinkel aus Neuruppin, Hackert aus Prenzlau, Humboldt aus Königsberg in der Neumark, jetzt polnisch?

Konstantinopel steigt herauf, um 1500, eine Generation nach dem Fall. Weithin unbeschädigt hatte die Kaiserstadt den türkischen Sturm überstanden, aber die Menschen waren gegangen, die Nobilität und die Beamtenschaft, Kaufleute und Künstler; nur die Kirche war auch damals geblieben. Noch heute zeugen die byzantinischen Mosaiken in Ravenna von den Zugewanderten aus der eroberten Stadt. Sie selber war nur noch ein Schatten, ferne Erinnerung ihrer selbst. Der Traum von Rom an der Grenze Asiens war ausgeträumt.

Das Land zwischen Elbe und Oder ist alles, was von Preußen geblieben ist

Dächer von Ziegel, Dächer von Schiefer,
Dann und wann eine Krüppelkiefer,
Ein stiller Graben die Wasserscheide,
Birken hier und da eine Weide,
Zuletzt eine Pappel am Horizont,
Im Abendstrahl sie sich sonnt.
Auf den Gräbern Blumen und Aschenkrüge,
Vorüber in Ferne rasseln die Züge,
Still bleibt das Grab und der Schläfer drin –
der Wind, der Wind geht darüber hin.

Theodor Fontane

BRANDENBURG IST ALLES, was von Preußen geblieben ist. Preußen war der Staat und seine Idee. Preußen waren die Provinzen im Osten, das eintönige Land der Kiefern und Birken: Ostelbien. In der Ebene hinter der Oder, in der Neumark, in Westpreußen und in der Provinz Posen, wo Bromberg, Thorn und Graudenz lagen, verband sich das Deutsche allmählich mit dem Polnischen.

Eine Zeitlang, als unter dem Nachfolger Friedrichs des Großen, dem liederlichen und frommen König Friedrich Wilhelm II., die Dynastie noch Neu-Ostpreußen und Südpreußen gewann, sah es sogar so aus, als würde Preußen wie Österreich ein Staat über den Nationen werden, nicht weniger Polen als Deutsche in seinen Grenzen vereinigend. Der polnische Adel saß im preußischen Herrenhaus in Berlin, und den Fürsten Radziwill machte der König zum Gouverneur der preußischen Provinz Posen. »Preußen hätten wir werden können«, sagte dessen Vetter Raczinsky nach der Gründung des Reiches, »Deutsche niemals.«

Preußen war schließlich auch und vor allem jenes Ostpreußen von der Weichsel und über den Pregel hinaus bis zur Memel. Die Hauptstadt Königsberg hatte ihren Namen ja nicht von den Herrschern Brandenburgs, die damals noch Markgrafen, dann Kurfürsten waren und erst Jahrhunderte später Könige wurden, sondern Ottokar von Böhmen zu Ehren, weil der hier im Samland an einer Kreuzfahrt teilgenommen hatte. Von dieser Welt weit im Osten erhielt schließlich das ganze Land seinen Namen, auch die Stammlande der Hohenzollern, die lange Zeit die Kur- und die Altmark gewesen waren, ehe sich die beiden Linien des Geschlechts auf dem Wege der Erbfolge vereinigten.

Aber noch immer fühlte man sich zwischen Havel und Spree nicht als Preuße, sondern als Brandenburger. Als Friedrich die Geschichte seines Hauses schrieb, redete er natürlich vom »Hause Brandenburg«, und auch Kleists »Prinz von Homburg« endet ganz selbstverständlich mit dem gegen Napoleon gerichteten Ruf: »In Staub mit allen Feinden Brandenburgs!« Was jetzt wiedergegründet wurde, das Land Brandenburg mit seiner neuen Hauptstadt Potsdam – denn lange war Berlin die Hauptstadt Brandenburgs gewesen –, ist also sehr alt, ja eigentlich uralt und, wenn man es genau betrachtet, viel älter als das so glanzvolle Preußen.

DIE NATUR, DIE JENSEITS DER GESCHICHTE STEHT, ist selber historisch. Der Baumbestand schon signalisierte einst die Besitzverhältnisse. Nur die Gutsherrschaft ließ ja die alten Bäume stehen; kein Bauer hätte stehen lassen, was mehrere hundert Mark pro Klafter brachte. Fuhr man über Land, so gaben schon von fern hochragende Baumgruppen zu erkennen, daß dort ein Gutshaus war, meist mit einer dazugehörigen Kirche. Da war dann die Gutsloge, wie heute noch in Paretz, wo Friedrich Wilhelm III.

und seine Luise die Feldsteinkirche durch den älteren Gilly ins Neugotisch-Klassizistische wenden ließen.

Nun aber stehen die alten Riesen, meist Linden und Buchen, verloren zwischen den Äckern, denn man hat die Häuser abgerissen, denen sie einst Würde gaben. Nun ist dies kein Gutsland mehr, aber auch kein Bauernland. »Landwirtschaftliche Produktions-Genossenschaft« heißt, was an die Stelle der bäuerlichen Welt getreten ist; die Bauern haben keine Rinder mehr im Stall, sondern die »LPG« betreibt »Pflanzen- und Tierproduktion«. Sind das die Agrarfabriken, die die Volkskommissare nach der Revolution im fernen Rußland erfanden? Heute mutet die Welt zwischen der Uckermark und dem Barnim merkwürdig geschichtslos an; alles fehlt, was ihr so lange Bedeutung gegeben hat, Bürger und Bauer und Edelmann.

Der Sozialismus war nicht nur eine Absage an die überlieferten Herrschaftsverhältnisse, sondern an die Geschichte selber. Nicht nur die Welt da oben hat man zerstört, sondern auch was darunter lag. Wie in der Stadt Ansammlungen aus Großplatten an die Stelle der alten Viertel traten, so ging auf dem Land das dörfliche Leben seinem Ende entgegen, und wären dem Sozialismus noch zwei oder drei Jahrzehnte mehr gegeben gewesen, so wäre Lenins Vision der Industrialisierung des Landes Wirklichkeit geworden. In zwei der preußischen Orte Brandenburgs, in Paretz und in Neuhardenberg, kann man an Mietshäusern auf den Äckern schon sehen, in welche Richtung die Träume der geschichtslosen Utopie gingen.

Man redet immer nur von der Entstalinisierung, die dem Osten nottue; aber was sowohl der östlichen Wirklichkeit wie dem westlichen Denken tatsächlich nottut, ist die Befreiung von der Utopie Lenins, und insofern ist die Umbenennung der Stadt an der Neva ein Signal erster Ordnung. Stalin ist wie Hitler nicht mehr als ein Monster; weniger er selber ist interessant als die Macht, die er über die europäischen Intellektuellen ausübte.

DOCH NICHT ALLEIN DIE HÄUSER sucht man vergebens, sondern auch die, die früher hier lebten. Geht man durch die kleinen Landstädte wie Jerichow oder Jüterbog, macht man sich allmählich erst klar, was es heißt, daß Millionen Menschen das Land verlassen haben. Jetzt zählt Brandenburg zu den bevölkerungsärmsten Teilen Deutschlands. Soll man jedoch leugnen, daß die Leere des Landes zum eigentümlichen Reiz dieser Welt beiträgt, vor allem, wenn man aus Westdeutschland kommt, aus der Gegend um Frankfurt und Darmstadt, Heidelberg und Mannheim zum Beispiel, wo weder Stadt ist noch Land?

Aus dem Land getrieben oder geflohen sind die Menschen, die ihm einst seine unverwechselbare Farbe gaben. Zuerst gingen die Juden, die nicht nur aus der fernen Residenz, sondern auch hier aus den Ackerbürgerstädten vertrieben wurden und denen man, von den Mendelssohns über die Ephraims bis zu den Rathenaus, viel verdankte. Dann, als die Rote Armee das Land besetzte, ging der Adel, doch die alten Herrensitze – der der Marwitz' in Friedersdorf wie der der Finckensteins in Reitwein – wurden oft erst zehn, ja zwanzig Jahre nach dem Krieg abgerissen. Für die deutschen Kommunisten waren die meist überaus bescheidenen Gutshäuser »Zwingburgen der Junker«, wie Wilhelm Pieck, der erste und einzige Präsident des Arbeiter- und Bauernstaates, in einer Rede sagte.

Schließlich gingen auch die Bürger der märkischen Kleinstädte, aus denen sich Berlin jahrhundertelang gespeist hatte. Anders als Frankreich hatte Preußen seine Kraft ja nicht aus der Hauptstadt, sondern aus dem flachen Land gezogen. Berlin wie Potsdam waren lange kaum mehr als Fischerorte und Ackerbürgerstädte, wenn man sie mit Wien, Köln, Hamburg oder Danzig verglich. Draußen aber, in Brandenburg und in den anderen Provinzen, saßen sie alle, zwischen Rübenäckern und Weizenfeldern, die Schloßgeborenen wie die Bürger, denen das Land seinen Aufstieg verdankte.

Ganz zum Schluß verließen auch die Bauern ihr Land und flohen zu Hunderttausenden in den Westen, als man ihnen von Bauernbefreiung sprach und sie in Agrarkommunen zusammenfaßte. Steht man auf den Seelower Höhen und sieht auf das Oderbruch hinunter, einst Preußens reichstes Bauernland, so erzählen einem die alten Leute, daß hier nicht eines der alten Geschlechter mehr ansässig ist, die Friedrich bei der Urbarmachung des Bruchs in dieser Gegend ansiedelte. Ehemalige Gespannführer saßen im »Rat der Gemeinde«, wie man nach sowjetischem Vorbild die früheren Bürgermeistereien nannte.

Und es fehlt selbst die Handwerkerschaft, die das Land seit Jahrhunderten prägte und aus der so viele kamen, Goethes römischer Reisegefährte Hackert aus Prenzlau, Schadow aus Saalow, Schinkel aus Neuruppin und ganz zuletzt noch Theodor Fontane. Nicht nur die Städte, das Wasser, die Luft und den Boden hat der Sozialismus verwüstet, sondern auch, was den eigentlichen Reichtum Brandenburgs ausmachte, die Menschen.

Dies war ja das eigentlich Staunenswerte: daß in dieser Welt zwischen Elbe und Oder, auf diesem unscheinbaren Boden, der nicht viel Aufhebens von sich macht, eigentlich alles angefangen hat, was Preußen sein Großes nennt. Die Berge waren geheimnisvoller im Riesengebirge, die Wälder undurchdringlicher in Masuren und das Land malerischer an der pommerschen Küste, wo die Seestege weit ins Meer gingen. Aber von hier, aus dem alten Brandenburg, stammten die meisten von ihnen, die Fichtes und die Humboldts, die Kleists und die Arnims, die Schadows und die Schinkels und all die anderen, die diese Welt zu einem Salon im Bruch machten. Es ist kaum zu begreifen, wie aus dieser Rübenwelt abseits der Geschichte eine der großen geistigen Landschaften Europas wurde.

Fast an jeden Ort in Baden knüpfen sich Erinnerungen, in jedem zweiten Dorf glaubt man zu wissen, daß Gottfried von Straßburg hier geboren wurde. In Thüringen sind viele Berge mit großen Namen verbunden, nicht nur mit Ludwig dem Springer, der die Wartburg erbaute, auf der der Sängerstreit stattfand. Es ist schon verständlich, daß man von Franken milde auf die Streusandbüchse des Reiches sah. Dort, zwischen der Grafschaft

Ruppin und dem Ländchen Friesack, schien die Zeit stillzustehen, in den Schlaf der Geschichte versunken, und es war ganz gleich, ob man Parchim im 14. oder im siebzehnten Jahrhundert aufsuchte.

Dann aber änderte sich plötzlich alles, und das Merkwürdige ist, daß eine einzige Generation Brandenburg genügt, um in die wirkliche Geschichte zu treten. Mit dem Großen Kurfürsten soll man es nicht allzu ernst nehmen; dergleichen große Kriegsherren hat es in Sachsen oder in Franken auch gegeben. Was ist der Brandenburger Landesherr schon gegen jenen Schweden, der bei Poltawa beinahe die Landkarte Europas umgestürzt hätte? Wäre Friedrich Wilhelm, der Soldatenkönig, in Erinnerung geblieben, wenn es nicht seinen Sohn gegeben hätte, der Europa in Erstaunen versetzte? Andere Herrscher machten anderswo ebenfalls von sich reden, aber sie sind aus dem Gedächtnis gekommen, weil sie nur eine Episode waren.

Mit Friedrich aber begann es erst, und zwar auf jedem Felde, dem der Schlachten wie dem der Künste. Oft hört es nach einem solchen Ausbund von Genie wie Friedrich gleich wieder auf, und das Land versinkt erneut in Bedeutungslosigkeit. Friedrich dagegen ist in vielem Betracht nur der Auftakt, und nach ihm kommt das Land keineswegs zur Ruhe, legt eigentlich erst richtig los.

Denn trotz allem ist es mit dem, was unter dem großen König gedacht und geschrieben wurde, bei Lichte besehen so weit nicht her, oder will man Ewald von Kleist so über die Maßen schätzen? Dann jedoch ist der andere Kleist schon da, und mit einem Male tritt Preußen, das bislang vor allem durch die Gestalt des Königs und dessen Bravourtaten von sich reden gemacht hatte, auch im Geistigen nach vorn. Fast alle Künste wachsen plötzlich auf diesem Boden, der mit Blechen, Menzel und Liebermann ganz zum Schluß selbst noch in der Malerei die anderen Regionen Deutschlands in den Schatten stellt. Was ist die Münchener Malerschule gegen die Berliner? Die Düsseldorfer sind eigentlich schon vergessen, als sie den Pinsel aus der Hand legen.

UND DOCH DAUERT ES NUR EIN JAHRHUNDERT, dann wird Preußen schon wieder unscheinbar. Wer ist in Orten wie Havelberg oder Schwedt um 1850 oder 1900 geboren? Es ist, als ob die Hauptstadt, wie in Frankreich Paris oder in England London, das Land ausgesogen hat.

Ein merkwürdig punktueller Staat ist dieses Preußen, das erst Deutschland und dann Europa auf den Kopf stellt; dergleichen grandiose Kurzlebigkeit hatte es zuvor kaum gegeben. Fünfhundert Jahre lang sprach man im Alten Reich von Brandenburg fast überhaupt nicht, kannte die Markgrafschaft kaum, deren Städte ja auch wirklich neben Regensburg oder Augsburg gar nicht zählten. Und nun, ein Lebensalter nach dem Untergang des Staates – bedeuten da die preußischen Namen und Daten den Nachkommen noch etwas? Das Land ist im Qualm der Geschichte unkenntlich geworden. Eine lange Geschichtslosigkeit, ein heftiges Dasein, dann ein Sinken ins Vergessen; bald wird Preußen nur noch in der Erinnerung weiterleben. Aber Brandenburg blieb. Es war früher da, und es dauerte länger. Großes hatte es zutage gefördert, um sich selber fast vergessen zu machen, denn wer sprach von Brandenburg, als Preußen Napoleon bestehen mußte?

Die Mark hat alles hervorgebracht, erst das Kurfürstentum Brandenburg, dann das Königreich Preußen, schließlich das kurzlebige Deutsche Reich. Es ist, als ob sie sich dabei verzehrt habe. Nun ist alles von ihr abgefallen, was ihr Bedeutung, Glanz und wohl auch Unheimlichkeit gab. Nun ist die alte Mark wieder auf sich selber zurückgeworfen; Brandenburg ist alles, was von Preußen geblieben ist.

Legt man die Karte des heutigen Deutschland neben eine Karte aus staufischer Zeit, so hält man wieder da, wo man vor einem Dreivierteljahrtausend stand, bevor man über die Oder ging und den Heiden und der Wildnis Land abgewann. Damals gab es das Königreich Polen noch nicht, slawische, wendische oder sorbische Völkerschaften saßen dort, wenn man über die sumpfigen Niederungen blickte, die den Weg des Stromes säumten.

EINE LANGE GESCHICHTE und ein kurzer Glanz. Wieder einmal muß man sich nun am eigenen Schopf aus der Kargheit seiner Rüben- und Kartoffelwelt ziehen. Hat man das aber nicht immer tun müssen? Erst machte man sich die brandenburgische Aristokratie dienstbar, domestizierte sie zu preußischem Adel, dann führte man in Theologie, Philosophie, Kunst und Poesie eine neue Epoche herauf, und ganz zum Schluß schufen die Borsigs, die Siemens' und die Rathenaus aus dem Nichts das größte Industriezentrum zwischen Atlantik und Ural, auf einem Boden, den nichts dazu prädestinierte, weder Kohle noch Erz noch Wasserkraft.

Das Ingenium des Ortes und seiner Menschen mußte ersetzen, was die Natur verweigerte. Die Lage ist so neu nicht, vor der sich Brandenburg heute sieht.

Preußens Auszug aus der Erinnerung

NICHT NUR IN DER OPTIK DES OSTENS gilt die Bundesrepublik als ein Staat der Restauration, also der Bewahrung, der Wiederherstellung, der Erneuerung des Gewesenen. Dieser Staat selber akzeptiert eine solche Kennzeichnung: Er sieht sich im Grunde nicht anders. Apologeten und Kritiker stimmen darin überein, daß sie die bewahrend-wiederherstellenden, also die restaurativen Tendenzen in den Vordergrund rücken; die Beschreibung ist dieselbe, die Bewertung weicht voneinander ab. Hört man genauer hin, haben sie alle dieselbe Meinung von ihrem Staat.

Es läßt sich bezweifeln, ob damit die Verteilung der politischen Macht zutreffend verstanden wird. Die Tatsache, daß dieser Staat seit annähernd zwei Jahrzehnten von rechts regiert wird, hat den Blick für das Abtreten einer Ordnungsmacht getrübt, die Deutschland seit Freiherr vom Stein zumindest regiert hat. Mit 1933 ist nicht nur die bürgerliche Demokratie untergegangen, sondern die bürgerliche Welt als Herrschaftsschicht abgetreten. Beide sind so nicht wiedergekommen.

Der Blick auf rechts wählende Massen und konservativ argumentierende Politiker hat unbemerkt gelassen, daß zwar Worte und Formeln wiedergekehrt sind, aber keine traditionelle Führungsschicht. Mit Konrad Adenauer, Eugen Gerstenmaier, Heinrich Lübke, Franz Josef Strauß und all den anderen sind die Söhne von Regierungspräsidenten, Kammergerichtsräten und Professoren durch die Enkel von Angestellten, Unteroffizieren und Handwerkern abgelöst worden: Jeder Blick in das Parlamentshandbuch zeigt, daß die aristokratisch-hochbürgerliche Welt aus der Führung des Staates und aus dem Apparat gerade der »restaurativen« Partei ausgeschieden ist, womit eine neue und oft überraschende Art von Regiment und ein neuer und zuweilen ungewohnter Stil von Repräsentanz zusammenhängt. Eher kann dieser Staat reaktionär als konservativ genannt werden.

Dieser unkonservative und traditionslose Zug des Staates, dessen Außenpolitik sich daher nicht zufällig mehr an Machtfragen als an Nationalfragen orientiert hat, hängt jedoch nicht nur mit dem Auszug eines sozialen, sondern auch eines geographischen Elements aus der deutschen Politik zusammen.

IN EINER SEHR AUFFÄLLIGEN WEISE ist Preußen als geistige Landschaft erst in der Stunde seines Untergangs in das Bewußtsein der Deutschen getreten; dies sogar für das eigene Bewußtsein. Preußisches Selbstbewußtsein im äußeren Sinne, Wissen also vom Eigenrecht, hat es spätestens seit dem Großen Kurfürsten gegeben. An Liedern und Schulfibeln der letzten drei Jahrhunderte läßt sich ablesen, wie das Brandenburgische ins Preußische allmählich übergeht und wie über diesem Wandel der Selbstbehauptungswille des historischen Nachzüglers sich in das hochfahrende Selbstgefühl des Vorwärtsdrängenden verwandelt.

Selbstbewußtsein im eigentlichen Sinne, Bewußtsein von der eigenen Problemlage also und Erkenntnis der eigenen geistigen Physiognomie tritt erst später hinzu; im Grunde, als die Sache selber fraglich geworden ist. Das macht die Aggressivität jener Bücher aus, in denen das Preußische nach 1914 zum erstenmal als Lebensform polemisch gesetzt wird: Es geht im Grunde nur um die Formulierung einer geistigen Position, die man an einem Exempel verdeutlicht. Moeller van den Brucks »Preußischer Stil« und Oswald Spenglers »Preußentum und Sozialismus« meinen nicht das damals gegenwärtige oder das gewesene Preußen, und Stimmlage und unvornehmes Auftrumpfen des Solingers und des Blankenburgers sind denn auch denkbar unpreußisch. Es ist Literatenwerk im großen Stil.

Tatsächlich fällt an der deutschen Entwicklung seit dem französischen Krieg das Zurücktreten des Preußischen auf. In die Potsdamer Garderegimenter, deren Offizierskorps sich seit einem Jahrhundert aus dem preußischen Adel speist, drängen die Prinzen West- und Süddeutschlands, was sich nicht nur an den Ranglisten, sondern auch an der Literatur der Epoche ablesen läßt. Noch Fontane, der im »Stechlin« parodistisch die märkischen Familien aus der Gegend um Rheinsberg als das einzige Honette gegen den baltischen und schlesischen Adel (»*zuviel jeuen und zuviele französische Gouvernanten*«) ausspielt, formuliert das Mißtrauen gegen die ganzen Hoheiten, die plötzlich den neuen, den vornehm gewordenen Stil der Armee bestimmen. Es ist nicht mehr viel die Rede von den Familien, die Preußen groß gemacht haben und die sich denn auch um 1910 noch trotzig königlich-preußisch statt kaiserlich-deutsch nennen.

Sie spielten im groß gewordenen Reich keine hervorgehobene Rolle mehr, im Frieden nicht und im Krieg auch nur teilweise. Das hängt natürlich damit zusammen, daß bis in das Ende hinein Artillerie-, Pionier- und Ingenieurkorps nicht standesgemäß sind, womit die Aristokratie wider Willen die neuen Schichten in die Schlüsselstellungen eines mechanisierten Staates und einer technisierten Armee drängt. Wichtig ist aber auch, daß die Person des letzten Herrschers in der Tiefe unpreußisch ist und aus dem Abstand eines halben Jahrhunderts geradezu als Verkörperung des reichsdeutschen Stils erscheint.

Dennoch ist schon während des Ersten Weltkrieges der preußische Feind das Hauptziel der gegnerischen Propaganda, wobei aus Tagebüchern, Briefen und Dokumenten hervorzugehen scheint, daß man die Identifizierung von kaiserlichem Imperialismus und preußischer Tradition ebenso unbefangen vornahm wie ein Vierteljahrhundert später die zwischen dem preußischen Generalstab und der Hitlerschen Reichskanzlei.

In einer grotesken Verkennung der Situation ist Preußen seit 1941 der eigentliche Gegner nicht nur der Russen, sondern auch der westlichen Alliierten, und seit 1943 ist die Zerschlagung nicht allein der preußischen Macht, sondern der staatlichen Existenz Preußens das erklärte Kriegsziel der Verbündeten. Auch ist diese Forderung der Militärs und Politiker in den gegnerischen Ländern überaus populär, und als 1945 Preußen staatsrechtlich ausgelöscht wird, zeigen sich konservative, liberale und sozialistische Leitartikler in den westlichen Hauptstädten gleichermaßen befriedigt.

Dieses sonderbare Mißverständnis, das trotz aller Spezialuntersuchungen – etwa über Seeckt und die Rolle der Reichswehr in der Republik oder über die Haltung der Generalität angesichts der Hitlerschen Kriegspolitik – ungebrochen weiterlebt, hat nach 1945 jedoch nicht nur die Siegermächte bestimmt. Die Vorbehalte gegen das Norddeutsch-Protestantische haben Stalin, Churchill, Roosevelt oder de Gaulle kaum weniger beeinflußt als die deutsche Nachkriegspolitik.

In einer kaum glaublichen, wenn auch selten gesehenen Weise ist das preußische Element aus der politischen Apparatur des wiedererstandenen Staates ausgeschieden und durchs Rheinische, Bayrische, Schwäbische ersetzt worden. Es wird nur immer vom Verlust der Landschaften und Städte gesprochen; fast unbemerkt blieb, daß trotz Millionen von Flüchtlingen der Menschenschlag der ostelbischen Gebiete ins zweite Glied getreten ist.

In achtzehn Jahren Nachkriegszeit hat kein Berliner, kein Preuße, kein Ostpreuße, kein Schlesier einen nennenswerten Einfluß auf die Geschichte der deutschen Politik gehabt, eigentlich überhaupt keine Norddeutschen, also aus den im weiteren Sinne zur preußischen Einflußsphäre gehörenden Gebieten. Das gilt für Konrad Adenauer wie für Strauß, für Brentano wie für Gerstenmaier, für Heuss wie für Erhard: Man wird auch solche Gesichtspunkte bei einer Analyse deutscher Politik nicht ganz übersehen dürfen.

ES GEHÖRT zu den überraschenden Entdeckungen solcher Blickweise, daß eigentlich nur einmal in diesem Jahrhundert das preußische Element in entscheidender Lage nach vorn tritt.

Während Hitler München zur »Hauptstadt der Bewegung«, Nürnberg zur »Stadt der Reichsparteitage« macht und Linz zu seiner Altersresidenz bestimmt und seine Antipathie gegen Berlin noch in den Tischgesprächen des Hauptquartiers formuliert, treten die Preußen – Berliner Arbeiterführer und märkisch-schlesischer Adel – am 20. Juli 1944 auf die Szene. Das ist den Handelnden damals nicht deutlich geworden und auch von den Historikern des Widerstandes bisher nicht beachtet worden. Der einzige, der in seiner Verhandlungsführung immer wieder darauf anspielt, ist der Präsident des Volksgerichtshofes, Roland Freisler.

DIE NAMEN, die für zweihundert Jahre preußischer Geschichte stehen, fehlen in beiden Weltkriegen fast ganz: Ferdinand Schörner, Eduard Dietl, Walter Model, Kurt Zeitzler, Wilhelm Keitel, Alfred Jodl, Albert Kesselring sind die Heerführer, die mit dem Fortgang der Ereignisse die alte Generalität immer mehr in den Hintergrund drängen, bis dann in der letzten Phase des Krieges Figuren wie Heinrich Himmler, Sepp Dietrich und Karl Wolff höchste militärische Kommandostellen an der Front übernehmen.

Mit dem Register der Gehenkten und Erschossenen aber ziehen plötzlich noch einmal die Namen von Fehrbellin, Leuthen, Tauroggen und Königgrätz herauf und die Landschaften des Riesengebirges, der Masurischen Seen und der Pommerschen Ebenen. Denn auch dies ist ja an den Protokollen der Hitlerschen »Lagebesprechungen« und »Tischgespräche« aufschlußreich, daß sich die Runde in der Wolfsschanze in der tiefen Abneigung gegen die Eintönigkeit der norddeutsch-östlichen Landschaft mit ihren Dörfern und Städten einig ist, so daß dann Hitler noch nach der Einleitung des russischen Feldzugs davon spricht, daß alle seine Sympathie in die Richtung Süddeutschlands gehe und nur die Vernunft ihn zwinge, sich nach dem verhaßten Osten zu wenden.

Mit dem 20. Juli 1944 aber tritt noch einmal der Osten Deutschlands nach vorn, kurz vor seinem Untergang: das von August Bebel geschulte Arbeitertum, die norddeutsche Geistlichkeit mit manchen pietistischen Beimischungen, das mittlere und höhere Beamtentum, alle jene Landräte, Regierungsassessoren und Reservemajore, die Jahrzehnte hindurch Zielscheibe des Spotts waren, und dann die Witzlebens und Moltkes, die Schwerins und Kleists, die Schulenburgs, Yorck von Wartenburgs und all die anderen. Als Preußen untergeht, fehlt in der Liste der Gehenkten kaum ein Name von jenen, die Preußen groß gemacht haben.

THOMAS MANN HAT das schöne Wort gefunden, daß das Unglück nicht großtun und von Tragik sprechen solle, aber als das Stück, das Preußen hieß, von der weltgeschichtlichen Bühne abgesetzt wird, treten wie in einer Tragödie seine Akteure noch einmal aus den Kulissen, um sich vom Publikum, von der Mit- und Nachwelt zu verabschieden. Es ist ein erstaunlicher Abgang, den Preußen von der Geschichte nimmt: der noble Abschied nun ganz als Opfer und nicht als Täter.

Es läßt sich voraussehen, daß dies Zusammenhänge sind, die in den nächsten Jahren und Jahrzehnten sich zur Geltung bringen werden, in der Geschichtsschreibung wie in der Politik. Vorläufig hat die Literatur von Preußen noch überwiegend apologetischen oder verklärenden Charakter, was den harten und herrischen Zügen dieses Landes nicht gerecht wird. Wo sich der Osten aber politisch zu Wort meldet, geschieht es im unpreußischen Stil Theodor Oberländers und Hans Krügers, die am 20. Juli 1944 nicht zufällig auf der anderen Seite der Barriere gestanden haben.

Preußen ist seit jenem 20. Juli 1944 stumm geblieben. Die deutsche Politik seit 1945 hat damit zu tun.

Kurzer Glanz und langes Vergessen

PREUSSEN IST SEIT JAHRZEHNTEN kein Gegenstand des Fragens mehr. Einige Verklärungen, die aus dem Trotz leben, wie die von Spengler und Moeller van den Bruck, dann eine rechtfertigende Chronik, die von Schoeps, und schließlich Dinge vorzüglicher Fachgelehrsamkeit. Das Beste wurde vor den Katastrophen geschrieben, Hinrichs »Friedrich Wilhelm I.« noch vor dem Hochkommen Hitlers – den man, seines unpreußischen Stils wegen, nicht zu Unrecht Österreichs Rache für Königgrätz genannt hat –, und vor allem natürlich Hintzes Preußenbuch, zum Jubiläum Wilhelms II. am Vorabend des Ersten Weltkrieges erschienen.

Wie sonderbar, Preußen hat sich als Gegenstand des Denkens abgeschafft, längst bevor es selber abgeschafft wurde. Es ist der einzige der Geschichte bekannte Staat, der zu Lebzeiten seiner Bürger ausgelöscht wurde. Was sonst in Jahrhunderten, ganz allmählich, fast unmerklich vor sich geht, das Absterben und Verlöschen eines staatlichen Zusammenhangs, fand hier im hellsten Licht der Geschichte statt. Selbst der Totenschein ist korrekt ausgestellt worden, er trägt vier Unterschriften, einen Ausstellungsort und ein Datum: 25. Februar 1947. Aber sein Verschwinden wurde kaum bemerkt.

Die kurzlebige Reichsschöpfung Bismarcks, die gerade ein dreiviertel Jahrhundert vorgehalten hat, bewahrt zäheste Lebenskraft. Preußen, das es bei vorsichtiger Zählung auf ein paar Jahrhunderte, seine lange Vorgeschichte mitgerechnet auf ein dreiviertel Jahrtausend gebracht hat, vergeht wie ein Meteor, folgenlos und fast ohne Erinnerung. Nicht einmal das Leiden im Untergang gilt ihm. Von den Preußen, die in der letzten

Phase noch einmal nach vorn treten, von all den Yorcks und Moltkes, den Schulenburgs und Hardenbergs, den Kleists und Tresckows, ist kein einziger Satz überliefert, der ihrem alten Staat gilt. Die Anstrengung ihrer Tat und ihres Opfers galt einzig Deutschland.

Das Reich, mühselig und nicht ohne Umwege zustande gekommen, ist schon fünf Jahrzehnte später nicht mehr wegdenkbar. Preußen dagegen denkt sich sogar selber weg. Nach dem Sturz der Monarchie, im Jahre 1918, ist es die preußische Landesversammlung, die der Regierung die Abschaffung der Länder und die Herstellung eines Einheitsstaates vorschlägt. Aber die anderen Länder wollen sich selber erhalten und erhalten damit ein Preußen, das zu seiner Selbstabschaffung bereit gewesen war. Das Stück, das Preußen hieß, wird nur ein paar Akte lang gespielt, und der Vorhang fällt so schnell, wie er hochgegangen war.

Preußens eigentliche Geschichte dauert nicht viel mehr als zwei Jahrhunderte, ziemlich genau die Spanne zwischen Fehrbellin und Sedan. Was davor liegt, Ordensrittertum, Markgrafenschaft und Herzogtum, sind ein langes Werden, drei oder fünf Jahrhunderte, je nachdem wohin man blickt, nach Brandenburg oder Preußen. Was folgt, Kaiserreich, Republik und Diktatur, ein langes Sterben oder ein kurzer Tod. Ganze fünfundsiebzig Jahre dauert das.

So kurz also das Spiel — andere, von Bayern bis Schwaben, bringen es mühelos auf ein Jahrtausend — und so groß das Aufsehen; erst das Staunen, dann der Beifall, schließlich der Schrecken.

WOHER DAS ALLES UND WARUM? Es sind eine ganze Reihe Antworten denkbar, aber sie laufen am Ende doch alle auf den einen Gesichtspunkt hinaus, daß dieses Preußen in einer bestimmten Epoche an der Tete Europas ritt. Hatte Österreich seinen Charme, Sachsen seine Eleganz und Bayern seine Urwüchsigkeit, so war Preußen für eine ganze Spanne Zeit der modernste Staat, und zwar nicht nur unter den deutschen Ländern, sondern ebenso und vielleicht noch mehr unter den europäischen Mächten.

Heimito von Doderer liebte davon zu sprechen, daß man die Geschichte danach gliedern könne, in welchen Epochen bestimmte Länder über die Fähigkeit verfügten, ihre Umwelt zu faszinieren – ein Gedankengang, der in seinen Roman »Die Strudlhofstiege« eingegangen ist. Das war das ganze sechzehnte Jahrhundert hindurch Italien oder doch die Toscana. Das siebzehnte Jahrhundert gehörte Frankreich, wie das neunzehnte Jahrhundert England. Das achtzehnte aber war zu guten Stücken das Jahrhundert Deutschlands, erst wohl Österreichs, als es nach der Abwehr der Türkengefahr eine Macht und einen Glanz entfaltete, von dem noch heute Schönbrunn, die Hofburg und Stift Melk zeugen. Die zweite Hälfte aber besaß Preußen, anfänglich der kecken Selbstbehauptung wegen und um des Schlachtenglücks willen, dann aber aufgrund seines Avantgardismus, der erst die trockene Vernünftigkeit seiner Staatsmaschinerie betraf, dann die kulturelle Zurüstung, die das alles sekundierte und legitimierte.

Preußen hat keine Lebensform ausgebildet, von der eine besondere Faszination ausging, wie Frankreich mit dem *gentilhomme* ganz Europa und England mit dem *gentleman* die Welt prägten. Nie wäre ein Russe oder Italiener auf den Gedanken gekommen, preußische Lebensformen nachzuahmen oder sich auf Reisen gar für einen Preußen auszugeben. Aber die kühle Zweckmäßigkeit seiner Staatsorganisation erregte Staunen, und die gleichgültige Menschenfreundlichkeit einer Regierung, die vor allem aus Kalkül und Notwendigkeit tolerant war, fand am Ende so etwas wie Zuneigung weit über die Grenzen hinaus. Sonst wäre man nicht aus aller Herren Länder in die Dienste der Hohenzollern getreten. Zahlen tat man am Hofe der Habsburger oder Wettiner wahrlich besser.

ES HAT KURZ GEDAUERT, Gott sei's geklagt. Aber dies ist vielleicht deutsches Schicksal mehr noch als preußisches. Fünf Jahrzehnte Dürerzeit, dann die fünf Jahrzehnte von 1770 bis 1820, und schließlich noch einmal jene fünf Jahrzehnte, die mit 1933 enden; dann ist immer alles vorüber. Eine sonderbar punktuelle Nation, wo die anderen es doch auf Jahrhunderte bringen und es in Frankreich von Montaigne und den Moralisten über Montesquieu bis zu Voltaire und Rousseau gar nicht aufhören will. Preußen, der Außenseiter, der Fremdling auf der Szenerie der Zeit, ist darin ganz deutsch, daß es keine Dauer kennt. Wie das Reich, dessen Geschichte bis zum heutigen Tage Brüche und Neuansätze hat, von denen die anderen Länder nichts wissen, verändert es alle paar Jahrzehnte sein Gesicht.

Eben noch ist es nach den Niederlanden orientiert, woran noch heute in der Mark all die Orte erinnern, die auf die Oranier verweisen; dann greift es in den Osten aus und nimmt eine halbpolnische Färbung an, für die bis ins neunzehnte Jahrhundert die Raczinskis und Lichnowskys in Armee und Diplomatie Preußens zeugen. Vielleicht war dies, die Öffnung nach Osten, sogar die eigentlich deutsche, die europäische Mission des Landes, von der es gegen seinen Willen abgebracht wurde. Mit der Abtrennung Ostpreußens, Schlesiens und Pommerns hat die Geschichte dann endgültig Deutschland nach Westeuropa gestoßen. So soll man die Kürze seiner Engagements gegen Preußen nicht ausspielen: Dies ist mehr deutsches als preußisches Schicksal.

Auch mit den ausgreifenden Eroberungskriegen, die man gegen den Parvenü aus dem Norden ins Feld geführt hat, ist es so weit nicht her. Darin fügt Preußen sich ganz dem Jahrhundert ein, das nach dem Dreißigjährigen Krieg seine neue Ordnung suchte. Zwischen dem Großen Kurfürsten und Friedrich Wilhelm II. ist Preußen, was man immer wieder vergißt, ein Staat des Barock, und aus dem großen König hat nur die Friedrichs-Legende mit ihrer Vergegenwärtigungstendenz eine Figur aus der Nachbarschaft gemacht. Weit eher steigert der König den Typus des Rokokofürsten auf seinen suggestiven Höhepunkt. Erst die sehr persönliche Neigung zur aufgeklärten Philosophie bringt den Widerspruch in eine Existenz, die den Enthusiasmus für den Fortschritt durch die Vernunft mit leidender Misanthropie unverwechselbar verbindet. Friedrichs politische Unmoral hat die

Umwelt kaum empfunden. Wunder nahm nicht so sehr die Unverfrorenheit des schlesischen Raubzuges, als daß dieser Zwerg unter den Staaten alle Auseinandersetzungen durchhielt, einige gewann und andere überstand.

Mit der wirklichen Macht Preußens war es eher bescheiden bestellt, nie war es ernsthaft eine Bedrohung der europäischen Mächte; dazu mußte es erst Deutschland werden. Den Siebenjährigen Krieg überdauerte es mit Mühe und Not, und während der Napoleonischen Kriege hat es eine eher zweifelhafte Figur gemacht; die Verherrlichung der Freiheitskriege nimmt es mit dem Ablauf der Ereignisse nicht so genau. Erst die schnelle Niederlage und der moralische Zusammenbruch, doch nach dem gemeinsamen Sieg ist man nicht viel mehr als Juniorpartner der Koalition. England steht Jahrzehnte allein gegen Frankreich, Rußland hat fast ganz Europa gegen sich, und Österreich tritt nach jeder Niederlage neu auf den Plan. Preußen stellt – nachdem es mächtige Verbündete hat – seine militärische Ehre einigermaßen wieder her, aber man soll den Anteil nicht überschätzen, den es an Leipzig und Waterloo gehabt hat.

Auf dem Wiener Kongreß spielt es dann auch ziemlich genau die Rolle, die Frankreich nach dem Zweiten Weltkrieg unter den großen Drei zukam. Nicht Preußen selber entschied, wie es für seine Verluste an Ländern und Menschen entschädigt wurde; das taten die anderen. Seine polnischen Provinzen nahm sich der Zar, das begehrte Sachsen rettete der Kaiser. So bekam es zum Schluß, was es gar nicht hatte haben wollen: Am Rhein erhielt es einen Ausgleich für seine östlichen Abtretungen, weil England dort ein Gegengewicht zu Frankreich brauchte. Oft genug standen während des Kongresses die wirklichen Großmächte – Österreich, England, Rußland und natürlich auch Frankreich – gemeinsam auf der einen Seite, und Preußen, die große Mittelmacht oder die kleine Großmacht, mußte lavieren und gute Miene zum Spiel der anderen machen, bis man ihm schließlich die Rheinlande zusprach. Da nun sah sich Preußen, dessen einzige außenpolitische Kontinuität seit dem Großen Kurfürsten das Bestreben gewesen war, seine zusammenhanglosen Territorien in der östlichen Mitte Europas zu arrondieren, zerrissener als je zuvor.

Adenauer zeigte seinen Blick für historische Dimensionen, als er den britischen Hochkommissar kurz nach dem Kriege nach Englands folgenreichstem politischen Fehler fragte. Der Diplomat dachte an München oder Jalta. Adenauer aber hatte den Wiener Kongreß im Auge. »Preußen wollte doch nur Sachsen. England hat es gezwungen, an den Rhein zu gehen und damit den Schwerpunkt preußischer Macht nach Westen verlagert. Das war es, was erst Deutschland und dann Europa zerstört hat!«

Denn zwanzig Jahre später waren die neuen, ungeliebten Provinzen auf dem Wege der Industrialisierung. Als die drei alliierten Monarchen in Paris eingeritten waren, stellte Preußen in allem, was Bevölkerungszahl, Länderfläche, Staatshaushalt und Güterproduktion anlangt, den Habenichts unter den siegreichen Mächten dar. Ein halbes Jahrhundert später, vor Königgrätz, war es auf friedlichem Wege zu dem geworden, wozu ihm weder die Vision des Großen Kurfürsten noch das Verwaltungsgenie Friedrich Wilhelms I. oder die Unbedenklichkeit Friedrichs II. hatten verhelfen können. Friedrich hatte noch gespottet, daß Preußen statt des Adlers einen Affen im Wappen haben solle, weil es die Großmächte nachäffe, ohne selber eine zu sein. Nun war es eine, sogar eine Hegemonialmacht. Siebzig Jahre später existierte es nicht mehr.

EINE MELANCHOLISCHE GESCHICHTE. Wird man sie tragisch nennen können, wenn es denn diese Sache in der Staatenwelt wirklich gibt? Das ist schwer auszumachen. Vielleicht soll das düstere Wort doch den Menschen vorbehalten bleiben, die das Land groß gemacht haben und mit ihm untergingen, ihm gedient hatten und mißbraucht worden waren, in vielerlei Hinsicht geopfert, auch für schlechte Dinge, und schließlich aus einem Land ziehend (um den Vorgang zurückhaltend zu benennen), in das sie sieben Jahrhunderte zuvor gekommen waren und aus dem sie einiges gemacht hatten.

Hätten die Dinge anders laufen können? Natürlich, immer wieder.

Ganz zum Schluß, in der Frühzeit der ersten Republik, scheint Adenauer mit dem Gedanken einer Auflösung Preußens in seine Bestandteile gespielt zu haben. Weshalb er in den Geruch eines Separatisten kam, war der erste Schritt in diese Richtung: Die Rheinlande sollten aus Preußen, beileibe nicht aus Deutschland gelöst werden. Das hätte Möglichkeiten eröffnet, die den Beobachter in einiges Sinnen bringen und heute, wo Katalanen, Schotten und Bretonen um ihre Unabhängigkeit streiten, höchst modern anmuten. Es ist nicht so gekommen, Preußen blieb erhalten, und das Deutsche Reich blieb erhalten, und beide gemeinsam gingen sie in den Abgrund.

WAS BLEIBT, IST EINE GROSSE ERINNERUNG — die Schaffung eines Staates, nicht aus der Armee, sondern aus dem Gedanken. Erst der trockene Rationalismus, dann eine auf Zwecke gerichtete Aufklärung und schließlich der preußische Klassizismus, die wohl staunenswerteste Kulturleistung der Neuzeit. Ein Staat ohne Volk und ohne Territorium, eine Herrschaft nur aus Krone, Militär und Beamtenschaft, zehn Provinzen, die weder rechtlich noch konfessionell oder sprachlich und schon gar nicht durch gemeinsame Traditionen verbunden waren — und doch ein halbes Jahrhundert lang große Herrscher und große Staatsmänner, aber auch Kant und Hegel, Schleiermacher und Schelling, Kleist und Novalis, Savigny und Ranke, Clausewitz und Humboldt, Schadow, Rauch, Gilly und Schinkel.

Den Namen Spree-Athen trug dieses Berlin wohl mit größerem Recht als Dresden den eines Elb-Florenz, wozu ihm über aller Schönheit dann wohl doch eines fehlt: die Renaissance.

Sehr früh schon, in einem Privatbrief, schrieb Bismarck: »Gott wird wissen, wie lange Preußen bestehen soll. Aber leid ist mir's sehr, wenn es aufhört, das weiß Gott!«

Die kurzlebigen Großreiche

JE SCHNELLER DAS JAHRHUNDERT seinem Ende entgegengeht, desto ferner rücken den Nachgeborenen die Gestalten, unter deren Schatten es stand. Für immer weniger heute Lebende sind Stalin und Hitler noch Zeitgenossen, den meisten sind sie Gestalten der Geschichte, fern der Gegenwart wie aus einem anderen Jahrhundert. Als sie Anfang der zwanziger Jahre die Bühne betraten, hatten Zaren und Kaiser ihre Throne eben verloren; Erster Weltkrieg, Revolutionen, Bürgerkriege und der Aufstieg gewalttätiger Regime gehören alle zur selben blutigen und tragischen Geschichte.

Denkt man heute an Stalin und Hitler zurück, blickt man in ein fernes Weltzeitalter. Sie haben die Epoche umgestürzt, und doch sind sie im Rückblick nur ein Zwischenspiel. Es sind abgeschlossene Verläufe, die im Sinne Ernst Noltes »ihre« Epoche gehabt haben, keine Verführungen und keine Gefahren mehr, durch keine Renaissancen in die Gegenwart zurückzuholen. Wie ahnungslos, daß man beim Auftreten rechter oder linker Tagesfiguren wie Schönhuber oder Schirinowski an Hitler oder Stalin dachte. So banal waren die großen Herausforderungen des Jahrhunderts denn doch nicht, und die öffentlichen Alarmrufe zeigen nur historische Unbedarftheit.

Rechnet man in historischen Zeiträumen, so hatten die kommunistischen und faschistischen Eruptionen nur einen Augenblick für sich. So tief die Gewaltherrschaften das zwanzigste Jahrhundert auch umgepflügt haben und so endgültig die revolutionären Umbrüche auch zu sein scheinen, so schnell sind sie Vergangenheit geworden. Fünf Jahre nach Hitlers Selbstmord hatten gerade sieben Prozent der Deutschen Sympathie für den Mann, der eben noch bei Überlandfahrten seine Route geheimhalten mußte, damit die begeisterten Menschen in Dörfern und Flecken seiner Autokolonne den Weg nicht versperrten. Eine so kurze Spanne auch ist seit der Auflösung der Sowjetunion vergangen, aber selbst im gegenwärtigen Chaos wünschen nur Minderheiten die Wirklichkeit Lenins und Stalins zurück.

Ungläubig betrachtet man auf vergilbten Aufnahmen die verzückten Massen auf dem Nürnberger Reichsparteitag und sieht die Hunderttausende, die auf dem Roten Platz am Lenin-Mausoleum vorbeiziehen, auf dem das Politbüro statuarisch versammelt ist. Das alles ist nur ein paar Jahre her? Aber nur knappe dreißig Jahre war Stalin ja das Schicksal Rußlands, nur ein einziges Jahrzehnt warf er seinen Schatten über Europa, am Ende über die ganze Welt; dann war alles vorbei. Hitler prägte sich Deutschland sogar nur ein Dutzend, dem Kontinent wenig mehr als ein paar Jahre auf, was ihm aber genügte, die Welt fast zum Einsturz zu bringen. Was nach ihnen kam, die Demokratie der Honoratioren altmodischen Zuschnitts – Adenauer, De Gasperi oder Schuman –, hält jetzt schon ein halbes Jahrhundert vor.

Zwei, fast schon drei Generationen sind seit den großen Konvulsionen in der Mitte Europas vergangen, zumeist die Großeltern der heute Lebenden waren Mithandelnde und Mitleidende. Nun ist der Kontinent zu seinen alten Zuständen zurückgekehrt, auch zu seinen Gefährdungen. Was im früheren Kunststaat Jugoslawien geschieht, bringt der Welt zu Bewußtsein, wie zählebig das Vergangene ist; historische Scheidungen überdauern die Ideologien des Jahrhunderts. Erschreckt beobachtet Europa, wie längst Totgeglaubtes sich zur Geltung bringt; aber der Balkan gehörte für das Empfinden ja immer zu einer anderen Welt, wo »fern in der Türkei« jene Völker aufeinanderschlagen, die nach Bismarcks Wort nicht die Knochen eines einzigen pommerschen Grenadiers lohnen.

Nun gehören beide Gewaltherrschaften der Vergangenheit an; eben wollten sie alle Geschichte an ihr Ende bringen, nun sind sie selber Geschichte. Das Imperium Romanum dauerte ein halbes Jahrtausend, die habsburgischen Reiche Madrids und Wiens reichten vom Mittelalter bis in die Neuzeit, das British Empire langte bis in die Ära der atlantischen Weltzivilisation, als die Vereinigten Staaten das überanstrengte Großbritannien beerbten. Mit solchen Vergangenheiten verglichen, hielten die Ewigkeitsansprüche des Kommunismus und des Nationalsozialismus nur einen Lidschlag lang.

Alle Imperien hatten die Dauer für sich, selbst wenn man nicht an die *longue durée* der Alten Welt denkt, wo Ägypten, Sumer-Babylonien und Persien Jahrtausende für sich hatten. Aber die Großreichbildungen des zwanzigsten Jahrhunderts hielten nur Jahre, bestenfalls Jahrzehnte, dann zerbrachen sie. Dergleichen Kurzatmigkeit hat es noch nicht gegeben. Man wollte, auch wo man nicht wie Hitler ein »Tausendjähriges Reich« zu gründen beanspruchte, die Geschichte an ihr Ende bringen, im Zeichen der Rasse oder Klasse. Aber nach einer Handvoll Jahre ist alles vorbei, die Überlebenden sind nur ein paar Jahre älter geworden. Churchill und de Gaulle waren vor dem da, was ein Jahrtausend dauern sollte, und sie prägen, was nachher kam.

ABER WAREN DENN EIGENTLICH HITLERS Deutschland und das Rußland Stalins wirklich Imperien? Natürlich hatte sich die Sowjetunion die Länder an ihren Grenzen einverleibt, den südlichen Kaukasus und die mittelasiatischen Territorien, zu denen ganz zum Schluß auch noch Afghanistan treten sollte. Aber auf diese Weise entstehen keine Weltreiche, nur übermächtige Hegemonialstaaten, und mehr war die Sowjetunion auch zur Zeit ihrer größten Ausdehnung nicht, selbst als sie sich die osteuropäischen Staaten als Vasallen angeschlossen hatte. Der Kreml hatte die meisten der Gebiete wiedergewonnen, die sich in der Zeit der Wirren nach der Revolution und während des Bürgerkriegs von Moskau losgesagt hatten. Doch selbst der Eroberungsdrang der siegreichen Sowjetunion war wenig im Vergleich zu der Landnahme der Zaren, die im achtzehnten und neunzehnten Jahrhundert in das Baltikum, den Kaukasus, nach Sibirien, nach Mittelasien und in den Fernen Osten ausgegriffen hatten.

Aber der wilde Westen Amerikas wurde ein Mythos für alle Zukunft, der wilde Osten Rußlands blieb unbesungen. Von Fenimore Coopers Trapper-Legende bis zu Mark Twains Mississippi-Saga ist die Durchdringung der Wälder des Nordens und der Stromlandschaften des Südens eines der großen Themen der amerikanischen Literatur; für Rußland ist Mamin-Sibirjak fast der einzige Erzähler, der seine Geschichten im Ural, nicht im alten Herzland des Großfürstentums Moskau ansiedelt.

Bis hin zu Faulkner, Capote und Tennessee Williams ist die amerikanische Literatur noch im zwanzigsten Jahrhundert von Regionen geprägt, die erst in der Zeit der großen Landnahme gewonnen wurden. Die Landnahme der Zaren dagegen ging an der russischen Literatur fast folgenlos vorbei, obwohl doch Puschkin als junger Offizier an der stets unruhigen Kaukasusfront gedient hatte. Ihre Erzählungen aber spielen nach wie vor auf den Gütern des Landadels oder in den Bodenkammern St. Petersburgs. In den Romanen Gogols, Leskows, Gontscharows, Saltykow-Schtschedrins, Turgenjews, Lermontows, Tolstois und Dostojewskis deutet nur wenig darauf hin, daß in eben diesen Jahren Tausende von Kilometern Neuland für Rußland gewonnen wurden. Die Literatur ist das eine, die Wirklichkeit das andere. Die politische Realität zeigt Rußland als eine der großen expansiven Mächte der Geschichte.

NUR IN DER IDEOLOGIE KANNTE die Weltrevolution ein Grenzenloses, und einzig Schwärmer wie Béla Kun und Leviné wollten Ungarn oder Deutschland als Sowjetrepubliken Rußland anschließen. In der Wirklichkeit blieben Lenin und Stalin sehr behutsam, und nichts deutet darauf hin, daß Moskau jemals der Schimäre nachgejagt hätte, die Revolution wirklich zu einer Sache der konkreten Welteroberung zu machen. Eher armselig war, wo der Kreml tatsächlich Proselyten machte. Es waren die Armutsregionen Afrikas und Mittelamerikas, Angola und Kuba, in denen die späte Sowjetunion ihre letzten Bastionen hatte, die mit Subsidien am Leben gehalten werden mußten, welche die Kräfte des bankrotten Staates überstiegen. Schon das Afghanistan-Abenteuer Breschnews war Moskau am Ende so teuer gekommen, daß es nach einem Jahrzehnt abgebrochen werden mußte.

Das war alles, was von der Zuversicht der Volkskommissare Sinowjew, Kamenjew und Bucharin geblieben war, gerade die am meisten entwickelten Staaten der industrialisierten Welt würden sich über kurz oder lang der Sache der Weltrevolution anschließen. Zuerst, als sich Gide, Sinclair, Koestler und Dutzende von *fellow travellers* desillusioniert von den Bolschewiki lossagten, hatte die missionarische Idee ihre Ausstrahlungskraft verloren; nur Heinrich Mann, Bertolt Brecht und Lion Feuchtwanger hielten noch im amerikanischen Exil ihren lebenslangen Illusionen die Treue. Es kann nicht nur der Abscheu vor Hitler gewesen sein, der sie die Augen vor der widrigen Wirklichkeit des Archipels Gulag schließen ließ. Die Zeit der Säuberungen der zwanziger Jahre, die Moskauer Prozesse der dreißiger Jahre, die Unterjochung ganz Osteuropas, die neuen Selbstbezichtigungs-Prozesse von Slánsky bis Gomulka und von Rákosi bis Rajk – nichts konnte ihre Gläubigkeit erschüttern. Es muß ein intellektuelles Verlangen nach Unterwerfung geben, das sich den terroristischen Glücksverheißungen in die Arme wirft. Am Ende zerbrach mit der Ideologie des Kommunismus auch der Zauber des Russentums – wie in einer Umkehrung des Hegelschen Satzes, wonach die Wirklichkeit nicht standhalten kann, wenn erst das Reich der Ideen revolutioniert ist. Mit dem Roten Stern entfernten die Völker zugleich auch den russischen Traum aus ihren Herzen, der ein Jahrhundert die Welt so verzaubert hatte. Es war ja nicht nur die »Internationale« gewesen, die Moskau während des Jahrzehnts zwischen 1917 und 1927 zum Mekka der Intellektuellen werden ließ; der Erlösung bedürftig, pilgerte man in dem Jahrzehnt nach dem Bürgerkrieg zum Zentrum der Weltrevolution. Die Teilnehmerlisten der großen Moskauer Schriftstellerkongresse lesen sich wie ein Adreßbuch des internationalen PEN-Clubs.

ABER SCHON IM NEUNZEHNTEN JAHRHUNDERT war Moskau zum dritten Rom geworden; nun im zwanzigsten Jahrhundert träumte Walter Schubart im ehemaligen Livland noch im Schatten der blutigen Realität von »Europa und der Seele des Ostens«. Das johanneische Christentum werde Rom wie Konstantinopel beerben und Moskau zu einem neuen Vatikan machen. Wenig später verliert sich die Spur Schubarts in den Lagern Sibiriens. Ein Jahrhundert lang, seit Zar Alexander Europa von der napoleonischen Herrschaft befreite, war Rußland die große Verheißung des Westens gewesen. Heute konsterniert fast, wie alles Russische – Musik, Theater, Literatur und selbst das Ballett – nach dem Abzug der sowjetischen Divisionen seine Ausstrahlung auf Europa, wo jeder Schüler zwischen Warschau und Bukarest das kyrillische Alphabet lernen mußte, verloren hat. Borschtsch und Soljanka sind fast das einzige, was von den Jahrzehnten erzwungener Nähe geblieben ist.

Moskau machte selbst in den Jahren, als ihm der Stalin-Hitler-Pakt viele Möglichkeiten zuspielte, keine Anstalten, Europa zu erobern, weder durch Waffen noch durch Ideen. Nichts deutet darauf hin, daß Stalin in den späten dreißiger Jahren konkrete Welteroberungspläne gehabt hätte, wie sehr er auch überzeugt gewesen sein mag, dem Kommunismus gehöre die Zukunft. Aber gerade diese Zuversicht gab Stalin Zeit. Lenin hatte 1918 in den Frieden von Brest-Litowsk, dem fast sein ganzes Politbüro widersprach, eingewilligt, obwohl er Rußland mit dem Baltikum und Polen auch die Ukraine und den Kaukasus genommen hat. Rußland sah sich, läßt man den fernen Osten beiseite, auf das Territorium des Moskauer Reiches vom sechzehnten Jahrhundert zurückgeworfen, fast identisch mit jenem Rußland, das dann nach dem Zerfall der Sowjetunion übrig blieb. Lenin war zu jedem Zugeständnis bereit gewesen, um erst einmal die Revolution zu retten; das Imperium könne später wiederhergestellt werden. Es besteht kein Zweifel, daß die Wiedergewinnung Großrußlands – nicht unbedingt der Sowjetunion – jenes Verlangen ist, das auch heute Reformer, Nationalisten und Kommunisten verbindet.

Wann hat Stalin die Zuversicht aufgegeben — falls er den Glauben jemals verloren hat —, daß die Geschichte der Logik des Geschichtsprozesses wegen früher oder später zum Sieg des Kommunismus auf der ganzen Welt führen werde? Vorläufig zumindest focht er den alten Kampf gegen das »trotzkistische Abenteurertum«, das den Sieg in einem Lande um einer imaginären Weltrevolution wegen aufs Spiel setze.

Auch nach dem mit Mühe bestandenen Krieg und in einem verwüsteten Land macht Stalin 1945 wenig Anstalten, über jene Linie hinauszugehen, die der Sowjetunion 1920 der britische Außenminister Curzon und 1939 Hitler zugestanden hatten. Der Griff nach dem östlichen Ostpreußen, das man schon im September und Oktober 1914 erobert hatte, ist weniger sowjetischer Eroberungsdrang als ein traditionelles Ziel russischen Strebens nach einem Glacis vor dem Baltischen Meerbusen und natürlich nach dem eisfreien Hafen Königsberg.

Die Aufteilung in »Einflußsphären« – so Churchills Formulierung in seinen Memoiren, die dem Begriff der »Einflußzonen« der Ribbentrop-Molotow-Vereinbarung fast wörtlich gleicht – zwischen dem Westen und der Sowjetunion bei Churchills Blitzbesuch in Moskau im Oktober 1944 (unmittelbar vor dem Treffen der großen Drei in Jalta) hatte Griechenland dem Westen zugesprochen; Stalin hakte jeden Vorschlag des englischen Premiers ohne jede Änderung in seiner Handschrift ab und stellte Churchill anheim, das Papier aufzubewahren. Noch heute liegt es im Churchill-Nachlaß in London. Er respektierte diese Einigung, selbst als ihm der griechische Bürgerkrieg die Chance zuspielte, mit Piräus jenen Zugang zum Mittelmeer zu gewinnen, den ihm am Bosporus das Osmanische Reich wie der türkische Staat stets verweigert hatten. Die Kommunisten in Paris wie in Rom sind irritiert, daß die Sowjetunion die Genossen in Athen im Stich läßt.

Stalin blieb behutsam, weil er Zeit zu haben glaubte. Es ist sehr die Frage, ob er sich auf die Abenteuer Chruschtschows in Kuba und Breschnews in Afghanistan eingelassen hätte. Einzig die Blockade Berlins war ein Schritt über das Abgesprochene hinaus, und sie erwies sich als Fehlschlag. Stalin hatte keine Bedenken vor einem Gesichtsverlust, als er die Belagerung der drei Westsektoren abbrach. Wer sich im Bündnis mit der Geschichte glaubt, kann auch einen Schritt zurück tun; denn er hat Zeit.

Stalin sieht sich, je weiter seine Armeen erst die Sowjetunion und dann Osteuropa zurückerobern – so berichtet seine Tochter Swetlana –, weniger als Anführer des Weltkommunismus, sondern in der Reihe der großen Heerführer Rußlands von Alexander Newski bis zu dem Bezwinger Napoleons. Als am vierten Jahrestag des deutschen Überfalls die Insignien der Leibstandarte Adolf Hitler vor dem Lenin-Mausoleum auf dem Roten Platz in den Staub geworfen wurden, war das ein demonstrativer Rückgriff auf jenen anderen Sieg, als Kutusow die Fahnen der *grande armée* Napoleons vor Zar Alexander I. als Trophäen hatte niederwerfen lassen.

Hitler dagegen versteht sich in ganz anderem historischen Zusammenhang als dem mit Bismarck und Friedrich dem Großen. Albert Speer und seinem Adjutanten Nicolaus v. Below gegenüber deutet er an, in welcher Nachbarschaft er sich sieht. Nicht ein König oder Kanzler der neueren Geschichte ist seinesgleichen, Mohammed ist der andere Religionsstifter, der erst der Prophet eines neuen Glaubens ist und dann der Begründer eines weltumspannenden Reiches. Er sagt dazu nichts, aber widerspricht auch nicht, als ihm im ukrainischen Hauptquartier in Winniza diese Parallele nahegelegt wird.

Hitler hatte keine Zeit, glaubte keine Zeit zu haben, weder in individueller Hinsicht noch in historischer Hinsicht. In seiner Familie werde man nicht alt, nach menschlichem Ermessen blieben ihm nur noch zehn Jahre, und kein Nachfolger werde eine Autorität wie er besitzen. Vor allem arbeite die Zeit gegen Deutschland, seine Überlegenheit sei nur kurzfristig und nur der forcierten Aufrüstung zu verdanken; die andere Seite dürfe keine Möglichkeit haben, ihre Ressourcen ins Spiel zu bringen; über deren Gewicht gibt er sich keinen Illusionen hin. Diese scheinbare Zeitnot gibt Hitler in den letzten zwei Jahren vor dem Krieg etwas Getriebenes, fast Gehetztes, das seine Umgebung, selbst Göring beunruhigt.

Der Weg von der Revanchepolitik des Putsches 1923 vor der Feldherrnhalle zur Großmachtpolitik der unmittelbaren Vorkriegszeit bis zur imperialen Weltreichvision nach dem scheinbar erfolgreichen Verlauf des russischen Feldzuges zeugt von einem Wirklichkeitsverlust, der etwas von einem Indianerspiel an sich hat. Alle »germanischen« oder »eindeutschungsfähigen« Gebiete Europas von Skandinavien (wo im norwegischen Drontheim ein »Reichskriegshafen« zum Nordatlantik für 500 000 Deutsche geplant war) über die Niederlande, Wallonien, Burgund, die Schweiz und die »Protektorate« Böhmen und Mähren und das alte Kurland bis zu den »Reichskommissariaten« von Moskowien, der Ukraine und der in »Gotenland« umbenannten Krim sowie dem in Form von »Schutzstaaten« angegliederten Kaukasus sollen einen kontinentalen Block der Zukunft bilden. Der Endkampf werde nicht mehr zwischen den Staaten Europas, sondern zwischen den Kontinenten ausgetragen. Wie wenig diese Utopie aus dem Augenblick geboren war, zeigt Hitlers Satz vor dem Ende im Bunker: »Ich war Europas letzte Chance.«

Als Rommels Afrikakorps wider Erwarten in El Alamein kurz vor dem Suezkanal steht – in Alexandrien verbrennen die Engländer schon Akten –, die Regierung des achsenfreundlichen Raschid Ali in Bagdad den Irak ins Lager der Achse führt, der Großmufti von Jerusalem die Herrschaft im Mandatsgebiet Palästina an sich zu reißen sucht und der vichytreue französische Resident in Damaskus zwischen Paris, London und Berlin hin- und herschwankt, scheint das britische Empire tatsächlich in seinen Grundfesten zu wanken. Im nächsten Jahr, als im Osten der Heeresgruppe Süd der Sprung über den Kaukasus zum Kaspischen Meer zu gelingen scheint, beschäftigt sich eine Planungsgruppe im Führerhauptquartier mit einem Zangengriff auf Indien. Inzwischen hat ja Japan Singapur in einem Handstreich genommen.

Hitler schaltet jetzt im Spätsommer 1942, als seine Armeen auf dem Weg zur Wolga sind, mit den Kontinenten, wie er früher die Länder Europas hin- und hergeschoben hat. Noch am 13. Mai 1943, nach der Wende vor Moskau und der ein Jahr später folgenden Katastrophe von Stalingrad, notiert Goebbels nach einem Besuch im Führerhauptquartier Hitlers unumstößliche Gewißheit, das Reich werde am Ende des Krieges ganz Europa beherrschen. »Aber wer Europa besitzt«, lautet die Eintragung im Tagebuch, »der wird damit die Führung der Welt an sich reißen.« Himmler, der wie immer alles ins Groteske und Absurde zieht, spricht am 7. Dezember 1941 – auf dem Höhepunkt der Moskauer Winterkatastrophe – von dem »germanisch-gotischen Reich« der Zukunft. Zwei Jahre später, im Oktober 1943, als nun auch noch die Panzerschlacht von Kursk, mit der Hitler noch einmal alles wenden wollte, verlorengegangen ist, ist Himmler noch immer fest überzeugt, daß der »nordische Mensch die Führungsschicht für ganze Erdteile stellen wird und damit die Welt regieren«.

Denn auch die Inbesitznahme der eurasischen Ländermasse ist nur der Auftakt zum Eigentlichen, dem Hazardspiel um die Welt. Die Auseinandersetzung mit Amerika ist Hitler unausweichlich, und allmählich taucht immer häufiger in seinen Vorstellungen die Vermutung auf, daß er diesen Kampf der weißen Rasse entgegen seiner ursprünglichen Annahme noch selber führen muß. Die allerletzte Aufgabe wird dann die Ausschaltung der vorläufig noch benötigten japanischen Bundesgenossen sein. Bei einer Begegnung mit japanischen Diplomaten bedauert er, daß das Schicksal ihn zwinge, das britische Empire zu zerstören, »nur damit die Japaner es beerben«.

Wie sieht er die Zukunft? Teilt er die Himmlersche Privatmythologie, die von einem »germanisch-gotischen« Imperium der Zukunft phantasiert? Oder sind es doch die Deutschen, in denen er die Herren der Welt sieht? Wahrscheinlich gibt der vorgesehene neue Name für Berlin den verläßlichsten Fingerzeig: Nach dem Sieg soll Berlin in »Germania« umbenannt werden. Er spricht immer seltener von den Deutschen, es ist der »nordische Mensch«, dem er – ganz im Sinne der Lektüre seiner jungen Jahre: Gobineau und Chamberlain – die Zukunft zuerkennt.

Dieser Krieg der Kontinente ist nun wirklich der konkrete Griff nach der Weltherrschaft. Wie wenig solche Träumereien aus dem Rausch der Siege geboren sind, zeigt eine architektonische Korrektur Hitlers. Im Frühsommer 1939, drei Monate vor Kriegsbeginn, gibt Hitler seinem Generalbauinspektor Speer die Anweisung, die Planung für die »Große Halle« in Berlin zu ändern. Auf dem Tambour der Kuppel hatte hier in dem ursprünglichen Modell der Reichsadler das Hakenkreuz in seinen Fängen gehalten. »Das hier wird geändert«, erklärt der Visionär herrisch. »Hier soll nicht mehr der Adler über dem Hakenkreuz stehen, hier wird er die Weltkugel beherrschen! Die Bekrönung dieses größten Gebäudes der Welt muß der Adler über der Weltkugel sein.« In den erhaltenen Modellaufnahmen ist die Abänderung des ursprünglichen Entwurfes noch heute zu sehen. Die Vision der Weltherrschaft ist also nicht aus dem Krieg und der Euphorie des Sieges geboren, sondern entstammt den Visionen der Friedenszeit.

Nichts davon bei Stalin. Selbst als die Deutschen im Winter 1941 vor Moskau stehen, umreißt Stalin dem britischen Außenminister Eden bei dessen Besuch ziemlich exakt schon die Grenzen der Sowjetunion, wie sie nach dem schließlichen Sieg sein werden. Hitlers Phantastereien auf der Landkarte sind Stalin fremd. Wenig von seinen Ansprüchen unterscheidet sich von den panslawistischen Träumen des späten neunzehnten und frühen zwanzigsten Jahrhunderts, die ja ebenfalls die slawischen Brudernationen Osteuropas der russischen Mutter zugeordnet hatten. Statt großer Gebietsabtretungen, sagt Stalin in Teheran zu Churchill, wünsche die Sowjetunion nur »einen Zipfel deutschen Territoriums« im nördlichen Ostpreußen als Entschädigung für die Verwüstungen des vierjährigen deutschen Eroberungskrieges. Läßt man die ideologische Utopie beiseite, so laufen die geographischen Ziele des Kreml eher auf eine russische als auf eine sowjetische Außenpolitik hinaus.

Es waren wirklich zwei Denkgebäude, die aufeinander stießen. Hitlers Kommissarbefehl unterschied den »Ostfeldzug« ganz bewußt von den traditionellen Kriegen, wie sie Europa bisher kannte. Darauf bezieht sich Keitels Aussage vor dem Nürnberger Tribunal, daß in Hitlers Sicht in Rußland nicht Nationen, sondern Weltanschauungen gegeneinanderstanden. Beide Gewalthaber waren tatsächlich überzeugt, im Einklang mit der Logik der Geschichte zu handeln. Das war der »wissenschaftliche« Sozialismus auf der einen Seite, demzufolge die Welt früher oder später dem Kommunismus gehören werde, und das war das ewige Lebensgesetz der Natur auf der anderen Seite, das die Erde als »Wanderpreis« dem Stärkeren zuspricht. Das gab Hitlers und Stalins Untaten nicht nur ihre scheinbare Logik, sondern das gute Gewissen noch im ganz und gar Außermoralischen.

Zwei Doktrinen aus der Mitte des neunzehnten Jahrhunderts, die eigentlich längst abgetan sind, schicken sich Mitte des zwanzigsten Jahrhunderts an, die Welt zum Exerzierfeld von intellektuell heruntergekommenen Populärphilosophien zu machen, die aus dem späten Biedermeier hervorgegangen waren. Hitler und Stalin verachteten nicht das Denken, sondern gerade die Wissenschaftsgläubigkeit des neunzehnten Jahrhunderts stellt das Dynamit einer Besessenheit von Weltanschauungen dar, die in einem so tödlichen Ringen gegeneinander standen. Aber so abgelebt die Sozialphilosophie des Vulgärmarxismus und der platte Sozialdarwinismus von 1840 auch waren – das Gestrige schien um 1940 zur Wirklichkeit zu werden.

Das alles ist eine Geschichte, die ein halbes Jahrhundert nach den Ereignissen nicht nur überwunden ist, sondern ganz und gar unwirklich anmutet. Hitler hat also tatsächlich den Ausbau Berlins zur »Welthauptstadt« vorgesehen, und Stalin war wirklich überzeugt davon, daß der Marxismus-Leninismus das Endziel der Weltgeschichte ist? Mitunter will einem die Verkehrtheit des Denkens noch absurder vorkommen als das Fallen aus aller Moral.

Der lange Weg in die Häßlichkeit

ZU DEN INS AUGE FALLENDEN ERSCHEINUNGEN jener Epoche, die nach der Französischen Revolution kam, gehört die fortschreitende Unsicherheit in allem Geschmacklichen. Dies gilt für alle Bereiche, von der Selbstdarstellung des Staates, der – wie jeder Blick auf den viktorianischen oder wilhelminischen Hofstil lehrt – seit der Mitte des neunzehnten Jahrhunderts mit sich nicht ins reine kommen kann, bis zum Lebens- und Wohngefühl des Bürgers, der in denselben Jahrzenten anfängt, seine heiteren Biedermeierwohnungen mit Vertikos und Büfetts zuzustellen.

Besonders auffällig ist diese Kunsteinbuße im Falle der Hersteller von Kunst. Jahrhunderte hindurch hatte der Künstler sich eine Arbeits- und Wohnwelt geschaffen, die den Anspruch seines Werkes auf sehr exakte Weise spiegelte. Das galt nicht nur für die Künstlerinterieurs der Renaissance oder des Barock; noch an den Arbeitsstuben von Schiller oder Humboldt war der Zuschnitt ihres Werkes abzulesen gewesen. Nun plötzlich sind Nietzsche, Fontane und Thomas Mann von Mobiliar umgeben, dessen ästhetische Banalität ihre formale Kunstanstrengung dementiert. Die Erfindungen der Tiefenpsychologie, Zwölftonmusik und Relativitätstheorie finden in Zimmern statt, die sich nur im Zuschnitt von der Portierenwelt Wilhelms II. unterscheiden.

Diese geschmackliche Verarmung, die geradezu das Signum der Moderne ist, wurde mitunter gesehen, kaum je aber zureichend interpretiert. Die landläufige Auskunft weiß von der Maschinenwelt, die an die Stelle der alten Handwerksarbeit getreten sei, und tatsächlich beginnt ja in diesen ersten Jahrzehnten des neunzehnten Jahrhunderts jene serienweise Produktion von Gebrauchsgütern, die bis dahin in der Nachfolge Roentgens allein der Möbelfabrikation privilegierter Hofhandwerker vorbehalten gewesen war. Aber dies erklärt nicht, weshalb der strenge Biedermeiertisch um 1840 gedrechselte Beine und Löwenfüße erhält und die klare Lehne des Stuhls Schnitzwerk, welches das Sitzen unbequem macht.

Die ästhetischen Folgen frühindustrieller Produktionsprozesse halten sich während der ersten Jahrzehnte in engen Grenzen und bringen nicht selten eine geschmackliche Verfeinerung mit sich. Nie sind die Intarsien auf den Möbeln des Dixhuitième so raffiniert gewesen wie in jenen Möbelmanufakturen, in denen man zur spezialisierenden Arbeitsteilung zwischen Schreinern, Schnitzern, Spiegelmachern und Vergoldern übergegangen war. Der Schmuck aus Eisen aber wird in Berlin und Schlesien in regelrechten Fabriken hergestellt, in denen Scharen von Gesellen die Formen ausgießen, die von den ersten Künstlern der Epoche, von Schadow bis Schinkel, gezeichnet worden waren.

Die Fabrikwelt war der Anhebung des Niveaus fähig, wie auch die Eisenkonstruktionen zeigen, die als gläserne Gewächshäuser an die Stelle oft plumper Orangerien treten; gegossene Brückengeländer mit Akanthus- und Palmettenmotiven geben der Überspannung von Teichen und Bächen eine Grazie, von der die alten hölzernen oder steinernen Stege nichts wissen.

ANDERES MUSS IM SPIEL SEIN. Weshalb sinkt der Geschmack auch da ab, wo die Herstellungsweise unverändert bleibt? Wie kommt es, daß der Dorfschreiner um 1860 mit den Proportionen eines gegliederten Fensters nicht mehr umgehen kann, und weshalb weiß um 1870 kein ländlicher Maurer mehr, wie Tore, Türen und Fenster über eine Fläche zu verteilen sind? Noch zehn Jahre weiter, und der städtische Baumeister hat jedes Gefühl für das Volumen von Gesimsen und die Proportionen von Dachgauben verloren. Fällt der Blick auf ein nobles Haus in den Straßen des späten neunzehnten Jahrhunderts, so lehrt die Eintragung im

Grundbuch zumeist, daß es ein siebzigjähriger Baumeister zeichnete, der noch aus der Architekturwelt vom Anfang der Epoche kommt.

Die traditionellen Hersteller von Serienware aber, die großen Porzellanmanufakturen, spiegeln die Einbuße an Geschmackssicherheit am deutlichsten. Nichts hat sich an der Technik der Produktion geändert, und doch verlieren die Formen ihre Eleganz und die Bemalungen ihre Sensibilität für die Zulässigkeit von Farb- und Goldkombinationen – weshalb denn bis zur Entdeckung des Trödels die Kunsthäuser keine Objekte nach der zweiten Hälfte des Jahrhunderts führten.

Erst die emotionale Flucht aus der Industriewelt hat jene Ware hochkommen lassen, mit der sich die Techniker der Mikroprozessoren und Roboter umgeben und die für kein Geschmacksverlangen, sondern für eine Fluchtmentalität steht, so daß denn der Flohmarkt das deutlichste Signal des Überdrusses der Epoche an sich selbst ist.

DER HÄSSLICHKEITSPROZESS, der in sich beschleunigendem Maße die hundert Jahre zwischen 1880 und 1980 prägt und nur von vorübergehenden Kunstanstrengungen wie dem Jugendstil und dem Bauhaus unterbrochen wird, bis dann die zweite Gründerzeit nach diesem Kriege auf nahezu jedem Gebiet, von der Möbelindustrie bis zum Städtebau, den Bestand an Schönheit auslöscht, kommt nicht aus technischen, sondern aus geistigen Prozessen, die ja auch auf jedem anderen Feld zur Auflösung von Formen geführt haben. Es ist der Untergang jener alten Handwerkskultur Europas, die über ein Jahrtausend durchgehalten hatte und nun längst hinter dem Horizont versunken ist.

Nur die Stile hatten sich ja zwischen Gotik, Renaissance und Barock gewandelt, aber die Arbeitswelt war in all dieser Zeit so unverändert geblieben wie Auftragsvergabe und Absatzprozedur. Werkstattbilder des fünfzehnten oder achtzehnten Jahrhunderts zeigen, wie gleich sich das Machen wie das Verkaufen geblieben waren. Der Kunde betrat die Werkstatt und gab eine Truhe, einen Schrank oder eine Bettstatt in Auftrag, die dann nach neue-stem Geschmack gefertigt wurden – der des Zunftverbots von Import und Export wegen regional gefärbt war, weshalb denn der Würzburger Dielenschrank anders als der Frankfurter Wellen-schrank aussah und das geübte Auge die Kommode, die späteste Erfindung der Möbelkultur übrigens, aus Schwerin auf einen Blick von der aus Potsdam oder Weimar zu unterscheiden weiß.

Nicht anders war es beim Künstler, der ein Auftragnehmer war; der Kunde entschied nicht nur über Bildformat und Guß-material, sondern nicht selten auch über das Motiv. Schadow er-füllt ganz selbstverständlich die inhaltlichen Wünsche seiner fürstlichen Besteller, und Schinkel gibt den Bildhauern der Schloßbrückenfiguren durch exakte Vorzeichnungen die Bein-stellungen und Armbewegungen der gewünschten Heldenjüng-linge an.

Tiefer als alle technischen Neuerungen greift die zunehmende Anonymität von Herstellung und Verkauf in die überlieferte Handwerkskultur ein – auch, wenn dahinter natürlich der auf-kommende Massenkonsum steht, der seinerseits durch Serien-herstellung möglich gemacht wird.

Im achtzehnten Jahrhundert kommen die Akademie-Ausstel-lungen auf, im neunzehnten die Galerien. Der Sammler geht nicht mehr zum Künstler, kennt ihn nicht einmal mehr. An drit-tem Orte betrachtet er Kunstwerke, um das ihm Zusagende zu erwerben. Dies entbindet den Künstler, der ja auch ein »freier Künstler« sein will. Freiheit aber ist stets Gewinn und Schwä-chung zugleich. Die Ferne vom Auftraggeber überläßt ihn der Isolierung, bis er dann in unserer Zeit in den Häusern nicht mehr verkehrt, für die seine Arbeiten gedacht sind. Am Ende stehen ausgreifende Bildformate und raumfressende Blechgestänge, die in der Welt der Kleinappartements nur das Museum will oder niemand.

Die Möbellager aber halten seit der Wende des achtzehnten zum neunzehnten Jahrhundert Ware bereit, sofern sie nicht längst dazu übergegangen sind, Angebotslisten zu verschicken,

so daß Unzusammengehöriges und einander Fremdes zusammengetragen werden können. Das gilt für oben wie für unten. Die Kommerzienrats-Einrichtung spiegelt das Sammelsurium ebenso wie das Meublement der Herrscherhäuser; das alle dreißig Jahre ausgetauschte Mobiliar des Berliner Stadtschlosses oder der Wiener Hofburg zeigt, daß um 1900 der vorläufige Tiefpunkt erreicht ist.

DER EINSCHNITT UM 1800 wird nicht durch die Abfolge von Louis-seize, Empire, Klassizismus und Biedermeier gekennzeichnet. Solche Wandlungen hatte es immer gegeben, um 1100 wie um 1400. Es wandelt sich, was immer gleich geblieben war, die Gebundenheit in Form- und Geschmacksüberlieferungen. Die Ära der Revolutionen bringt Befreiungsprozesse der Produzenten wie der Konsumenten, die so tief in das Gefüge eingegriffen haben wie die Ideen von 1789.

Auch wer die Vulgarisierung sieht, die schließlich zu altdeutschen Imbißstuben in stählernen Hochhäusern geführt hat, darf das andere nicht vergessen. Die Blüte zwischen Reformation und Revolution setzte eine »Knappheitsgesellschaft« voraus, in der noch um 1830 nur etwa fünf Prozent der Bevölkerung an der Wohn- und Lebenskultur ihrer Epoche teilhatten. Ganze weitere fünfunddreißig Prozent hatten wenig mehr als eine Tannenholztruhe und ein wenig Linnen; sechzig Prozent besaßen noch in der ersten Hälfte des Jahrhunderts nichts, über das sich testamentarisch verfügen ließ. Armut und Elend bestimmten das halbe Jahrtausend zwischen dem Bamberger Dom und Schinkels Altem Museum; aus dieser Welt, in der zwei von drei Menschen auf dem Lande wohnen, während neunzig Prozent der Produktion in der Stadt stattfinden, ist vorzugsweise deshalb nichts überkommen, *weil es nichts gab.*

Das war das Unaufhörliche – Katen aus Weidengeflecht oder Lehm, eine Liege aus Stroh, ein Haken für die Arbeitskleidung (Schränke und Truhen sind Großbauerngut), der Napf aus Holz oder – ein Zeichen von Wohlstand – aus irdenem Material. Das

Bleibende war der Wechsel von Dürre und Überschwemmung, zu starkem Frost und zu heftiger Hitze, Fäulnis auf dem Halm und verqueckter Boden. Wenn man ohne allzu große Not über den Sommer kam und bis zur neuen Ernte überdauerte, war es schon ein Geschenk. Die periodisch wiederkehrenden Hungerepidemien sorgten für eine nur wenig schwankende Bevölkerung und also für das Dauernde. Der Wechsel des Natürlichen bestimmte den Rhythmus des Lebens. Burgen, Dome und Schlösser – und zwar in dieser Reihenfolge – spiegelten nicht nur eine jenseitige Welt; sie waren sie, fern und unwirklich.

JAHRHUNDERTE HINDURCH hatte es in der aristokratischen und patrizischen Sphäre ein ausgeglichenes Verhältnis zwischen Produktion und Kaufkraft gegeben. In Zeiten guter Ernte sank der Getreidepreis, und also blieb mehr Geld für den Erwerb von Luxusgut, und dann blühte das Handwerk auf; nach Mißernten, wie der »kleinen Eiszeit um 1700«, machte der Kornpreis die Anschaffung nur des Allernotwendigsten möglich, und die Werkstätten blieben ohne Auftrag. Der Bestand an Antiquitäten macht heute noch sichtbar, in welchem Maße jeweils Geld verfügbar war, das in den schönen Lebensdekor floß; der Dreißigjährige und der Siebenjährige Krieg sind auch in diesem Betracht ein großer Einschnitt. Für das hochkunstvolle und gebrechliche Gleichgewicht zwischen Produktion und Nachfrage hatte das System der Zünfte gesorgt, das mit Niederlassungsverboten die Konkurrenz abwehrte, um gleichmäßige Beschäftigung zu sichern. Der Meister durfte nur zwei Gesellen und einen Lehrling beschäftigen, weshalb denn der Weg zur eigenen Werkstatt für den Gesellen nicht selten über das Bett der Meisterswitwe führte; er war schon glücklich, wenn es das der Meisterstochter war.

Die Zunftregeln waren nicht nur die Arbeits-, sondern auch die Lebensform Alteuropas gewesen, und wenn sie auch zunehmend als bedrückend empfunden wurden, so hatten sie doch mit der wirtschaftlichen Sekurität des Handwerks auch die künstleri-

sche Solidität des Hergestellten verbürgt. Keine moderne Qua-
litätskontrolle kennt die Rigorosität der Zunftprüfungen; das
Reglement war streng und konnte die bürgerliche Existenz vernichten.

DIESE MIT TAUSEND GEBRECHEN behaftete Handwerkskultur
bricht in den Jahrzehnten der Revolutionen zwischen 1790 und
1830 zusammen; die vergleichsweise kleine Produktion ist dem
Markt nicht mehr gewachsen, der durch wachsende Bevölkerung
bei sich ausbreitendem Wohlstand geprägt wird. Zudem drängte
neben das alte städtische Patriziat das neue Bürgertum, bald
auch der untere Mittelstand. Das Fallen des Zunftzwangs, die
Gewerbefreiheit, war eine unvermeidbare Konsequenz. Daß dies
in jeder Hinsicht, auch in der des Traditionszusammenbruches,
ein revolutionärer Prozeß war, wurde früh schon gesehen, und
zwar nicht nur von ständischen Gruppen, sondern auch von geschmacklichen Eliten. Neben dem Verlust des Adelsprivilegs für
Heer und Beamtenschaft steht gleich folgenreich der Abbau des
Vorrechts der Zünfte.

Jetzt drängen Werkstätten mit Dutzenden, in Paris und London mit Hunderten von Gesellen auf den Markt und befriedigen
fabrikmäßig die Nachfrage. Wo der Geselle einst Jahrzehnte in
der Werkstatt des Meisters gearbeitet hatte, machte er sich nun
nach kürzester Zeit selbständig: frei zwar, aber ungeborgen, in
materieller wie in geistiger Hinsicht. In wenigen Jahrzehnten
zerbricht mit der Organisationsform auch der Traditionszusam-
menhang des Handwerks; es ist alles möglich, weil alles verfügbar ist.

Es ist die *Bourgeoisie*, die hochkommt und deren Verlangen weder nach dem Vorbildhaften noch nach dem Prestigehaltigen
geht. Nun plötzlich werden Bronceappliken an Möbel montiert,
wo sie nichts zu suchen haben, und die *nouveau riche* will auf dem
Porzellan die prächtige Bemalung, die den edlen Scherben nahezu
zudeckt. Eben noch hatte der Meister mit dem Auftraggeber
kennerisch die Entwürfe für das Rocaille durchgesprochen, und

Langhans legte sieben Entwürfe für das märkische Gutshaus vor, dessen Besitzer Erinnerungen an italienische Aufenthalte wiederfinden wollte. Auch der König wollte ja in Berlins Kirchen fernen Reminiszenzen an oberitalienische Campanili begegnen. Nun wußten weder Bauherr noch Baumeister um das Raffinement erinnernden Geschmacks. Produzent und Konsument stehen sich gleich ahnungslos gegenüber, beide einander würdig. Mit der Erfindung des Preisgerichts notifiziert der Bauherr seine Abdankung. Die Maschinen sind unschuldig, sie könnten strenge Lehnen leichter als geschnitzte herstellen. Es ist der Geist, der verdorben ist und seine Unschuld nie wieder gewinnen wird. Was danach kommt, ist Industrie. Das Bauhaus gibt seine Legitimität auch darin zu erkennen, daß es ungleich Jugendstil und Art déco keinen neuen Möbelstil mehr sucht, sondern ihn abschafft. Schränke, Kommoden und Truhen werden in Wandräume verbannt, und zum Sitzen sind Gurtgestelle da. *Es geht nicht mehr.* In die freien Räume aber drängt der Tand von gestern.

DAS NEUE JAHRHUNDERT hat viel gegeben und viel genommen. Der ungeheure Befreiungsprozeß, der über Europa gekommen ist, hat Versklavungen mit sich gebracht, von denen sich das alte nichts träumen ließ. Die kaum glaubliche Vermehrung von Wohlstand wurde mit einer Verarmung bezahlt, die spät erst ins Bewußtsein trat. Die hilflose Verweigerungsgeste ländlicher Kommunen ist nur der armselige Ausdruck dafür, daß der Rechnungsbetrag für den Fortschritt eingetrieben wurde. Aber die Einbringung geringer Hektarerträge, die Herstellung unbrauchbarer Gerätschaften und die Verfertigung handgesponnener Röcke sind kein Ergebnis von Denken, sondern ein Anlaß zum Denken. Welche Empfindungen und Einbußen bringen sich hier zur Geltung?

Über einander ablösende Zuversichten und wechselnde Glücksverheißungen hinweg ist spät erst in das Bewußtsein getreten, daß mit dem inspirierenden Elan der Revolutionen nicht ein Stil und eine Epoche endigte, sondern eine Welt. Es ist die Welt Alteuropas, das mit seiner Not auch sich selber abschaffte. Es war eine Welt, in der es über ein Jahrtausend hinweg zur Ernährung eines Menschen der Ackerfläche von vier Morgen Land bedurfte und das scheinbare Gleichmaß des ländlichen Lebens vom ständigen Wechsel zwischen zuviel Trockenheit und zuviel Regen bestimmt gewesen war, und ein harter Winter – nach Michael Stürmers kräftiger Wendung – »fleischlose Suppen, Teuerung, Auflösung von Recht und Gesetz, Arbeitslosigkeit und Wanderung ins Nirgendwo« bedeutet hatte. Aber darüber hatte sich auf der obersten, der schmalsten Spitze die Entrücktheit der Kathedralen, die Zuflucht der Klöster, der Glanz der Schlösser und in der Ferne irgendwo auch *la douceur de vivre* erhoben – von unwirklicher und grausamer Schönheit.

Eine Stadt ohne Geschichte
mitten in der Geschichte

ES IST MERKWÜRDIG, daß einige Städte im Gegensatz zu anderen eine mythische Dimension haben. Karthago war lange Zeit eine der größten und auch reichsten Städte der alten Welt, aber nie hat Karthago einen Mythos entwickelt, es sei denn, nach und durch seinen Untergang.

Die Millionenstädte des Orients sind nahezu spurlos verschwunden, aber die selbst zur Zeit der Perserkriege, als es Weltgeschichte machte, vergleichsweise kleine Fischer- und Bauernstadt Athen lebt durch die Jahrhunderte weiter. Rom, die Welthauptstadt wie zwei Jahrtausende später vielleicht nur noch New York, soll zur Zeit von Augustus anderthalb Millionen Bürger und Sklaven gehabt haben. Aber wenige Jahrhunderte später, als der Papst über die Alpen zieht, um den fränkischen König um Hilfe gegen die Sarazenen anzuflehen, hat Rom wenig mehr als fünfzigtausend Einwohner. Und dennoch bleibt Rom, oder wird erst wirklich, die Ewige Stadt. Es lebt in und von seinem Mythos.

So ähnlich wird es mit Berlin bestellt sein, der jüngsten der großen Hauptstädte Europas. Als die anderen nach dem Maßstab jener Zeiten großen Städte des deutschen Sprachraums – Wien, Köln oder Danzig – schon weit über einhunderttausend Bürger zählen, leben in der Furt über die Spree gerade einmal zehntausend Ackerbürger. Selbst als sich der Kurfürst von Brandenburg im fernen Königsberg die Königskrone aufsetzt, zählt Berlin ganze zwanzigtausend Einwohner.

Das muß man sich auch deshalb in Erinnerung rufen, weil es ein so kleiner Ort war, in dem das gewaltige Schloß Andreas Schlüters aufgeführt wurde, das der Sozialismus dann sprengen und abtragen ließ. Berlin wurde wie neben ihm nur St. Petersburg und Washington ins Große gedacht, als es eine geringfügige Ansammlung von Häusern war. Der Selbstentwurf war vor der Wirklichkeit da.

Sehr früh schon schlug Berlin jenen Weg ein, der es zur wichtigsten Kapitale des nordeuropäischen Raumes im Dreieck zwischen Warschau, Dresden und Hannover machen sollte.

Unter dem Großen Kurfürsten ist die Stadt, auch nach dem Sieg über die Schweden bei Fehrbellin, bestenfalls eine norddeutsche Territorialmacht. Aber schon unter dessen Enkel Friedrich dem Großen drängt Brandenburg-Preußen mächtig auf die europäische Bühne, eine »kleine Großmacht«, wie Sebastian Haffner sagt, oder eine »große Mittelmacht«.

Aber dann ist Berlins Weg nach vorn nicht mehr aufzuhalten, und am Ende dieses Jahrhunderts steht die Stadt fast gleichen Ranges neben den wirklichen alten und durch die Zeit beglaubigten Hauptstädten Italiens, Frankreichs und Englands, Rom, Paris und London. In wenig mehr als drei Generationen hat sich dieser Parvenue Europas in das erste Glied gedrängt, und da soll es in Zukunft seinen Platz behalten, wie viele Zusammenbrüche es auch erlebt.

Hat Berlin deshalb einen Mythos, oder kommt es immer wieder auf die Beine, weil es einen Mythos hat? Pure Machtzusammenballung sichert keinen Platz in der Geschichte. Wie viele einst mächtige Städte sind nach einem Jahrhundert schon nicht mehr vorhanden? Dazu braucht man nicht die Städte im Zweistromland oder in Ägypten heranzuziehen, die heute so spurlos versunken und vergessen sind, daß man sie mühselig in dem Sand Mesopotamiens und des oberen Ägyptens zu finden sucht. Eben noch ist Schweden eine wirkliche Großmacht im Norden Europas, Karl XII. schickt sich an, die Hauptstadt der Moskowiter zu erobern. Aber nur eine einzige Generation, und Stockholm versinkt wieder in seiner reizenden Harmlosigkeit.

Merkwürdigerweise droht dieses Schicksal Berlin eigentlich niemals – weder als Napoleon Preußen um die Hälfte seines Ge-

biets beraubt hat, noch als der Erste Weltkrieg in eine Revolution mündet und das neugeschaffene Kaiserreich seine Provinzen im Osten wie im Westen verliert. Momentweise sah es nach dem Zweiten Weltkrieg so aus, als Deutschland ein Viertel seines Staatsgebietes verloren hatte und sein Gravitationszentrum mit der Abtrennung Ostpreußens, der östlichen Teile Brandenburgs und Schlesiens in den Westen verlagerte. Lange war Berlin ja die »Mitte der Monarchie« gewesen, wie man im achtzehnten Jahrhundert zu sagen pflegte, weil es von den Oder-Deichen gleich weit nach Königsberg, Tilsit und Memel war wie nach Bonn und Aachen.

In diesen Nachkriegsjahren spielte man hier und da mit dem Gedanken, die Stadt, mitten im sowjetischen Herrschaftsbereich gelegen und deshalb ein ständiges Erpressungsmittel der westlichen Allianz, aus freien Stücken aufzugeben, um Berlin neu in der Lüneburger Heide zu errichten. Hier und da wurden sogar Berechnungen angestellt, daß die Kosten für ein neues Berlin niedriger sein würden als die Behauptung des alten. Die Geschichte ist über solche kurzlebigen Phantasien hinweggegangen.

Aus Geschichte und Geschick Berlins lassen sich einige Schlüsse ziehen, vor allem jene, daß es nicht die politische oder militärische Macht ist, die Berlins und aller geschichtsmächtigen Wege bestimmt haben. Mit der Philosophie Kants, Fichtes und Hegels wird Berlin-Preußen der Hauptort des europäischen Denkens, lange bevor die äußere Macht diesen Rang rechtfertigt. Schon Anfang des neunzehnten Jahrhunderts spielen die anderen Residenzen der deutschen Länder neben Berlin eigentlich keine Rolle, weder Dresden noch München oder Stuttgart. Selbst Wien, wo Metternich die Heilige Allianz konzipiert, tritt neben Berlin zurück. Die Rheinlande und die norddeutschen Hansestädte sind zwar noch immer glanzvoller als die durch die vielen Kriege ausgepowerte Stadt an der Spree. Aber seit Stein, Hardenberg und Humboldt, Knobelsdorff und Schinkel, Schadow und Rauch ist es keine Frage mehr, wo das Zentrum der Modernität liegt, und das alles geschieht ein halbes Jahrhundert, bevor die militärischen Bravourstücke Moltkes die politischen Gewaltstreiche Bismarcks Berlins Avancement rechtfertigen. Die Stadt ist längst Vorort Deutschlands, bevor sie deutsche Hauptstadt wird.

So ist es auch noch in der Zeit der Katastrophen und Zusammenbrüche. Das zernierte Berlin der Blockade und des Mauerbaus hat keinerlei äußere Macht mehr, eher ist es eine Belastung Deutschlands. Aber gerade in der Zeit der äußersten Bedrohung bewährt es seine nationale Rolle. Die Stadt ist nicht viel mehr als eine ausgebrannte Erinnerung ihrer selbst, aber sie ist noch einmal das Zentrum der deutschen Entwicklung, und ihre Faszination.

Zeitweise konnte man in den vierziger und fünfziger Jahren den Eindruck haben, die zwanziger Jahre seien wiedergeboren, als Berlin auf dem Weg war, die Hauptstadt des zwanzigsten Jahrhunderts zu werden wie Paris die des neunzehnten gewesen war und London die des achtzehnten Jahrhunderts. Aus den Vereinigten Staaten kamen damals Wilder und Miller, aus Großbritannien reisten T. S. Eliot, W. H. Auden, Orwell und Koestler herbei. Die Cafés am ausgebrannten Kurfürstendamm vor den leeren Fassaden der wilhelminischen Bürgerhäuser waren fast ein französischer Salon, in dem Jahr für Jahr Jean Giraudoux, Jean-Paul Sartre, Albert Camus und André Gide hofhielten.

Selbst die bedrohliche Sowjetunion suchte mit den Besten zu paradieren, mit denen sie aufwarten konnte, dem Bolschoi-Ballett und den Moskauer Philharmonikern. Es war der Mythos Berlins, der sich noch einmal bewährte, als die Stadt längst aller Macht entkleidet war.

Was spielten München, Stuttgart Düsseldorf und Hamburg daneben für eine Rolle. Die Philosophie, die Literatur und das Theater der Nachkriegszeit fanden in diesem verwüsteten Berlin statt. Wahrscheinlich war es wirklich die Idee dieser Stadt, die sie am Leben hielt. Auch die wichtigsten Zeitschriften der Epoche erschienen im brandgeschwärzten Skelett dieser Stadt, im Westen vor allem Laskys »Monat«, im Osten Peter Huchels »Sinn und Form« und das »Ost und West« von Alfred Kantorowicz.

Solche Lebenskraft gibt sich stets darin zu erkennen, daß sie sich auch im Beiläufigen und sogar im Banalen zeigt. Alle großen Kapitalen bewähren sich auch in der beiläufigen Kunstübung, in den Couplets und Possen, ob das nun die Volksstücke von Raimund und Nestroy sind oder neue Formen der Musikdramatik wie Gershwins »Porgy and Bess« und Brechts »Dreigroschenoper«. Sogar auf der Ebene von »Im Grunewald ist Holzauktion« und »Immer an der Wand lang« gab sich die Weltstadt Berlin zu erkennen, die vor Vitalität und Produktivität vibrierte. Nie waren in Karlsruhe oder in Hannover und Würzburg Marlene Dietrich und Elisabeth Bergner denkbar, die von Berlin aus die Welt eroberten.

In diesem Sinne war es wahrscheinlich ein bedenkliches Symptom, daß diese Kraft zuletzt erlahmte. Als man an der Spree begann, fremden Welten in importierten Schlagern zu huldigen – mit französischen Chansons oder mit amerikanischen Hits –, wurde die Schwäche Berlins deutlich. Kein einziger Schlager hat in den letzten Jahrzehnten von Berlin aus die Welt erobert.

Dennoch bewährte sich der Mythos Berlins, als im Bonner Wasserwerk die knappe Entscheidung getroffen wurde, an den Ort zurückzukehren, der wie kein anderer für Glanz und Elend der jüngeren deutschen Geschichte steht. Ohne die inspirierende Kraft dieser Stadt hätte sich das beharrende Vermögen des Südens, Westens und Nordens wahrscheinlich durchgesetzt. Die Wirklichkeit des Landes wurde ja längst von der Isar, vom Neckar, vom Rhein oder von der Elbe bestimmt, nicht von der Spree und der Havel.

Es war nicht die Wirklichkeit der Gegenwart, es war der Mythos von Berlin, der die Stadt am Leben erhielt und über ihre größte Herausforderung hinwegrettete – ihre allmählich abbröckelnde Faszination. Nicht für die Realität, sondern für den Traum, für die Idee Berlins hat sich Deutschland bei der Abstimmung des Parlaments entschieden.

Berlin ist eine schöne Stadt ohne architektonische Schönheiten

LIEBT MAN DIESE STADT? Wahrscheinlich wird es am Ende doch darauf hinauslaufen, auch wenn man allzu deutlich sieht, daß Berlin es mit den alten Metropolen Europas nicht aufnehmen kann. Anfang des neunzehnten Jahrhunderts war die Stadt zwischen Schlüter, Knobelsdorff und Schinkel wohl für wenige Jahrzehnte dabei, wirklich eine der schönen Städte Europas zu werden; in St. Petersburg sprach man von den »Linden« als dem »glänzendsten Prospekt« des Kontinents. Aber 1871 brach erst die neugewonnene Macht des Bismarckschen Nationalstaates, dann Glanz und Reichtum des wilhelminischen Kaiserreichs und mit ihm das Parvenuehafte des europäischen Nachzüglers über die Stadt herein, die schließlich wirklich eine Metropole wurde. Berlin tat in diesen Jahrzehnten alles, selber die Schönheit der Stadt auszulöschen, bevor noch das neue Jahrhundert mit seinen kriegerischen Verwüstungen am Horizont heraufzog.

In den wenigen Jahrzehnten zwischen der Gründung des Reiches und dem Ersten Weltkrieg wurde aus der provinziellen Residenz der preußischen Könige die dynamische Mitte des neuen Kaiserreiches. Im siebzehnten Jahrhundert hatte man in den Stadtführern noch hervorgehoben, wenn ein Haus in Berlin zwei oder sogar drei Stockwerke hatte. In der Ära Bismarcks wurde die Stadt zu einem amorphen Häusermeer, das alle zwei Jahre um so viel Einwohner wuchs, wie Berlin in der Zeit Friedrichs des Großen gehabt hatte. Keine Stadt hätte dieses Wachstum nicht in Jahrhunderten, sondern in Jahrzehnten unbeschadet überstanden. Aber Berlin hatte noch das Unglück, daß diese explosionsartige Wucherung, welche die Stadt in einer einzigen Generation zum größten Industrieareal zwischen Atlantik und Ural machte, in die Jahrzehnte nach dem Verlöschen der historischen Stile und vor dem Aufkommen jener Weltsprache der Moderne fiel, die Philip Johnson rückschauend den »Internationalen Stil« genannt hat.

In der Mitte des Jahrhunderts wären aus seinen Chausseen vielleicht Pariser Boulevards im Stil Haussmanns geworden; nur wenig später hätte das Neue Bauen von Peter Behrens, Mies van der Rohe und Max Taut den Stilwirrwar gereinigt. Aber wie die Dinge liefen, kam stattdessen erst die Neugotik der Backsteinkirchen zwischen Moabit und Wedding, dann das Neobarock des Prunkdoms gegenüber dem Schloß und am Vorabend des großen Krieges schließlich die sehnsüchtige Gestik des »Romanischen Viertels« am Rande des Zoologischen Gartens. Nur des so völligen Mißlingens der Nachkriegszeit wegen geht man heute an den erhaltenen Resten fast schon mit Gefühlen von Nostalgie vorüber.

Gleichzeitig entstand in eben diesen Jahrzehnten des zu Ende gehenden Jahrhunderts jene graue Millionenstadt, die in Hauptmanns »Ratten« und Döblins »Alexanderplatz« aufbewahrt ist. Immer hatte sich Berlin seiner »Prachtgebäude« gerühmt, wie eine von Schinkel geprägte Formulierung in Julius Springers Berlin-Führer heißt; seit der Jahrhundertwende beginnen fremde Beobachter wie Georg Brandes und heimische Kritiker wie Karl Scheffler von der Häßlichkeit Berlins zu sprechen.

Aber auch dieses Berlin ist inzwischen nur noch Erinnerung. Bombenkrieg, Straßenkämpfe und die Abrißeuphorie der Nachkriegszeit haben die Stadt ruiniert, die in den späten vierziger und frühen fünfziger Jahren trotz aller Verwüstungen noch erkennbar eine europäische Metropole gewesen war. Filmaufnahmen aus der Nachkriegszeit lassen erkennen, welche Faszination von dieser ausgeglühten Ruinenstadt ausgegangen sein muß, vielleicht gerade in ihrem Trümmerzustand. Nun hatten manche ausgeglühten Mauern des Wilhelminismus, Opernhäuser, Bahnhöfe und Kirchen – die immer wieder umgebaute Krolloper von

Persius, Schwechtens Anhalter Bahnhof und das Kaufhaus Wertheim von Alfred Messel – eine Würde gewonnen, die sie zuvor nicht besessen hatten. Auch waren ja die Alleen aus wilhelminischer Zeit, allen voran der Kurfürstendamm, in dieser Nachkriegszeit noch als Bühne des Kaiserreichs und von Weimar erkennbar, zwar rauchgeschwärzt und ausgebrannt in den oberen Stockwerken, aber doch eine der großen Avenuen des ausgehenden neunzehnten Jahrhunderts – wie die anderen Boulevards zwischen Roms Via Veneto und den Champs-Élysées von Paris, die ja allesamt mehr von dem Geist des Fin de siècle als von ihrer Architektur leben.

Es waren jene späten vierziger und frühen fünfziger Jahre nach dem Krieg, als André Gide und Jean-Paul Sartre, T. S. Eliot und Arthur Koestler, Max Frisch und Friedrich Dürrenmatt in die Viersektorenstadt kamen, in deren Westteil Gottfried Benn und in deren Osten Bertolt Brecht lebten. Hier trafen die Energien der Epoche am krassesten und inspirierendsten aufeinander. Noch einmal schien es, als solle diese Stadt, selbst nach ihrem Untergang, noch der Schnittpunkt Europas sein. Sartre sagte über die Fehlingsche Inszenierung seiner »Fliegen«, nie habe er dieses Stück auf vergleichbare Weise in Paris gesehen, und Thornton Wilder kam aus New York, um gleich dreimal in die Berliner Aufführung von »Wir sind noch einmal davongekommen« zu gehen.

Aber die zwanziger Jahre wurden am Ende doch nicht wiedergeboren, auch in der Architektur nicht. Die Trümmer des Einst wurden in dem gutwilligen und orientierungslosen Elan des Aufbruches fast ausnahmslos abgerissen. Die Jahrzehnte nach dem Krieg wurden Berlins Straßen und Plätze von den Triumphschildern beherrscht, auf denen Bund und Berlin siegesgewiß verkündeten: »Abriß für den Wiederaufbau!«. Neben die Arbeiterquartiere von Wedding oder Moabit traten damals die banalen Neubauviertel des Falkenhagener Feldes und der Ernst-Reuter-Siedlung, und zehn Jahre später kamen schon das Märkische Viertel und die anderen Großsiedlungen der sechziger Jahre.

Diese Satellitenstädte der sechziger Jahre – denn das waren sie der Idee nach, auch wenn der zweite deutsche Staat sie an dem Ausufern ins Umland hinderte – wollten weder etwas von der Gartenstadtbewegung der Kaiserzeit wissen, noch von den Sozialsiedlungen von Weimar, der Onkel-Tom-Siedlung in Zehlendorf, der Hufeisen-Siedlung in Britz oder der legendären Weißen Stadt bei Reinickendorf – Quartiere, in denen das Neue Bauen der Republik auf seinen Höhepunkt gekommen war.

Wahrscheinlich ist aber der stadtfeindliche Impuls nach dem Krieg ein allgemeines europäisches Phänomen gewesen, in Stockholms Vällingby ebenso greifbar wie in Roms Tusculano und dem wiederaufgebauten Rotterdam. Aber nur in Deutschland waren die Zerstörungen durch den Krieg so tiefgreifend gewesen, daß, wie die Aufnahmen jener Zeit zeigen, nur die Gerippe der Städte übrig geblieben waren. Die von Hans Scharoun proklamierte Ersetzung der gebauten Stadt durch eine »Stadtlandschaft« konnte sich einzig hier in solchem Maße verheerend auswirken, daß ganze innerstädtische Bezirke – wie das Gebiet der IBA – heute einen vorstädtischen Charakter haben.

In dieser nachbürgerlichen Welt kehrte man der Idee der Stadt als solcher den Rücken. Die Theoretiker des Wiederaufbaus legten erst im Osten der noch ungeteilten Stadt, dann in den Westsektoren Pläne vor, die klassischen Bauten nur noch als Solitäre in einer Parklandschaft zu erhalten. Unterirdische und oberirdische Schnellstraßen sollten Verwaltungszentren, Geschäftszentren und Regierungszentren verbinden, von denen zum Glück nur Scharouns »Kulturzentrum« um seine Philharmonie verwirklicht worden ist. Die Überlebenden der Katastrophe suchten sich eine neue Heimat zu schaffen, die sich nicht mehr an der Historie und der überkommenen Stadt orientieren sollte, sondern an jenem Urstromtal der Spree, das nur an geologischen Karten, nicht aber an der gebauten Stadt ablesbar ist. Der Neandertaler wurde der Stadtbaumeister Berlins.

Es ist ein anderes Stadtzentrum, das im Schatten der Katastrophe entstand, als es jene Stadtmitte war, die im Bombenkrieg und in den Straßenkämpfen unterging, deren Restbestände aber erst in den Jahrzehnten danach im Osten wie im Westen abgeräumt wurden. Nicht nur das 8. US-Bomberkommando, die Royal Air Force und die Panzerarmeen Marschall Schukows zerstörten viele Städte Deutschlands, sondern die Gesellschaft der Nachkriegszeit wirkte daran kräftig mit.

In diesem Sinn läßt sich sagen, daß die zukunftsfrohe Utopie der fünfziger und sechziger Jahre, deren Ausdruck das Spinnennetz der Schnellverkehrsstraßen ist, die alle Großstädte Europas heute umgeben und zerschneiden, der eigentliche Totengräber der Urbanität gewesen ist. Das gilt für Frankfurt am Main wie Hannover, Schwedt und eben Berlin. Die Trümmerstätten Münchens und Hamburgs dagegen setzten alles daran, ihr altes Gesicht wiederzugewinnen. Das war keine Frage der politischen Haltung: Die Christlich-Soziale Union Bayern war im gleichen Maße an der Wiedergewinnung des alten Stadtgesichts interessiert wie die sozialdemokratische Stadtregierung Hamburgs. Es war der gutgemeinte Wille zum Fortschritt, das Pathos des vollständigen Neuanfangs, der das aus dem Feuer aufgetauchte Berlin so völlig in die Irre führte.

Und doch ist Berlin noch immer eine unvergleichliche Stadt. Das liegt aber mehr an seinen Kiefern und Birken und dem sandigen Weiß seines Bodens als an den Steinen seiner Häuser. Es gibt wenige Weltstädte, die in solchem Maße in die Landschaft hineingebaut sind und in sie unmerklich übergehen – von der Potsdamer Seenlandschaft über die Wasserarme des Spreewaldes, in denen wie in alter Zeit die Kähne gestakt werden, bis zu jenen Hügeln, die in Wahrheit Dünen sind und die bis in die Vororte Berlins hineinreichen. Nicht die Stadt selber, einzig der Boden Brandenburgs, der wirtschaftlich nicht viel hergibt und dessen eiszeitliche Landschaft von Schmelings Saarow-Pieskow über Brechts Buckow bis zu dem Caputh Einsteins seinen Reiz aus seiner Kargheit bezieht, kann es mit den anderen Metropolen Europas aufnehmen.

Von Roms alter Stadtmauer muß man Dutzende von Kilometern durch die einst fiebrige, jetzt zersiedelte Campagna gehen, bis die Abhänge der Albaner oder Sabiner Berge aus jener Ebene steigen, die Goethe, Keats, Schadow, Rauch, Thorwaldsen und Stendhal auf ihren Eseln durchritten. In England ist es nicht anders: Einzig die Flußlandschaft der Themse versöhnte den Reisenden des vorigen Jahrhunderts mit der Eintönigkeit der Umgebung der britischen Millionenstadt. Nur in der Ile de France brachte sich die Douceur des Lebens zur Geltung, die von der Schule von Fontainebleau bis zum Impressionismus Generationen von Malern an sich zog. London, Paris und Rom selber, so viel schöner als Berlin sie sind, leben von der Verneinung der Landschaft, aus der sie gewachsen sind.

Berlin aber ist auf seine Umgebung angewiesen, ziehe seine Kiefernschonungen und Birkenwälder von ihm ab, und es bleibt nur das gestaltlose Häusermeer zwischen Friedenau und Prenzlauer Berg, das sich einzig durch die soziale Schichtung seiner Bewohner, nicht aber durch den Geist seiner Häuser unterscheidet. Sie sind ja auch alle in denselben Jahrzehnten zwischen 1880 und 1920 von den »Terraingesellschaften« der Kaiserzeit aus dem Boden gestampft worden, die mehr als alle Architekten und Stadtplaner die eigentlichen Erbauer Berlins sind. Kein Marais hier und kein Trastevere, Kensington sucht man so vergebens wie Knightsbridge. Immer nur Steglitz, Teltow, Pankow und bestenfalls Frohnau.

Aber der Boden, auf dem das gewachsen ist, trägt auch das Belanglose, und wenn auch niemand Neuilly mit Charlottenburg vergleichen wird, so haben doch Giraudoux wie Isherwood und Thomas Wolfe das Leben an der Spree dem an der Seine vorgezogen. Kein Zweifel, ob man angenehmer im Faubourg Prousts oder im Grunewald von Rathenau lebte.

Hier und da ist die Landschaft der Mark auch in der Stadt selber erkennbar. Es gibt keine andere europäische Stadt, in der so viele Seen vom Halensee über den Schlachtensee bis zum Müggelsee den erdgeschichtlichen Ursprung ihres Bodens zu erkennen geben; in der Stadt selber sind es Dutzende, in der Mark, die überall in die Stadt hineinragt, Hunderte von Seen. Dieses Berlin reicht vom Wannsee im Westen bis zum Müggelsee im Osten und dem Kranz der innerstädtischen Seen, die von der Krummen Lanke über den Halensee bis zum Neuen See im Tiergarten reichen.

Berlins Maler von Blechen und Menzel bis zu Liebermann und Leistikow sind nicht müde geworden, den melancholischen Reiz der rotleuchtenden Föhrenstämme und das Weiß des märkischen Sandes zu malen. Berlin hat, bis auf die Zeit der biedermeierlichen Vedutenmalerei, jene Architekturbilder nicht hervorgebracht, an denen Rom oder Paris so reich ist. Aber nirgendwo sonst ist die Stadt als Landschaft in so unvergleichlicher Weise beschworen worden, und selbst der Bombenkrieg und die moderne Architektur konnten sie nicht wirklich beschädigen.

Heute, wo die sparsamen Schönheiten des klassischen Berlin fast ausgelöscht sind und selbst die graue Mietskasernenstadt der Jahrhundertwende kaum noch zu erkennen ist, lebt Berlin von dieser Landschaft, die mehr für sich einnimmt als jenes architektonische Großtun, mit dem die Stadt zur Zeit auf sich aufmerksam zu machen sucht. Die Architektur des Potsdamer Platzes und der Friedrichstraße wird diesem Berlin nicht viel hinzufügen, aber sie wird ihm auch nichts anhaben können.

Der wahre bauliche Anschlag der Gegenwart geht wieder einmal von dem aus, wessen sich die Stadt am meisten rühmt – dem Gebrauch, den Berlin von seiner geographischen Freiheit macht. Die Mauer ist gefallen, die Stadt ist nicht mehr auf sich selber angewiesen. Überall entstehen im Umland Siedlungen, die wieder nicht von Stadtplanern oder Architekten entworfen wurden, sondern von Investoren, deren Trachten vorzugsweise auf Kapitalrendite geht. Drei oder fünf Kilometer vor der Stadt entstehen Komplexe für Stadtflüchtlinge, die mit ihren neuen Siedlungen das zerstören, womit sie die Abschreibungsgesellschaften ins Freie lockten: die Unberührtheit der märkischen Landschaft.

Die Gemeinden zwischen Pankow und Teltow selber sind es, die mit Abschreibungsmöglichkeiten die »Besserverdienenden«

damit anlocken, daß der Steuersatz auf dem Lande geringer als in der Großstadt sei. Zugleich werden aber in der Stadt selbst die freien Flächen bebaut, die Domänenfelder im Süden oder die Stadtgüter im Osten. Auch die innerstädtischen Laubenkolonien will man für den Fiskus nutzen, indem man die einstigen Schrebergärten, die in den Bildern Hans Baluscheks, Otto Nagels und Gustav Wunderwalds bewahrt sind, für »Stadtvillen« freigibt. In Wahrheit sucht die Stadt auf diese Weise ihre Haushaltslöcher zu stopfen. Berlin geht ja ganz unverhohlen an das »Eingemachte«, das man ebenso unverhohlen im Stadtparlament das Tafelsilber genannt hat. Berlins Grund und Boden als Notgroschen.

Das gilt für Berlin wie für Potsdam, wo sich das besonders kraß zeigte, als die brandenburgische Hauptstadt eine Landzunge in der Havel, das berühmte Glienicker Horn, an eine Investorengruppe aus München gab, die es gewinnbringend mit dem bebaute und damit ruinierte, was man in verschleiernder Terminologie eben »Stadtvillen« nennt. Im Grunde sind das ganz einfache Wohnkomplexe mit Mehrraumwohnungen, die sich gut vermarkten lassen. Die berühmte Sichtverbindung Peter Lennés, die seit dem Anfang des neunzehnten Jahrhunderts das Berliner und das Potsdamer Ufer der Havel verband, hat zwar das Baufieber des Kaiserreiches und des Dritten Reiches und auch den Sozialismus überdauert. Aber nun, wo kein äußerer Zwang mehr besteht, wurden die Ufer der Havel, die stadteigenen Güter an den Stadträndern und die innerstädtischen Freiflächen Berlins aus puren Haushaltsgründen zur Vermarktung freigegeben. Aus sehr banalen Gründen macht man jene Landschaften zu Geld, die so lange der kostbarste Besitz der Zwillingsstädte an Spree und Havel waren.

Vielleicht ist der Immobilienruin, der sich am Horizont abzeichnet, die letzte Chance Berlins, sein Gesicht zu bewahren.

Unberühmte Architekturen

ZU DEN WORTEN, die vielen Autoren zugeschrieben werden, zählt der Satz, daß die Stadt selbst das größte Kunstwerk sei, das Paris hervorgebracht hat. Tatsächlich tritt kein einzelner Bau, nicht Notre Dame, kein Louvre, nicht einmal der Triumphbogen Napoleons in das Bewußtsein, wenn das Bild beschworen wird, das Paris in der Seele noch jeden Besuchers hinterlassen hat. Es sind die Quartiere des siebzehnten und achtzehnten Jahrhunderts, dann die Haussmannschen Boulevards aus den Jahrzehnten Napoleons III. und schließlich die Quais mit ihren Bouquinisten, die in der Vorstellung aufsteigen, wenn man die Romane Balzacs, Zolas oder Prousts liest. Die Stadt ist mehr als jede ihrer Architekturen, und das hält die Empfindung fest, die immer mehr versteht als das Wissen.

So verhält es sich mit allen großen Städten Europas, den ältesten und schönsten zuerst. Rom ist ein unvergleichliches Architekturmuseum, vom Pantheon Hadrians über Berninis Petersdom bis zu Nervis Stazione Termini. Aber Roms Bild in der Erinnerung wird geprägt von dem eher Beiläufigen, dem Oval der Piazza Navona oder dem Gassengewirr um die Piazza della Rotonda vor dem Pantheon; es sind wenige Häuser darunter, die das Gedächtnis zu beschreiben wüßte. Man kann zwar sagen, wer hier vor Jahrhunderten gewohnt hat, nicht aber, wie die Baumeister der Bürgerhäuser hießen, die jenes Borgo errichteten, das Mussolini abreißen ließ, um Platz für seine Triumphstraße vor dem Petersplatz zu gewinnen. Auf dem Corso, den Humboldt, Keats und Thorvaldsen so liebten und in dessen Seitenstraßen Goethe und Thomas Mann wohnten, findet sich nur eine Handvoll Häuser, die in die Architekturgeschichte eingegangen sind. Aber noch immer zählt der Corso zu den großen Straßen Roms, genau wie die Via Veneto der Jahrhundertwende, die das Dolce vita der fünfziger Jahre sah und die doch so banal ist wie alle Boulevards des späten neunzehnten Jahrhunderts, die Champs-Élysées oder der Kurfürstendamm.

Es sind jene Orte, die keinen Stern in den Reiseführern tragen, die die schwer bestimmbare Aura Roms ausmachen und die am meisten geliebt werden – der Campo de' Fiori, die Quartiere an den Abhängen des Pincio oder die unscheinbaren Piazzetten in Trastevere. Natürlich stehen in Rom auch die Häuser, die Friedrichs Potsdam beflügelten und dann das palladianische London, die berühmten Bauten von Bramante oder Borromini und natürlich vor allem Michelangelo. Aber das Unauffällige triumphiert immer wieder über das Genie der Einzelnen, und dies hatte wohl Fontane im Sinn, als er davon sprach, daß die schönen Städte Europas uns »wie ein reizendes Bild« berühren.

Nimmt überhaupt jemand wahr, daß Rom auch der Ort der italienischen Moderne ist, der des faschistischen Futurismus, der zuweilen ununterscheidbar vom Bauhaus ist? Oder der Bauten des italienischen Versuchs, das Antike mit dem Pathos des Imperialen zu verbinden in der unvollendeten Weltausstellungsstadt von 1940 zwischen Rom und dem Meer, etwa die Gebäude von Piacentini oder La Padulas, vor allem jener Palazzo della Civiltà Italiana – von den Römern Palazzo Chirico genannt? Gänzlich unauffindbar sind die Bannerträger der gegenwärtigen dritten Moderne von Rossi oder Grassi. Das bleibt eine Architektur für Architekten, von der die Bürger eher unwillig Notiz nehmen, wenn sie überhaupt wahrgenommen wird. Man muß sich ihre Bauten aus Architekturhandbüchern zurechtsuchen, um sie in Roms Häusermeer zu entdecken.

So ist es überall, in London wie auch in Moskau, das zwischen 1900 und 1930 ja eine Stadt des Aufbruchs auch auf dem Felde der Architektur war; auf dem Höhepunkt des Stalinschen Terrors zog es alle in diese Stadt der Weltrevolution, die im Neuen

Bauen eine Rolle spielten, Gropius wie Le Corbusier. Aber nicht dieses Moskau des Jugendstils oder der Moderne macht die Stadt an der Moskwa aus, sondern jenes alte Moskau, das Tolstois »Krieg und Frieden« aufgerichtet hat und das selbst die Industrialisierung und die Stalinsche Gewaltsamkeit halbwegs überstanden hat. Überall triumphiert der Geist des Ortes über die Aufgeregtheiten des Neuen, und das Unauffällige erweist sich als stärker als jene Bauten, die in den Baedekern eigene Abschnitte haben. Liebt man in London nicht besonders jene namenlosen Straßen in Kensington oder in Knightsbridge und besucht eher aus Pflichtbewußtsein die berühmte St. Paul's Cathedral von Christopher Wren, der London nach dem Großen Brand von 1666 wiederaufgebaut hat?

Besonders Wien hält solche Beispiele in Fülle bereit. Natürlich bestimmt der Stephansdom den 1. Bezirk, und die Palais des theresianischen Zeitalters geben ihm seinen österreichischen Charme. Aber es ist das Banale, das Wiens Stadtgesicht ausmacht, und es sind jene Straßen und Bauten, die in der Baugeschichte keine Rolle spielen, die die habsburgische Kaiserstadt zur Metropole am Tor zum Balkan gemacht haben. Sicher ist der Neoklassizismus des Parlamentsgebäudes hohl, so nachgeholt wie das Pathos des barockisierenden Burgtheaters; aber es sind, neben dem Halbrund von Gottfried Sempers Neuer Hofburg, diese Bauten Franz Josephs am Wiener Ring, in dem das Glanzverlangen der zu Ende gehenden Donaumonarchie noch einmal Ausdruck fand. Mit der Oper an der Kärntnerstraße gegenüber dem »Sacher« wird der Eklektizismus der k.u.k.-Welt fast schon bedeutend.

Was zählen daneben die Inkunabeln des Wiener Jugendstils, die Hochbauten der Stadtbahn von Otto Wagner oder das legendäre Secessionsgebäude von Joseph Maria Olbrich am Naschmarkt? Sie spielen in der Architekturgeschichte eine Rolle, nicht aber im Bewußtsein ihrer Einwohner und der Besucher. Man kann diese Erfahrung auf die Spitze treiben: Wenn die Sterne in den Architekturführern aufzuscheinen beginnen, steht es bedenklich um die Stadt. Allzuoft zerstört gerade das Epochemachende das Gleichmaß des Herkömmlichen, wie dort deutlich wird, wo neuer Kunstwille in alte Zusammenhänge einbricht.

Das gilt in Wien für die Weltanschauungsarchitektur von Adolf Loos im besonderen Maße, sein berühmtes Café nahe der Kärntnerstraße und jener herausfordernde Bau am Michaelerplatz, mit der er Fischer von Erlachs Flügel der Hofburg konfrontierte. Auch nach einem Jahrhundert haben sie sich nicht eingelebt, und Wiens Bürger begegnen ihnen noch heute so irritiert wie zu jener Zeit, da sie den achtzigjährigen Kaiser schockierten. In diesem Sinne gibt es überall zwei Städte, die der Wirklichkeit und die des Gedankens – das Häusermeer, in dem die Bürger wohnen, und das Herausgehobene, das in der Architekturgeschichte eine Rolle spielt.

Das wird an Berlin besonders deutlich, jenem »Steinernen Meer« Hegemanns, das in zwei ganz verschiedenen Formen lebt: der glanzvollen preußischen Residenz zwischen Schlüters Barock, Knobelsdorffs Rokoko, dem Griechentum von Langhans und Schinkels Klassizismus auf der einen – und der anonymen Mietskasernenstadt Zilles auf der anderen Seite. Hier zählt Berlin tatsächlich zu den großen Städten Europas, dort trifft man auf ein gesichtsloses Elend, das einem noch heute bei der Fahrt durch Moabit oder Friedrichshain fast schmerzhaft entgegentritt.

Natürlich stehen in diesem grauen Meer auch die großen Bauten der beginnenden Moderne, das Kaufhaus Wertheim von Alfred Messel, die Turbinenhalle von Peter Behrens in Moabit, das Kaufhaus von Bernhard Sehring in der Leipziger Straße, die Funkstation von Hermann Muthesius in Nauen und die großbürgerlichen Villen Mies van der Rohes am Stadtrand bei Neubabelsberg. Aber spielten sie in der Millionenstadt der Jahrhundertwende wirklich eine Rolle, nahm sie der Zeitgenosse wahr, wenn man nicht nach den Architekturführern urteilt, die ein Jahrhundert später geschrieben werden? Berlins Gesicht wird vom Gleichmaß des Alltäglichen und des Durchschnittlichen bestimmt – der Unbeholfenheit des Dekorationswillens von Kreuzberg aus der Bismarckzeit, der vegetativen Ornamentik des Kurfürstendamms und seiner Nebenstraßen aus der Epoche Wilhelms II. und den zwei Dutzend Vororten wie Grunewald, Lichterfelde, Lankwitz, Frohnau und Pankow, die unmittelbar vor dem Ersten Weltkrieg entstanden sind.

Das ist die Welt, die Berlins Gesicht noch heute prägt, jenes Berlin, in dem Fontane sein Leben unwillig zubrachte – wie in seinen Briefen immer wieder zum Ausdruck kommt –, das Benn, Brecht, Döblin, Käthe Kollwitz und Liebermann liebten und das Franz Mehring und der ältere Liebknecht verfluchten. Die Stadt muß sich nun einmal damit abfinden, daß sie keine der alten Städte Europas wie Palermo, Lissabon oder Edinburgh ist, um von den europäischen Metropolen zu schweigen. Berlin als Groß-stadt ist erst in der Zeit zwischen den herabsinkenden Stilen der Vergangenheit und den heraufkommenden Jahrzehnten der Mo-derne geboren, und sogar erst kurz vor dem Untergang wurde Berlin eine wirkliche Weltstadt. Daher kommt es, daß die heutige Stadt zu den häßlichsten Hauptstädten Europas gehört.

Dieses Zurückbleiben Berlins gegenüber den anderen großen Städten Europas ist gerade von skeptischen Berlinern immer ge-sehen worden, und zwar nicht nur im Vergleich zu Rom oder Paris. Fontane beobachtet die mangelnde Lebensart Berlins bei einem Gang durch die ärmeren Viertel Londons. »Ja, sehen Sie, London«, sagt er noch Jahrzehnte später in der Erinnerung zu einem Bekannten beim Gang über den Potsdamer Platz, »London, das ist was, und das ist auch was Großes. Und die Wirtin kam ge-rade heim, und da war ein Tisch für sie gedeckt, und da setzte sie sich hin und aß ihr Diner. Und wir sahen zu. Und das werde ich nie vergessen, wie zierlich diese doch nicht der besten Gesell-schaft angehörende Frau mit Messer und Gabel hantierte und ihren Anstand wahrte. Besser als die Prinzessinnen bei uns. Und das ist das Große: die Bildung des Volkes.« Das sagte Fontane, als Berlin gerade die Metropole des Kaiserreichs geworden war.

Eine Stadt ist die steingewordene Gesellschaft der in ihr Lebenden. Berlin war aber selbst in seinen besten Zeiten – vielleicht mit der einzigen Ausnahme des Zwischenspiels von Weimar – eine Groß-, sogar eine Weltstadt, aber eine Weltstadt ohne Weltstädter. Es ist diese Fontanesche »Dreisechsermentalität« alles Berlinischen, die auch heute schwerer zu überwinden sein wird als die fortdauernden Folgen seiner jahrzehntelangen Einschließung.

Wenn der Potsdamer Platz um 1920 neben Londons Tower Bridge und dem Rond Point tatsächlich, wie die Statistiken sagen, der belebteste Punkt Europas gewesen ist, so war er doch auch darin charakteristisch für die Millionenstadt, daß er städtebaulich eine Mißgeburt war und architektonisch eine Belanglosigkeit; nur von dem Leben existierte er, das dort einst stattfand. Nicht ein Gebäude von auch nur einiger Ansehnlichkeit stand am Potsdamer Platz, der von drei Hotels – dem Hotel Bellevue, dem Palast-Hotel und dem Hotel Fürstenhof – bestimmt wurde; und natürlich von dem Verkehrsturm, der ihn mehr markierte als jede Architektur. Als man dem kurz vor dem Untergang der Republik durch Mendelsohns Columbushaus abzuhelfen suchte, lief das auf eine Steigerung des Sammelsuriums hinaus, das nur durch einen vollständigen Abriß der Mißgeburten zu retten gewesen wäre; was Poelzig, Luckhardt und Mendelsohn vorhatten und Berlins Stadtbaumeister Wagner billigte.

Die zwei großen Plätze an der Seine und an der Spree – der Etoile und die Place de la Concorde in Paris und der Potsdamer Platz und das »Knie« der Charlottenburger Chaussee in Berlin –, der ganze Abstand zwischen der französischen Metropole und der deutschen Kaiserstadt tritt einem hier entgegen. Berlins Provinzialität wird auch darin deutlich, daß die Stadt kein gelassenes Verhältnis zu sich selbst hat und von dergleichen Feststellungen schockiert ist. Wo ist die Zeit, da Gottfried Benn den Satz schrieb: »Erkenne die Lage! Rechne mit deinen Beständen!«?

Berlin zahlt eben auch in seiner Architektur den Preis dafür, daß nicht nur Deutschland eine verspätete Nation war, sondern auch Berlin eine spät gewordene Reichshauptstadt. Erst 1871 wurde Berlin Zentrale des neugeborenen Kaiserreichs, und über diese brach dann die Industriewelt des späten neunzehnten und frühen zwanzigsten Jahrhunderts herein. Nur: dieses Parvenuehafte, dieses Gehabe des *nouveau riche*, dieses Voraussetzungslose und allem Offene, das allen schärfer Blickenden von Mark Twain bis zu Georg Brandes immer in die Augen fiel, machte die paradoxe Faszination seiner grauen Quartiere aus, die noch heute in den Arbeiterbezirken von Wedding oder Lichtenberg zu spüren ist.

Es war dieses Berlin, auf das die deutschen Dinge notwendig zuliefen; es kann nicht wundernehmen, daß in der Literatur Naturalismus und Expressionismus, in der Wissenschaft Mathematik und Physik in dieser Stadt ihren Durchbruch erlebten. In der Dynamik seiner Modernität war dieses »Metropolis« wichtiger als die so viel schöneren Städte des Westens und Südens; Maillol wie Giraudoux, Thomas Wolfe wie Isherwood, Pasternak wie Nabokov kamen, um dieses unansehnliche Berlin zu bestaunen. Erst langsam wird der Stadt bewußt, daß sie sich 1930 tatsächlich anschickte, die Hauptstadt des zwanzigsten Jahrhunderts zu werden. Da machte das Dritte Reich sich daran, Berlin als »Welthauptstadt Germania« zu ruinieren.

Das muß wissen, wer über jenes Berlin reden will, das eben jetzt entsteht. Die Stadt, die so lange im politischen, geistigen und geographischen Niemandsland lag, schickt sich an, noch einmal Hauptstadt der Deutschen zu werden. Intellektuell zweimal ramponiert durch einen großen Exodus – den zwischen 1933 und 1945 und den während der Dauer des sowjetischen Satellitenstaats –, will Berlin nun auch in der Architektur seine Provinzialität abschütteln. Die Stadt ergeht sich geradezu in einer Orgie von Wettbewerben, die das Beste herauszufinden suchen, was das Bauen der Gegenwart zu bieten hat.

Ist aber die Addition von lauter Bravourstücken der richtige Weg? In wenigen Jahren werden sie alle im alten Zentrum Berlins versammelt sein – der I. M. Pei des New Wing der National Gallery von Washington, der Foster der China-Bank von Singapur,

der Rogers von Lloyds in London, Isozaki aus Tokio, jener Philip
Johnson, der mit dem AT&T-Wolkenkratzer von New York das
Ende der Zigarrenkistenarchitektur einleitete, der Nouvel des
Institut du Monde Arabe von Paris, der Renzo Piano des Centre
Pompidou, der Richard Meier der schneeweißen Museumsarchi-
tekturen und der Bohigas der Olympiastadt Barcelona. Entsteht
aus solcher Versammlung von Zelebritäten wirklich das Berlin
des nächsten Jahrhunderts? Natürlich sind das alles bemerkenswerte Architekten, weit über jenem Durchschnittsmaß, das Berlin in der Nachkriegszeit beherrschte. Aber alles, was auf diese
Weise zur Zeit in Berlin entsteht, hat einen Zug von permanen-
ter Ausstellungsarchitektur.

Die Tradition der deutschen Moderne, an die man anknüpfen
will, wollte aber gerade nicht das Exzeptionelle, sondern das
Normale, nur zur Vorbildlichkeit gesteigert. Das Unsensatio-
nelle machte die Architektur jenes Jahrzehnts aus, das der ersten
Republik gegeben war. Noch heute geht man staunend durch die
Restbestände dieses Bauens – die Weiße Stadt Härings, die Siemensstadt von Scharoun, die Hufeisensiedlung von Martin Wagner und das Onkel Tom von Taut, neben denen noch die Siedlungen der späten Kaiserzeit stehen. Im nachhinein schließt sich ja
überraschenderweise das Bauen zwischen 1900 und 1935 zu einer
einzigen Epoche zusammen. Die revolutionären Durchbrüche er-
folgen sogar fast alle vor der Zeitenwende des Weltkrieges – die
Quantentheorie, die Relativitätstheorie, die Tiefenpsychologie,
die atonale Musik, die ungegenständliche Kunst und eben auch
das Neue Bauen.

Die Entdeckung der Modernität des späten Wilhelminismus
steht noch bevor; die Kaiser-Wilhelm-Gesellschaft trug ihren
Namen zu Recht. Es war richtig, daß der Herrscher unter dem
Adlerhelm, der aus einer Provinzinszenierung Richard Wagners
herausgestiegen zu sein schien, einer ganzen Epoche, eben dem
»Wilhelminismus«, den Namen gegeben hat. Allzu lange hat die
menschliche Trostlosigkeit des letzten Hohenzollern den Blick
auf die intellektuelle Produktivität der Epoche vor der Revolu-

tion verstellt, die ja nur scheinbar das Tor in die Modernität aufstieß.

Niemand wird sagen wollen, daß die zweite Hälfte des Jahrhunderts gehalten hat, was ihr Auftakt versprach. Das gilt im besonderen Maße für das Bauen von Berlin, wo zwei Greisenwerke – Mies van der Rohes Neue Nationalgalerie und Scharouns Philharmonie – als Ertrag ein wenig dürftig für die Anstrengung eines halben Jahrhunderts sind. Oder will man die Bauten der beiden Universitäten, die Museumsbauten in Dahlem, die Opernhäuser und Theatergebäude der westlichen Stadthälfte ins Feld führen? Oder die Nachkriegs-Ausstellungshallen am Funkturm? Das Internationale Congress Centrum, für das die Gläserne Galerie des Messegeländes von Ermisch aus dem Jahre 1935 abgerissen werden mußte, wohl weil sie durch ihre Entstehungszeit belastet war, wird als Werk der Baukunst von den Handbüchern nicht einmal erwähnt. Der Siedlungsbau der Nachkriegszeit wird nach dreißig Jahren auch von seinen Advokaten nicht mehr ins Feld geführt, nicht die einst gefeierte Ernst-Reuter-Siedlung oder Scharouns Charlottenburg-Nord und all die anderen Versuche, die Prinzipien der Charta von Athen zu vollstrecken; schon gar nicht die spektakulären Großsiedlungen der sechziger Jahre, mit denen die Stadt von dem Kleineleuteglück der Weimarer Zeit Abschied nehmen wollte.

Es fällt schwer, auch nur eine Handvoll Bauten zu nennen, die sich dem einfügen, was Groß-Berlins besonderes Gesicht ausmachte. Allerdings: jede Epoche des Bauens war damals mit einem großen Städteplaner verknüpft, mit Schinkel oder mit Ludwig Hoffmann oder mit Martin Wagner. Wessen Name hat sich aus dieser zweiten Gründerzeit der Erinnerung eingeprägt? Wer von den vielen Bausenatoren und Senatsbaudirektoren ist überhaupt noch im Gedächtnis? Das Personal ist so grau wie das Bauen. Berlin hat schlecht mit seinem Pfund gewuchert.

Darauf aber wird es ankommen, nicht auf das Ergebnis der mehr als fünfzig Wettbewerbe, zu denen man die Koryphäen aus aller Welt zusammengerufen hat. Wieder einmal wird das Gesicht der Millionenstadt von jenem namenlosen Bauen geprägt werden, das jenseits der Orte stattfindet, auf die das Licht der Öffentlichkeit fällt – den Stadträumen zwischen Spandau und dem Prenzlauer Berg, zwischen Reinickendorf, dem Alexanderplatz und Lichtenberg. Paris erhält sein Gesicht von den großen Boulevards und London das seine von jenen Squares, die als Werke der Kunst belanglos sind und die doch den Charakter des Häusermeers ausmachen, das auf vergleichbare Weise aus der Aneinanderreihung von einzelnen Boroughs zusammenwucherte.

Fährt man durch die wiedergewonnenen Viertel des Ostens, so begegnet man überall einzelnen Quartieren, in denen sich das Großstädtische Berlins erhalten hat, vom Scheunenviertel bis zum Kollwitzplatz. Das sind die Arbeiterviertel, in denen die Armenärzte Karl Kollwitz und Alfred Döblin ihre Praxis hatten und wo der junge Arnold Zweig wohnte. Der Potsdamer Platz und die Friedrichstraße, wo jetzt geradezu eine Olympiade der Avantgardisten stattfindet, sind natürlich wichtige Orte, und nur eine Verklärung der Vergangenheit, die das gründerzeitliche Gesicht der Leipziger Straße und der beiden Plätze, in die sie mündete, des Leipziger und des Potsdamer Platzes, nicht in Erinnerung hat, kann einen Zweifel haben, daß das nun Entstehende weit über dem Niveau von einst liegen wird. Aber das Schicksal der Millionenstadt – von der vorläufig noch ungewiß ist, ob sie jemals wirklich eine mitteleuropäische Metropole werden wird – entscheidet sich in jenem Häusermeer, das immer mehr war als jene »Prachtquartiere«, von denen die Stadtführer der Kaiserzeit sprachen. Nur Ahnungslosigkeit kann ja meinen, daß Berlin als Kunstwerk Schritt halten könnte mit den Städten an der Seine und am Tiber.

Hier und da deutet sich aber ganz unspektakulär an, daß die Tradition der unverwechselbar berlinischen Architektur fortgesetzt wird – ein wenig beachteter Wohnhausblock des frühen Paul Kleihues am Vinetaplatz in Wedding, Mietshäuser von Hans Kollhoff beim Luisenplatz am Charlottenburger Schloß oder an der Stadtautobahn nahe dem Hohenzollerndamm und vielleicht ein Dutzend weiterer über das ganze Stadtgebiet verteilter Bauten. In solchen Architekturen, die das Outrierte vermeiden und das Simple zur Vorbildlichkeit bringen, wird jene Berliner Bautradition fortgeführt, bei der das Raffinement immer aus dem kam, was kein Aufhebens von sich machte.

Von dergleichem Maßhalten könnte eine nicht importierte Erneuerung des Berliner – oder vielleicht sollte man sagen: des preußischen – Stils kommen. Am Ende triumphiert immer das Einfache über das Weithergeholte.

Geist und Kommerz

DAS THEMA, zu dem zu sprechen ich aufgefordert bin, lautet »Geist und Kommerz«. Damit ist zweierlei auf den ersten Blick deutlich – daß es sich um ein Spannungsverhältnis handelt, ein Gegensatzpaar, fast so herausfordernd wie »Politik und Moral«. Und: daß nur die Kulturindustrie gemeint sein kann.

Das Wort »Kulturindustrie« wird hier nicht nur im modisch-verspielten Sinn gebraucht. Der Buchhandel ist Industrie, war es, schon seinem Umsatz nach, stets, lange vor dem, was man die Massenkultur der Gegenwart nennt. Nur eine Zahl dazu: Im Deutschen Reich betrug 1937 der Verkaufswert der Damenober-bekleidung 608 Millionen Reichsmark, der des Buchhandels – und zwar ohne die Zeitschriften – 680 Millionen Reichsmark.

Aber bei keiner anderen Industrie kommt die Frage nach dem Verhältnis zum »Geist« auch nur auf; von Eisschränken verlangt man, daß sie kühlen, von Autos, daß sie wenig Treibstoff ver-brauchen und möglichst auch abgasfrei sind. Weder das Produkt noch seine Fabrikation unterliegt der Kategorie der Geisthaftig-keit. Das Schauspielhaus dagegen soll Besucherzahl und Niveau gleicherweise steigern; blickt man auf das Intendantenkarussell der letzten Jahrzehnte, so hat es stets zumindest an einem, zu-weilen an beidem gemangelt; der Spielplan wurde schlechter und der Zuschauerraum leerer.

Mit diesem potentiell stets gegebenen Konflikt hat es die Kul-turindustrie zu tun und also auch das Verlagsgeschäft: das mit Büchern und das mit Zeitungen oder Zeitschriften. Ich möchte nicht mißverstanden werden, und deshalb will ich gleich zu An-fang deutlich machen, daß ich nicht von dem Gegensatz Elite und

Massenkultur rede. Der Konflikt, den ich im Auge habe, stellt sich auf jeder Ebene. Ich sage ausdrücklich nicht: auf jedem Niveau, denn das ist etwas anderes. Dieser Konflikt gilt für »Bild« wie für die »Frankfurter Allgemeine Zeitung« oder, um ein Beispiel aus dem Bereich zu geben, in dem ich anderthalb Jahrzehnte lang gearbeitet habe: Er präsentiert sich mit gleicher Schärfe im Propyläen Verlag wie im Ullstein Verlag.

Das Niveau

ES KANN ALSO NICHT DIE REDE davon sein, daß sich dieser Konflikt besänftigen oder gar beilegen ließe durch eine Anhebung der intellektuellen Qualität; die Massenkultur des zwanzigsten Jahrhunderts will auf vielen Ebenen bedient sein. Und die Verachtung von Massenblättern und Massenbüchern ist bloße Kindsköpferei; ganz abgesehen davon, daß sie aus einer amüsanten Verkehrung der Fronten hervorgeht.

Was vorzugsweise linke intellektuelle Kreise angesichts von »Bild« und »Lesering« immer wieder hochmütig die Springer- oder die Bertelsmann-Kultur genannt haben, ist genau das, was die demokratischen und sozialen Bewegungen zweier Jahrhunderte herstellen wollten. Die Ausweitung der Schulbildung hat aber zu einer Ausdehnung, nicht zu einer Anhebung der Lesekultur geführt, und sie wird nie etwas anderes erreichen. Kurz: Diese Art von Kritik an der Massenkultur ist nicht, wie sie vorgibt, eine fortschrittliche, sondern eine reaktionäre Position.

Ich sage das, um deutlich zu machen, daß die Schwierigkeiten des Verhältnisses von Geist und Kommerz in der Hinsicht des Niveaus unaufhebbar sind. Es wird immer eine Mehrheiten- und eine Minderheitenliteratur geben, wie es eine E- und eine U-Musik gibt. Und es ist gar nicht einmal ausgemacht, was für das Bewußtsein einer Nation wichtiger ist. Vor dreißig Jahren haben Magazine Adenauer bis zum Überdruß vorgehalten, daß er zum Einschlafen Kriminalromane läse, als ob es darauf ankäme, was die Kanzler lesen, und nicht darauf, was für eine Politik sie machen.

Die Kritik an einem so perfekt gemachten Blatt wie der »Bild«-Zeitung, die sich neben Londoner oder New Yorker Boulevardblättern wie dem »Daily Mirror« wie eine deutsche »Times« ausnimmt, ist so ahnungslos wie die am »Stern« oder »Spiegel«, solange die ihren eigenen Gesetzen gehorchen. Das Debakel dieses Hauses, dem ich seit mehreren Monaten angehöre – ich denke dabei an die »Stern«-Affäre im Hamburger Verlagshaus Gruner + Jahr, das ja mehrheitlich zur Bertelsmann AG gehört –, hat gänzlich andere Ursachen als die des intellektuellen Niveaus, und mit ihnen möchte ich mich beschäftigen.

Jeder Umgang mit dem Wort – also auch mit der Herstellung von Büchern, Zeitschriften und Zeitungen – setzt ein Ethos voraus, und das kann, aber muß nicht, inhaltlich-politisch bestimmt sein. Der Konzern, für den Herr Knaus ein paar Jahre, ich anschließend fast zwei Jahrzehnte die Buchverlage geleitet habe, hat solche inhaltlich definierten Prinzipien festgelegt – von der Verpflichtung auf die Freie Marktwirtschaft bis zum Festhalten an der deutschen Einheit –, Grundregeln von solcher vernünftigen Allgemeinheit, daß sie lange Zeit fast inhaltsleer wirkten.

Das Ethos eines Verlagshauses muß aber durchaus nicht inhaltlicher Natur sein; es ist sogar schwer zu sehen, wie Zeitschriften über die Kultur der Küche, der Kapitalanlage und der Wohnungseinrichtung sich mit Buch-Verlagen, die so verschiedene Dinge hervorbringen wie Kriminalbücher, Musiker-Memoiren, Texte der modernen Literatur und Kanzlerbriefe, auf gemeinsame Werte festlegen lassen, die mehr als Verhaltensweisen, ethische Normen im Auge haben.

Ich würde es für vernünftig halten, wenn sich unser Haus auf solche Regeln, die seinen Aufstieg begründeten, wieder verständigte, ohne daß man es schriftlich fixierte. Denn es liegt auf der Hand, daß deren Verletzung eine Erschütterung des Selbstverständnisses und Selbstbewußtseins zur Folge gehabt hat. Das

Haus kann auch mit sich konsolidierender Auflage und steigendem Anzeigen-Aufkommen allein nicht den Stand der Unschuld zurückgewinnen.

Das Ethos

AUCH IM LEBEN von Verlagsunternehmen gibt es ein Vorher und ein Nachher, und der alte Satz, daß nach gewissen Ereignissen nichts so zu sein pflegt wie zuvor, läßt sich auch auf das Haus Bertelsmann anwenden. Die Augen der Öffentlichkeit werden in anderem Maße als bisher auf uns gerichtet bleiben.

Wie einige von Ihnen vielleicht wissen, war ich zehn Jahre lang Journalist, bevor ich vor aufs Jahr genau zwei Jahrzehnten Verleger von Büchern wurde.

Aus dieser Zeit entsinne ich mich der zwei Grundsätze, die uns die alten Journalisten der zwanziger Jahre zu vererben suchten – beim Machen der Blätter immer im Auge zu behalten, ob ein Vorgang, eine Nachricht, eine Schlagzeile, ein Kommentar über den Augenblickserfolg hinaus den moralischen Interessen der Zeitung und des Landes diene.

Als Außenstehender und noch dazu als neu Hinzugekommener ist es sehr heikel, über fremde Arbeit zu urteilen. Aber niemand mit halbwegs klarem Kopf wird sich des Eindrucks erwehren können, daß gegen dieses journalistische Ethos verstoßen worden ist. Und zwar in beiderlei Hinsicht – der der betroffenen Blätter und der unseres Landes.

Daß die journalistische Sorgfaltspflicht verletzt worden ist, läßt sich mit Händen greifen. Dergleichen beschädigt aber nicht nur das Prestige einer Zeitung, sondern auch deren Glaubwürdigkeit und damit die Substanz des Vertrauens, von dem sie nicht nur im Marktsinne, sondern auch im Hinblick des politischen Kredits zehrt.

Die »Bild«-Zeitung hat lange gebraucht, sich von der erfundenen Geschichte des Vampirs und ähnlichen Mißgeschicken zu erholen. Und die schwarze Journalistin, die für ihre Reportage über ein drogensüchtiges Kind den Pulitzerpreis bekommen hat, mußte nach der Entdeckung der Fälschung nicht nur ihren Preis zurückgeben, sondern wurde sofort entlassen. Die »Washington Post« nahm einige Umbesetzungen vor, um auch nur die Denkbarkeit einer Wiederholung auszuschließen. Ich füge diese Beispiele an, weil mitunter der Eindruck aufgekommen ist, als sei die »Stern«-Affäre ein Jahrhundertskandal. Man soll ernste Dinge ernst nehmen, aber auch nicht die Proportionen aus dem Blick verlieren.

Aber nach dieser calmierenden Bemerkung möchte ich auf jenes andere Prinzip zu reden kommen, dessen Mißachtung mich in fast noch höherem Maße irritiert – die vollkommene Außerachtlassung der Wirkung der geplanten Veröffentlichung nach innen und nach außen. Ich habe selber die Erinnerungen und dann die Zuchthaus-Tagebücher Albert Speers und die Hitler-Biographie Joachim Fests herausgebracht, und so teile ich durchaus nicht den moralischen Rigorismus, Dokumente des Dritten Reiches wären sozusagen unberührbare Dinge, um die Verlagshäuser einen Bogen machen müssen. Aber es kommt mir so vor, als hätten hier Wünschbarkeiten des ökonomischen Markthandelns andere Erwägungen gar nicht erst aufkommen lassen. Gesetzt den – für jeden mit der Materie halbwegs Vertrauten undenkbaren – Fall der Echtheit der Tagebücher – wäre es aus dem Ethos des Hauses Bertelsmann heraus wirklich denkbar gewesen, die größte, bedeutendste und politisch einflußreichste Zeitschrift des Landes über Monate und vielleicht Jahre hinweg mit dem Stoff des Verderbers der deutschen und europäischen Geschichte zu füllen?

Wichtiger noch, wenn einem das eigene Land etwas bedeutet: Hat man mit der Ernsthaftigkeit und Gewissenhaftigkeit, die dergleichen verlangt, vorher geprüft und beraten, ob das Ansehen des Landes im Ausland daran Schaden nehmen könne, daß die verdorbenste Perspektive über die schuldhaft-tragischen Vorgänge, die mit Deutschlands Namen verbunden sind, der eigenen

Nation und der Welt millionenfach vorgesetzt wird? Und gibt es neben den professionell vorzüglichen Führungsapparaturen von Deutschlands wichtigstem Medienkonzern eine Instanz, in der dergleichen vorher beratschlagt wird – unter Berücksichtigung wirtschaftlicher, politischer, moralischer und notfalls auch historischer Gesichtspunkte? Wenn das nicht der Fall ist, muß die internationale Reaktion vom »Corriere della Sera« über »Le Monde« bis zur »Washington Post« und der skandinavischen »Politiken« ein Schock für die Verantwortlichen gewesen sein – und zwar nicht nur, wenn sie an das eigene Haus, sondern gerade wenn sie an das eigene Land dachten.

Ich bin nicht gebeten worden, über die »Stern«-Affäre zu reden. Aber es ist die »Stern«-Affäre gewesen, die das Nachdenken in Gang gebracht hat und den Prozeß der Selbstvergewisserung, mit dem es wohl zusammenhängt, daß ich gebeten worden bin, mir meinen und Ihren Kopf zu zerbrechen, um herauszufinden, wo die Verantwortlichkeit eines Verlagshauses beginnt und wo sie endet, kurz: was es mit dem Verhältnis von »Geist und Kommerz« auf sich hat.

Ich tue dies als von draußen Gekommener, und dies mag als Anmaßung wirken. Aber die Minderung der Detailkenntnis, die damit verbunden ist, gibt mit der größeren Distanz auch größere Freiheit im Urteil. Vor allem gibt sie ein wenig mehr Gelassenheit angesichts der Welle von oft ziemlich scheinheiliger Empörung in Artikeln und auch in Büchern, die zum Nachweis der mangelnden Recherche seitens der »Stern«-Redaktion selbst so wenig recherchiert hatten, daß sie nur Platitüden und Denunziationen zutage förderten.

Die Würde der Profession

WENN MAN FAST ZWEI JAHRZEHNTE die Verlage Propyläen und Ullstein im Hause Springer geleitet und dabei erlebt hat, daß Hunderte von Studenten während der Messe vor dem eigenen

Stand in Sprechchören riefen: »Ullstein raus aus diesem Haus«, bringt man eine gewisse Distanziertheit auf, die aber nicht Gleichgültigkeit werden darf, wenn man seine Sache nicht nur als Beruf und Brotarbeit betreibt.

Dies ist, scheint mir, der Punkt, auf den alles hinausläuft. Die Kulturindustrie unterscheidet sich von der anderen Warenindustrie dadurch, daß es der einzelne ist, der jeden Tag für sich die Entscheidungen fällt, deren Auswirkungen das Gesamtunternehmen treffen. Eine schlecht recherchierte Nachricht, eine Falschmeldung, eine zweifelhafte Quelle, ein falsch argumentierender Kommentar, und das Blatt selber, der ganze Verlagsbereich und schließlich der Konzern werden in Mitleidenschaft gezogen oder, schlimmstenfalls, in Mißkredit gebracht. Manches an diesen Einzelentscheidungen kann der Ressortchef überprüfen, einiges kann der Chefredakteur verifizieren, fast nichts kann die Unternehmensleitung, bevor die Misere da ist, kontrollieren.

Das ist, um auf das Beispiel von vorhin zurückzukommen, bei Bosch oder Opel anders, weil dort die Entscheidungsstränge hierarchisch verlaufen. Ob man auf den Rotationsmotor setzt oder Milliarden-Beträge in eine Turbinenentwicklung investiert, ist letzten Endes Sache des Vorstandes. Das ist der Unterschied: ein einzelner Redakteur, nicht aber ein einzelner Techniker kann sein Unternehmen in die Krise stürzen.

In einem Verlagsunternehmen aber sind die Dinge nicht nach dem Prinzip des Dirigierens, sondern nach dem des Delegierens organisiert. Das macht die Verantwortung, aber auch, um ein großes Wort zu gebrauchen, die Würde dieser Profession aus. Manche Dinge kann man von oben entscheiden, manche nicht, und dann hat ein Lektor das Renommee eines ganzen Verlages, fast eines Konzerns, in der Hand.

Ich möchte das an einigen Beispielen veranschaulichen, die ich notgedrungen aus der eigenen Erfahrung hole. Sie werfen teils ein positives, teils ein negatives Licht auf mich selber. Vor sechs oder sieben Jahren gab ich im Propyläen Verlag die einbändige »Geschichte der Deutschen« von Hellmut Diwald heraus, die mit mehr als 100 000 verkauften Exemplaren auch noch ein ziemlich spektakulärer Erfolg für ein Geschichtsbuch wurde.

Zu meinem Bereich gehörte damals, nimmt man den Gebr. Mann Verlag, den Verlag für Kunstwissenschaft, den Taschenbuchverlag hinzu, ein halbes Dutzend Verlage mit etwa 200 Neuerscheinungen im Jahr. So war es völlig undenkbar, alle Manuskripte vor der Drucklegung selber zu lesen. Und obwohl ich gerade im Diwald ein paar hundert Seiten durchgearbeitet hatte, waren mir von den mehr als 1000 Schreibmaschinen-Seiten die paar Seiten entgangen, in denen er schrieb, noch nie in der Weltgeschichte sei ein Volk so entrechtet gewesen wie Deutschland im Mai 1945 – was nach dem an Polen und Juden Geschehenen ein ziemlich starkes Stück war.

Es gab einen zwar nicht internationalen, aber nationalen Skandal – aber der zuständige Lektor hatte beim Satzreifmachen gar nichts gemerkt; er war durchaus kein Nationalist, geschweige denn ein Nazi. Aber er hatte die Brisanz überhaupt nicht empfunden. Nicht nur mein eigenes Prestige war beschädigt, das Ansehen des Propyläen Verlages war erschüttert. Alle Kontrollapparaturen, die man einbauen mag, können das Risiko mindern. Nie werden sie solche Debakel mit letzter Sicherheit ausschließen.

Das andere Beispiel. Auf der vorjährigen Messe bot mir ein amerikanischer Verleger, Roger Straus, ein langjähriger Freund in New York, ein Buch an, von dem er gerade 100 000 Exemplare verkauft hatte: »Pills that don't work«, eine ziemlich oberflächlich gemachte Untersuchung über die schädliche Nebenwirkung der wichtigsten Arzneimittel. Ich nahm den Band mit nach Berlin und ließ ihn von einigen befreundeten Fachärzten lesen. Sie gaben ein einigermaßen vernichtendes Urteil ab. Das Buch werde alles Vertrauen in Ärzte, ihre Rezepturen, die Apotheken und die Arzneimittel-Industrie verletzen; daß ein solches Buch erfolgreich sein würde, bezweifelte niemand.

Ich habe dann, melancholisch an meine Bilanz denkend, auf das Buch, dessen deutsche Rechte ganze 500 Dollar kosten sollten, schließlich verzichtet. Ich bin ihm auf dieser Messe in einer deutschen Ausgabe wiederbegegnet, bei inzwischen 250 000 verkauften Exemplaren und trotz einer Fülle von einstweiligen Verfügungen und Klageschriften – einem monatlichen Absatz von 40 000 Exemplaren.

Ich glaube dennoch, daß meine Entscheidung richtig war, obwohl dieser Band einen Verlag, der gerade zwei Jahre alt ist, mit einem Schlag in die Gewinnzone katapultiert hätte.

Aber es gibt Dinge, die man nicht tun kann, wenn man an den Sinn und die Aufgabe seines Tuns glaubt. Und man kann nicht Bücher über Moral und Geschichte verlegen – oder zum Thema »Geist und Kommerz« sprechen –, wenn man gleichzeitig sehenden Auges jenes Vertrauen in die Medizin zerstört, das zur Grundlage der modernen Wissenschaft gehört.

Die Verantwortung

ALLES NACHDENKEN über dieses Thema läuft darauf hinaus, daß bei einem Unternehmen dieser Art und dieser Größe die Leute an der Spitze nicht mehr Verleger im klassischen Sinne sein können, sondern Unternehmer sind – mit den traditionellen Aufgaben von Unternehmern: die Führungsstrukturen zu ordnen, die Apparate und Instanzen zu schaffen, mit denen und durch die sie handlungsfähig werden, und die Schlüsselpositionen mit urteilsfähigen, verantwortungssicheren und entscheidungsbereiten Köpfen zu besetzen.

Die verlegerische Verantwortung, von der im Falle der »Stern«-Affäre so viel gesprochen worden ist, liegt nur hier, und nicht in der Detailentscheidung. Sie können nicht nur nicht, sie dürfen nicht in Entscheidungen eingreifen, für die andere Zuständigkeit haben, Verantwortung tragen und Urteilsfähigkeit besitzen.

Gestatten Sie mir, eine Episode aus dem militärischen Bereich zum Veranschaulichen und Abrunden dessen, was ich sagen will, zu schildern. Es geht um Führung, Führungsspitzen – in Großstrukturen.

Dem letzten Chef der Heeresleitung, der dann aus Protest gegen Hitler seinen Abschied nahm, General Kurt von Hammerstein, der »rote General«, der mit der Reichswehr putschen wollte, um Hitlers Machtergreifung zu verhindern, warf sein vertrauter Mitarbeiter, Generaloberst Beck, einmal freundschaftlich vor, daß er häufiger auf dem Golfplatz als im Bendlerblock sei. Hammerstein gab eine berühmt gewordene Antwort über die Auswahl von Führungskräften:

– Dumme und fleißige Leute sind gefährlich und sollten sofort entlassen werden;
– faule und dumme Leute schaden in untergeordneten Stellen nichts;
– fleißige und kluge Leute aber taugen für mittlere, niemals dagegen für höchste Stellen;
– in höchste Stellen gehören nur kluge und zugleich faule Leute.

DAS IST NATÜRLICH bis zum Absurden pointiert, aber Überspitzungen sollen ja einen richtigen Gedanken radikal anschaulich machen. Was Hammerstein meint, ist die Erfahrung, daß die ersten Leute Zeit zum Nachdenken haben sollen, auch damit sie die Gesamtinteressen über Augenblickserfolge stellen.

Ich glaube, diese Grundsätze sind genau die Prinzipien, die die großen Journalisten der zwanziger Jahre aufgestellt haben und die wir eigentlich alle schon in der Schule mit Storms Gedicht auswendig gelernt haben:

»Der Eine fragt, was kommt danach.
Der Andere, ist es recht.
Und also unterscheidet sich
der Freie von dem Knecht.

DER ERFOLG HAT NICHT IMMER RECHT, und man muß in entscheidenden Momenten auch auf ihn verzichten können, wenn es die größeren Interessen verlangen.

Vor solchem Abwägen steht, wenn ich es richtig sehe, jeder von uns. Und das ist es, was die Kulturgeschichte viel verletzlicher und kritikempfindlicher macht als die Konsumgüter-Produktion.

Die Verlagsindustrie hat einen Einfluß, der dem Niveau der sie Machenden oft gar nicht angemessen ist; es irritiert einen ja oft, wenn man die Lehrmeister des Staates und die Moralhüter der Nation bei Lichte betrachtet. Wo das moralische Pathos der Massenpresse aber so groß und der Einfluß auf das öffentliche Bewußtsein so entscheidend ist, muß das eigene Tun unaufhörlich überprüft werden, und zwar unter Kategorien, die nicht nur die Effektivität, sondern auch die Legitimation der eigenen Arbeit meinen.

Die moralischen Fragen, um deren immer neue Abwägung es geht, stellen sich in einem großen Verlagshaus in beiden Bereichen, dem der Bücher wie dem der Zeitschriften – hier springen sie, der direkten politischen Wirkung wegen, nur mehr in die Augen als dort, wo man, um beim Beispiel zu bleiben, überlegen muß, ob man ein erfolgssicheres Pillen-Buch herausgeben soll, das geeignet ist, einer ohnehin schon durch Hunderte von Broschüren und Serien über Operationsfehler und Diagnoseirrtümer verunsicherten Öffentlichkeit das Vertrauen in die Medizin zu nehmen.

Welchen Gebrauch soll und darf die Presse von Korruption machen, um Korruption aufzudecken? Das ist das Problem der illegitimen Informationen, die auf dem Markte an den Meistbietenden versteigert und dann hinterher als journalistisches Bravourstück präsentiert werden. Das Material über die »Neue Heimat« ist durch ein halbes Dutzend Redaktionen gegangen und steigerte sich von den anfänglichen 50 000 Mark, die man von der seriösen überregionalen Presse erlesen wollte (die es zurückwies), auf ein paar hunderttausend Mark, die jene Wochenpresse bezahlte, die damit eine Meisterleistung des Recherchierens zu vollbringen schien.

Hat hier der Zweck – die Aufdeckung der Korruption im

größten gewerkschaftseigenen Wirtschaftsunternehmen – Mittel gerechtfertigt, die individuell gesehen genau so verwerflich sind – die planmäßige und zielbewußte jahrelange Herstellung von Dossiers unter Bruch allen persönlichen Vertauens und jeder dienstlichen Loyalität – und noch dazu mit eigenen Bereicherungsabsichten, die nur das Spiegelbild jener Bereicherung waren, die man bloßstellte?

Es gibt journalistische Verhaltensweisen, deren politisches Ergebnis höchst wünschenswert ist und die dennoch auf eine Korrumpierung des öffentlichen Lebens hinauslaufen, indem sie unter moralischer Signalflagge die ethischen Grundsätze aller Zusammenarbeit in Behörden oder Unternehmen beschädigen.

Es gibt den Fall der scheinbar durchsickernden Informationen über Parteispenden-Affären, hinter denen in Wirklichkeit zugespieltes Material steht. Wann ist der Punkt gekommen, wo die Gesinnung der Informanten erkennbar unter der jener Personen steht, über die informiert wird?

Damit stellt sich sofort die nächste Frage: Wie lange dürfen Vorgänge über Jahre hinweg in der Massenpresse detailliert und mit dem faksimilierten Abdruck von Aktenstücken erörtert werden, und zwar in Fällen, in denen noch nicht einmal Anklage erhoben ist? In den meisten Rechtsstaaten wäre eine Anklage-Erhebung auf Grund der publizistischen Vorverurteilung gar nicht mehr möglich; in Großbritannien hätte der Prozeß gegen Frau Bachmeier überhaupt nicht mehr stattfinden können, da die Presse sie über Monate hinweg freigesprochen hatte.

Wer je über die Publizierung von Nachrichten zu entscheiden hatte, in Buchform oder in Zeitungsform, weiß, wie schwer die Interessen abzuwägen sind – der permanente Konflikt zwischen dem Recht, ja der Pflicht zur Information und der Notwendigkeit, die moralische Substanz des Gemeinwesens zu wahren, die Unverletzlichkeit der Privatsphäre oder die Integrität von Institutionen, mitunter auch des Staates.

Die Liebesaffären Profumos oder Brandts konnten diskutiert

werden, weil durch die Involvierung sowjetischer und ostdeutscher Agenten die Interessen des Staates berührt waren. Ist das aber legitim – um nur eines von Dutzenden von Beispielen zu geben – im Fall von Parkinson? Dort lag nicht mehr vor als eine jener Bettaffären mit Sekretärinnen, wie sie bei jenen Journalisten gang und gäbe sind, die darüber moralisch entrüstet berichten – und damit nicht nur einen exzellenten Mann vernichten, sondern einem Kabinett den besten Kopf nehmen? Die »Times« hat das lange erwogen. Ist es bei uns undenkbar, daß die Publikations-Instrumente eine solche Frage ebenfalls zumindest hin- und herwenden, bevor sie sich ihrem durchaus verständlichen und berechtigten Schlagzeilen-Journalismus hingeben?

Ich habe das Thema »Geist und Kommerz« ins Praktische zu wenden versucht, weil ich mir nicht viel davon versprach, die Philosophie zu Hilfe zu rufen, um prinzipielle Antinomien zu behandeln. Aber ich wurde auch nicht gebeten, Verhaltensmaßregeln für die Tagesarbeit aufzustellen. Und so möchte ich doch ein paar Bemerkungen anschließen, die unserem Hause als Ganzem gelten.

Missionare

DAS UNTERNEHMEN hat es in der Vergangenheit fertiggebracht, über die Jahrzehnte stetig zu wachsen, schließlich das größte Medienunternehmen Europas zu werden und dennoch im Windschatten der öffentlichen Aufmerksamkeit zu bleiben, weil es erstens aus sich selber heraus wuchs und davon absah, die traditionsreichsten Häuser der deutschen Verlagsgeschichte sich einzuverleiben, was in jedem, auch dem besten Falle beim Betrachter Empfindungen des Verlustes, der Verarmung provoziert. Zum zweiten hat es sich von jedem politischen Journalismus ferngehalten, einem missionarischen Gesinnungsjournalismus, der im Besitz des Wissens und der Wahrheit zu sein vermeint.

Bertelsmann war ganz einfach höchst effektiv geführt und

staunenswert professionell gemacht. Man kann nicht sagen, daß die Intellektuellen das Haus liebten, wie sie das im neunzehnten Jahrhundert mit Cotta und im frühen zwanzigsten Jahrhundert mit Samuel Fischer getan haben. Aber es wurde respektiert, und seine Entwicklung war auch für das Ausland ein Teil des deutschen Wunders wie auf anderem Felde Grundlage.

Die Lehre, die der Vorgang »Stern« für uns bereithält, ist die Reaktion der Öffentlichkeit auf die »Stern«-Affäre, die gereizte Aggressivität, die da zum Vorschein kam und die offensichtlich mehr meinte als den Fall selber. Sie könnte damit zu tun haben, daß man von einem Haus dieser Größe mehr erwartet als wirtschaftliche Macht: nämlich geistige Kraft. Wenn dem so wäre, stünde das Haus vor einer neuen Etappe seines Weges.

Das Resümee aller dieser Überlegungen läuft auf eine Erkenntnis hinaus. Auch und gerade für Medienkonzerne gilt, daß bis zu einem gewissen Zeitpunkt es wichtig ist, daß man groß wird. Von einem gewissen Augenblick an aber muß man sich fragen, wozu man groß geworden ist.

Ist diese Frage je gestellt worden? Ich gehöre dem Haus zu kurze Zeit an, um darauf eine Antwort zu haben. Die Frage stellt sich gleichsam von selbst; sie muß sich einem Haus stellen, das eine Größe erreicht hat – und diese Größe wird auf den verschiedensten Gebieten wachsen –, wo seine Produktion notwendigerweise nicht ohne (wenn auch begrenzten) Einfluß auf das öffentliche Bewußtsein ist.

Eine der großen Figuren der deutschen Verlagsgeschichte, neben Cotta, dem Verleger Goethes und Schillers, der vielleicht einflußreichste Verleger der deutschen Geistes-Geschichte, nämlich Friedrich Nicolai, der Freund Lessings und Moses Mendelssohns, der Inspirator der Aufklärung, hat einmal über das Geschäft, das uns alle vereint, eine bekenntnishafte Bemerkung gemacht. Der Satz hat das ganze deklamatorische und pädagogische Pathos des Zeitalters des Rationalismus:

»Verleger sind nicht nur Hersteller und Versender von Druckerzeugnissen. Sie sind Missionare ohne Religion, Prediger ohne Kanzel. Sie sind bewegt vom Glauben an die Erziehbarkeit des Menschengeschlechts. Und sie müssen daran festhalten, daß Glück ohne Wissen nicht möglich ist.«

Dieser Glaube ist dem zwanzigsten Jahrhundert gründlich abhanden gekommen. Wir lächeln sogar über soviel Zutrauen in die Vernunft. Und dennoch sollten wir uns wieder und wieder fragen, ob in dieser Äußerung, wieviel man davon dem so vernünftigen Kinderglauben der Aufklärung zurechnen mag, nicht ein unverzichtbarer Kern von Wahrheit steckt, der unser nüchternes und manchmal enervierendes Geschäft rechtfertigt.

Die Stadt kehrt sich selber den Rücken

MERKWÜRDIGERWEISE HAT MAN noch nicht beachtet, daß Europas heraufziehende Zivilisationsfeindschaft zeitlich mit dem Triumph des Bauernmöbels zusammenfällt. Als die friesische Anrichte im Bürgersalon die Empire-Konsole ersetzt, wird auch in der politischen Welt der Haß auf die Stadt eine Macht. Der halbindustriell gefertigte Worpsweder Bauernstuhl und der in Heimarbeit bemalte Tiroler Dielenschrank halten gleichzeitig mit den Parolen der Völkischen in die Wohnungen der Kulturmüdigkeit Einzug.

Dabei fällt auf, daß um die Jahrhundertwende der Stadt von allen Seiten her der Kampf angesagt wird: Von rechts drängt der Bauernroman gegen die Stadtliteratur, von links Vorformen der Gartenstadt gegen das Häusermeer. Die Grunewalder Bankiersvilla im englischen Landhausstil ersetzt das Tiergartenhaus, das ein Schinkelsches Stadtpalais sein wollte: Man wird rustikal, in der Politik wie im Meublement.

Es ist ziemlich gleich, ob der Industrielle in der Halle einen Bauern-Kamin hat oder der Turnlehrer im Garten die Sonnenwendflamme; beides signalisiert ein gewandeltes Verhältnis zum Städtischen. Das Vokabular der Großstadtbevölkerung erweitert sich in Richtung auf Flachland und Alpen: Tornister, Wandervogel, Gamaschen, Kochgeschirr, Stecken, Lagerfeuer sind die Wörter, in denen sich die Stadtmüdigkeit artikuliert. So zieht das Jahrhundert herauf, das mit Kanonaden und Motorisierungen das Gesicht der städtischen Zivilisation bis in die Tiefe zerstören wird, wobei es in diesem Betracht belanglos ist, ob am Ende Ruinenfelder oder Schnellstraßensysteme stehen.

In den letzten Jahren des vorigen Jahrhunderts wird der Klimawechsel greifbar, wo immer der Blick hinfällt. Der Vorplatz am Haus wurde eben noch durch eine Veranda ummauert und also eingegrenzt und abgesichert; dieser Veranda entsprach am abgelegeneren Ende des Gartens das steinerne Teehäuschen, in dem die Teilhabe an der Natur verstädtert wurde. Zehn Jahre später ist an die Stelle der verglasten Veranda die offene Terrasse getreten, und für den Teepavillon kommt der Liegestuhlplatz auf offener Rasenfläche auf.

Es versteht sich, daß solche Detailbeobachtungen nur dann von Relevanz sind, wenn der erkannte Vorgang als Symptom verstanden wird. Das soll auch für die Feststellung hinsichtlich des Urlaubsideals gelten, das zwischen 1890 und 1910 aufschlußreichen Wandlungen unterworfen ist: Die strohgedeckte Fischerkate in Prerow wird plötzlich der Traum von Schichten, die eben noch in Gastein oder Nizza mit Hotelpalästen unbekannte Fischerorte in Ersatz-Großstädte verwandelten. Die widerstädtische Mentalität prägt sich überall aus.

Das ist um so seltsamer, als zu den ältesten Ruhmestiteln des Menschen gehört, daß er ein Stadtgründer ist. Voller Rührung betrachten wir, über Münzsammlungen gebeugt, jene dringlichen Versicherungen, daß der münzprägende Herrscher ein »Gründer von Städten« gewesen ist: Dies also war gleich wichtig wie die Veranstaltung einer Feldschlacht.

Tatsächlich ist die Preisung der Stadt von Perikles bis Ovid Gegenstand antiker Rhetorik. Ihr Schicksal, ihre Zerstörung und ihre Gründung gibt auch den Horizont für die größten Epen der Alten Welt ab: des homerischen Liedes auf die Brandschatzung Trojas und des vergilischen Gesanges auf die Geburt Roms. Von der Gründung der Stadt, *ab urbe condita*, wird die Zeit gerechnet.

Das Feiern der Stadt verzeichnet als Grund des Beifalls, daß sie voll von Menschen und unübersehbar ist; der Redner hält fest, daß sie vom Stimmengewirr zahlloser Sprachen erfüllt ist und daß die Menge der Bewohner Freunde unerkannt aneinander vorbeigehen läßt. Das ist beim Großstädter Martial so wie beim

Kleinstädter Raabe, der in den »Akten des Vogelsang« einige Szenen im kaiserlichen Berlin spielen läßt und überwältigt und fasziniert die undurchdringliche Fülle des städtischen Treibens schildert.

Solche Szenen, in denen sich die handelnde Romanfigur durch die Menge schiebt, um mit ihr steckenzubleiben, von ihr fortgerissen und weggespült zu werden und an die andere Straßenseite anzubranden, erfüllen die großstädtische Literatur aller Zeiten und Länder. Was das deutsche Feld anlangt, so muß man die zweitrangige, also die an der Oberfläche interessierte Literatur vom Schlage Herzogs oder Kretzers lesen, um zu erfahren, was einmal Stadt war. Heliodor schildert Ähnliches aus der antiken Welt, Charles Louis Philippe liefert die Berichte aus dem Paris der Jahrhundertwende. In London, in New York ist es nicht anders.

Es ist natürlich gerade diese Unordnung, die den Sog der Großstadt ausmacht: Megalopolis wird nicht trotz, sondern wegen der sie erfüllenden Masse geliebt. Daß man vom Potsdamer Platz nach Schließung der Kaufhäuser mehr als eine Stunde zum Bülow-Bogen braucht, nimmt Rudolf Herzogs »Graf von Gleichen« für die Hauptstadt des wilhelminischen Reiches ein. Ordnung gibt es in Rathenow.

Diese Massenhaftigkeit ist gleicherweise ein Produkt der Bodenspekulation wie der urbanen Empfindungswelt: Noch wo kein Zwang ist, wird nämlich die Menge gesucht. Die Speiserestaurants des Jahrhundertendes bieten Hunderten von Menschen Platz, und die Gartenlokale, die mit Kiesflächen und Glasdächern Stadt in der Natur herstellen, bedienen Tausende. In einem einzigen Wannsee-Lokal spielten am Wochenende drei Militärkapellen gleichzeitig, das Musikkorps der Garde war auf einem Floß im Wasser postiert. Der Kremser ist das Gefährt, das zu bevölkerten Plätzen bringt. Die Stadt will selbst nach Feierabend Stadt sein.

Die Verfeinerung durch die Stadt, also die Urbanisierung, setzt all das voraus. Geschmackliche Sensibilität, intellektuelles

Raffinement, emotionale Differenziertheit – die städtische Zivilisation Europas hat mit Unordnung, Lasterhaftigkeit, Undurchschaubarkeit, Anrüchigkeit zu tun. Als Stadt funktioniert die Stadt nur, wenn sie nicht mehr funktioniert.

Damit ist eine der Vokabeln aufgegriffen, die zum Arsenal der Stadterneuerer der Gegenwart gehören: Die Stadt soll wieder funktionsfähig gemacht werden. Der Begriff des Funktionierens von Straßen, Plätzen oder Stadtarealen meint die Reibungslosigkeit, wie denn sonderbarerweise das Vokabular der Stadtdiskussion überhaupt voll von Wörtern ist, die aus der Wasserwirtschaft kommen: Der Verkehrsfluß darf nicht gestaut werden, seine Regulierung muß ihn flüssig halten, weshalb denn der fließende Strom des flutenden Verkehrs in die richtige Richtung geschleust wird. Das Wasser als das unaufhörlich und unumkehrbar in immer dieselbe Richtung Strömende ist das Ideal der Stadtplanung. Dies ist ein Ideal, das wider den Geist der Stadt ist, die aus dem Stau, aus der Reibung, aus der Stockung, aus dem Hin und Her lebt: Stoßendes Gedränge macht auf lebendige Städte aufmerksam, und nur jener Boulevard lädt zum Flanieren ein, der menschenerfüllt ist. Die Wirtschaftswelt, die sich auf solche Erscheinungen versteht, rechnet mit weiter abnehmenden Besucherzahlen bei halbleeren Verkaufsräumen. Die Geschäftseröffnung findet daher in berstenden Räumlichkeiten statt, weshalb denn an solchen Tagen mit Gratisvergnügungen Menge herbeigelockt wird. Die Kalkulation besteht zu Recht, halbleere Vergnügungsstätten betritt man nicht.

Die Weltstadt als die größte Vergnügungsstätte, die die Geschichte hervorgebracht hat, folgt denselben Gesetzen, und so kann es denn nur Theoretiker wundernehmen, daß heute einzig jene Städte geliebt werden, in denen der Verkehr mehrmals am Tage zusammenbricht: Rom, Paris und London. Eine Tangente zur Via Veneto, und Roms Herz schlägt nicht mehr; eine Entlastungsstraße für die Champs-Élysées, und Paris verliert sein Gesicht.

Die planerische Anstrengung muß also der Schaffung von

Fülle in gleichem Maße gelten wie ihrer Beseitigung; ihr Rang gibt sich darin zu erkennen, daß sie zu scheiden weiß, wo Dichte und wo Leere zu herrschen haben. Churchill, als er den Parlamentssaal mit zu wenig Sitzen neu errichten ließ, gab einen Fingerzeig, wie es Städteplaner überall da mit Straßen und Plätzen zu halten haben, wo sie im Herzen der Metropole aufs Weltstädtische zielen.

Es ist keine Rede, daß der Kurfürstendamm seiner Funktion nicht mehr gewachsen ist: Nie waren um 1900 Friedrichstraße und Linden so menschenleer wie der Kurfürstendamm um 1960. Man hat nur langsam vergessen, was Menge in einer Metropole ist; die Verkehrszahlen der London Bridge von 1900 und die des Rond Point von 1910 stecken Lichter auf, was an Massenhaftigkeit die Belle Époque zu bieten hatte.

Es versteht sich jedoch von selbst, daß die Städte der Welt nicht an den Baubehörden sterben, wenn auch Entballungsmaßnahmen in Stadtzentren Sünden wider den Geist der städtischen Zivilisation Europas sind. Die Ladenzeile mit dahintergestelltem Hochhaus verwandelt den Boulevard in eine Provinzstraße, weil gedrängte Baumassen von burgenhaftem Zuschnitt zum Abschluß der Flanierstraße gebraucht werden. Nur sind die Irrtümer des Planers die Wahrheiten des Zeitgeistes.

Dies ist der Geist der Stadtzerstörung und der Stadtflucht. Damit ist etwas anderes gemeint als die Verdammnis der Stadt, die immer neben ihrem Lobe steht. Die Verlockung durch die Stadt hat stets deren Verfluchung als Gegenseite, was schon mit dem biblischen Mißtrauen gegen Ninive beginnt, »solcher großen Stadt, darin dreißigtausend Menschen leben, und wissen nicht Unterschied, was links ist und was rechts«. Die Stadt ist der schreckenerregende Moloch, der unersättlich Menschen, Völker und Kulturen verschlingt.

Der Nicht-Städter, dessen Verhältnis zur Stadt von moralischen Überlegenheitsgefühlen und intellektuellen Minderwertigkeitsempfindungen geprägt wird, verwendet seit Jahrtausenden dieselben Wendungen, wenn er die Verruchtheit der großen

Hure Babylon beschreibt. Mit den Namen von Städten – Sodom, Venedig, Paris – verbindet er Ausschweifungen und Krankheiten, und ihr Untergang durch Brandschatzung, Seuche oder Erdbeben wird als die Frucht des Lasters gedeutet.

Obwohl die Gestalt des in der Einöde auftauchenden Versuchers Rückschlüsse auf die moralische Unergiebigkeit der Einsamkeit nahelegt, gehört die Wendung »... und er floh die Stadt ...« zu den ältesten literarischen Formeln, mit denen sich von Buddha bis hin zu Mohammed der Heilige oder Prophet der Gläubigkeit empfiehlt. Nicht nur Awesta, Testament und Koran sind Gegenwürfe der Wüste gegen Gomorrha; auch Restauration und Reaktion sind vom Augusteischen Zeitalter über die Französische Revolution bis zur Gegenwart Produkte des flachen Landes; noch darin gehören die Vendée und Dithmarschen zusammen. Dies unterscheidet, beiläufig gesagt, das Reaktionäre vom Konservativismus, der natürlich von Gentz bis zu Stahl ein Erzeugnis urbaner Weltläufigkeit ist.

Eifernde Stadtfeindschaft also hat es immer gegeben. Was am Heutigen auffällt, ist der Überdruß der Stadt an sich selbst. Sie will Land sein selbst auf bebautem Gelände: Also durchgrünt sie sich. Sie zweifelt am Recht auf Masse und Schwere: Daher entballt sie sich. Sie mißtraut der Verführung des stockenden Verharrens: Darum entlastet sie sich. Sie will vergessen machen, daß sie Stadt ist.

Längst hat sie aufgehört, es zu sein. Bis hin zu Bismarck wurden die Imperien Europas von Plätzen und Straßen aus regiert. Heute verlassen zur selben Stunde Limousinen Moskau und Washington und bringen die Beherrscher zweier Weltreiche auf ihre Landhäuser: Die Geschicke des zwanzigsten Jahrhunderts werden von Datschen aus gelenkt.

Das alles fängt mit Ranzen, Lutherstuhl, Edelweiß, Bauerngeschirr, Johannisfeuer um die Jahrhundertwende an; die Begleitmusik geben Adolf Bartels, Tessenow und Daimler: Eine Zivilisation kehrt sich selber den Rücken. Es sind die Jahre, in denen Siemens, Borsig, Haniel die Stadt verlassen und als Vorreiter der

Siedlungsbewegung ihre Häuser ins Grüne bauen; die Politik, wenn sie es kann, hält mit: Rathenau kauft sich Schloß Freienwalde. Als das industrielle Zeitalter auf seinen Höhepunkt gekommen ist, sind die Städte entleert: Die politische, technische und wissenschaftliche Führungsschicht verläßt nach Einbruch der Dunkelheit die städtische Welt.

Kein mittelalterlicher Flecken war um Mitternacht so menschenleer wie Dallas und Wolfsburg. Rathausplätze wurden zur Versammlung der Bevölkerung gebaut; Schnellstraßen sollen das Entkommen ermöglichen. Es kann nicht wundernehmen, daß Städte heute vor allem gepriesen werden, weil man sie so schnell verlassen kann: Stuttgart empfiehlt sich durch die Nähe Straßburgs, Zürichs und Salzburgs; an Frankfurt wird gelobt, daß Amsterdam, Brüssel und Paris schnell erreichbar sind. Die Stadt macht darauf aufmerksam, daß man nicht in ihr leben muß. Am Ende stehen der Bombenkrater und der Schnellstraßentunnel.

Alles drängt in dieselbe Richtung: Hans Friedrich Blunck und Arbeiter-Siedlungs-Verein, Rustikal-Barock und *suburban movement*, Dirndl-Kleid und Volkswagen. Fünfzig Jahre hat das Jahrhundert gebraucht, dann sind Belle Époque und Fin de siècle vergessen: Um vierundzwanzig Uhr ist es ganz gleich, ob man zwischen den Hochhäusern von Houston oder den Ruinen von Berlin steht. Auf zweierlei Wegen hat der Geist des Zeitalters der Masse sein Ziel erreicht: die Leere.

Welt ohne Schatten

ZU DEN WINKEN, mit denen die Zeit uns zu verstehen gibt, daß eine Epoche an ihr Ende gekommen ist, gehören nicht nur gedankliche Entwürfe oder kriegerische Vorkommnisse, der Contrat social oder die Kanonade von Valmy. Geschichtliche Wenden geben sich auch im Alltäglichen und Bagatellhaften zu erkennen, und zumeist gehen atmosphärische Wandlungen den politischen Verschiebungen voraus. In diesem Sinne ist der Triumph des englischen Parks über die abgezirkelte Geometrie des französischen Gartens ein Signal erster Ordnung. Was sich in der unter Goethes Mithilfe vollzogenen Anlage des Ettersburger Parkes anmeldete, war nicht eine neue Mode oder ein bloßer Stil. Der arrangierte Einbruch der Natur in die domestizierte Gartenwelt des achtzehnten Jahrhunderts kündigte nämlich einen Sieg des Ungeordneten auch auf anderen Feldern an. Die Gartenbücher, in denen die Pflanzung bizarrer Bäume und exzentrischer Gehölze gelehrt wurde, machten eine Vorliebe für das Pittoreske deutlich, der im Bereich der Poesie die Hochschätzung der starken Naturen und der wilden Individualität entsprach. Bevor er in der Literatur die Gesetze auf den Kopf stellte, hatte der Sturm und Drang längst die Gärten und Parks in eine kunstvolle Wildnis verwandelt. Noch einmal zehn Jahre, und Marie Antoinette zog es zu Weiher und Anger; die Mühle von Hameau ersetzte Grand und Petit Trianon. Dann war die Revolution da. Dies meint der Satz: Ist die Vorstellung erst revolutioniert, hält die Wirklichkeit nicht stand.

Auch in unserer Epoche gingen den großen Umwälzungen die kleinen Veränderungen voraus, und der schärfer Sehende hat schon früh am Beiläufigen abgelesen, daß sich nicht Einzelnes, sondern das Klima zu wandeln anschickte; man liest die Tagebücher und Korrespondenzen nur immer post festum. Ein Hinweis auf Veränderungen tiefgreifender Art ist zum Beispiel die unbemerkte Revolution gewesen, die Anfang des Jahrhunderts dem Fenster jene Grundgestalt genommen hat, die bis dahin über alle Stile und Kulturen hinweg durchgehalten worden war. Als an die Stelle des hochformatigen Rechtecks zum ersten Mal in der Geschichte des Bauens quadratische oder waagerechte Fensterbänder traten, kündigte sich nicht eine technische Neuerung, sondern ein neues Verhältnis zur Außenwelt an. Wie zumeist dienten auch hier die Argumente der Architekten nur zur nachträglichen Rechtfertigung des im Vorweggewollten. In diesem Falle gab man in dem Moment vor, durch übergroße und die Nutzung einschränkende Fensterstreifen die Natur in den ummauerten Raum zu holen, als sich draußen nur noch Fabrikanlagen und Häusermeere zur Betrachtung anboten. Die Beobachtung solcher Signale, an denen es nicht gemangelt hat, machte Köpfe wie Paul Léautaud oder Ernst Jünger, die sich nicht an der Oberfläche der Ideologien aufhielten, frühzeitig darauf aufmerksam, daß ein Wechsel nicht im Konstruktiven oder Formalen, sondern in tieferliegenden Schichten der Epoche vor sich ging.

Dem Einblick, den die Fensterwand in das Leben der Bewohner gewährt, entspricht nämlich die Zudringlichkeit, mit der sich die Öffentlichkeit auch auf anderen Gebieten des Privaten bemächtigt. Es ist kein Zufall, daß das Aufkommen einer Psychologie, die das mühselig Verborgene ans Licht heben will, zeitlich mit dem Entstehen einer Architektur zusammenfällt, die vom gläsernen Haus träumt. Nicht nur die Wohnwelt wird publik gemacht, die gestern noch gegen das Draußen abgeschirmt wurde; auch die Seele wird veröffentlicht, und erst verspätet nahm man zur Kenntnis, daß mit dem Verlust der Diskretion auch im Selbstumgang die Häufigkeit der seelischen Leiden wuchs.

In der Tat waren Freud und Gropius so radikale Neuerer wie Marx, was denn das Bürgertum, wo seine Instinkte intakt waren, sogleich empfunden hat. Tatsächlich war um 1900 die Couch des

Analytikers so anstößig wie die Ballonmütze des Demagogen, und die soziale Sprengkraft der Psychologie ist früh gesehen worden. Wo alles zusammentraf wie bei Ludwig Wittgenstein, der heikle Gedanken in revolutionären Räumen denkt, bricht selbst die Familie irritiert den Kontakt ab.

Fünf Jahrzehnte noch, und die Stadtlandschaft Europas ist unkenntlich gemacht. Aus solcher Perspektive aber wird deutlich, daß es nicht den Bombenkrieg brauchte, das Gesicht der Häuser wie der Städte zu zerstören: die Architektur ging dem 8. Bomberkommando voraus, und wo dieses nicht hinkam, half das schlechte Gewissen eines verspäteten Modernismus nach. Die Melancholie angesichts einer in den Feuern des Krieges untergegangenen städtischen Zivilisation aber verkennt, was Ursache und was Wirkung ist: der Geist der Zeit bedarf nicht der Kanonaden, um sich zur Geltung zu bringen. Die Philosophie des Neuen Bauens von den kilometerlangen Schlangenbauten Corbusiers bis zu den Wohntürmen Frank Lloyd Wrights machte lange vor den Ereignissen deutlich, daß eine überlieferte Stadt-Kultur an ihr Ende gekommen war, und der Krieg war nur der Vollstreckungsbeamte der Geschichte.

In solchen Zusammenhang gehört auch der Rückzug des breitkronigen Baumes aus unseren Gärten und seine Ersetzung durch kleinwüchsige Importe aus Ostasien und allerlei Krauchendes. Es ist nämlich noch kaum gesehen worden, in welchem Maße die private Gartenwelt den öffentlichen Parkanlagen angeglichen wurde und daß die Sonnenöl-Kultur sich hier wie dort zur Geltung gebracht hat. Darin verbirgt sich mehr als die Abneigung einer Freizeitwelt gegen die mit dem laubabwerfenden Gehölz verbundenen Mißhelligkeiten.

Der Baum, der sich ironisch als das eigentlich bürgerliche Gewächs apostrophieren ließe, dessen Zeit mit der Französischen Revolution anhebt und mit der Russischen endigt, ist nicht der Arbeits-, sondern der Stimmungswelt gewichen, und diese Stimmung ist dem Schatten feindlich und dem abgetönten, lichtdurchlässigen Dunkel; die Zwischentöne sind ihm fremd und das meerige Grün des Aquariums, das zur Samtportiere gehört und zum dämmrigen Halbschatten der Gründervilla, in deren Garten man den Kaffee in einer umrankten und also abgeschatteten Laube einnahm statt auf sonnenbeschienener Terrasse. Dem Grün jener Veranden und Wintergärten entspricht das mächtig in die Kunst einbrechende Grün des Impressionismus: Die Palette der Malerei wird zum ersten Male in der Geschichte der Kunst von Grün in allen seinen Zwischentönen beherrscht, vom Blaugrün Trübners bis zum lichtglitzernden und zuweilen im satten Strich ausruhenden Grün Hagemeisters, vom breitflächigen Grün Manets bis zum nervösen Renoirs.

Wie oft in der Kunstgeschichte entsprechen die Valeurs der Malerei denen der gesellschaftlichen Etikette und also auch jenen der Literatur, in der diese Sozietät des Fin de siècle aufbewahrt ist. Dem abgeschatteten Grün der baumbestandenen Gärten und dem zwischentonreichen Grün der Liebermannschen Wannsee-Bilder entsprechen die vielsagenden Verschwiegenheiten der spätbürgerlichen Konversation und das Halbgesagte, Unausgesprochene und Angedeutete in der Erzählkunst vom alten Fontane oder vom jungen Thomas Mann, die Ranke des Jugendstils und die – zum heiligen Hain gehörende – Flöte Stefan Georges. Das Halbblaute, Verschwimmende und Vieldeutige ist auch aus der Literatur gewichen und hat einer Kunst des harten Konturs, der Direktheit, des Ausgesprochenen und des Unmißverständlichen Platz gemacht. Dem Egalisierungsprozeß, der die Siedlungskomplexe von Bergarbeitern optisch den Flachhausquartieren von Filmschauspielern angeglichen hat, steht ein geistiger Plebejisierungsprozeß zur Seite, der dem Dunkel, der Verschwiegenheit und der Nuance den Kampf angesagt hat.

Als die revolutionären Grundrißlehren der zwanziger Jahre die Zweckmäßigkeit zum Prinzip des Bauens erhoben, wurde auch der Geborgenheit und dem privaten Rückzugsraum der Kampf angesagt, die sich im Hause in Erkern, Winkeln, Korridoren und Nischen, im Garten oder öffentlichen Park aber in Lauben, Hecken, Pavillons oder Rondells zur Geltung brachten. Atmosphärische Wandlungen dieser Art werden fast immer auch vom Visuellen her greifbar. Im vorliegenden Falle würde die Vogelperspektive bereits signalisieren, daß im Klima des Gesellschaftlichen Wandlungen vorgegangen sind: Neben das gaslichterhellte Grün der alten Stadtviertel tritt die gleißende Helle der neuen, baumlosen Gründungen. Die fortschreitende Helligkeitszunahme ist eines der Signa der letzten fünfzig Jahre und die Peitschenlampe ihr Symbol. Die Elektrizität, die viel Gefährliches in sich begreift und nicht nur Schläge austeilt, sondern auch als Hinrichtungsmethode dient, ist eines der wichtigsten Charakteristika des zwanzigsten Jahrhunderts, weshalb denn Lenins Wort, daß Sowjetmacht Sozialismus plus Elektrifizierung sei, zu den großen Worten der Zeit gehört.

Es ist anzufügen, daß die Vogelsicht früher auch andere Aufschlüsse gewährte. Es bestanden nämlich unübersehbare Beziehungen zwischen ökonomischen und botanischen Kategorien, was so zu verstehen ist, daß mit der Höhe des Einkommens auch die des Baumbestandes wuchs. Im Flug über die großstädtischen Vororte wird heute noch, schon am Wechsel von Stachelbeer- und Johannisbeerbüschen über Pflaumen- und Birnbäumen zu Linden und Weiden die soziale Topographie der überflogenen Landschaft erkennbar, so daß denn das geübte Auge auch aus fünfhundert Meter Höhe das alte Grunewald oder Othmarschen zu rekognoszieren vermag. Erst heutigen Tages entsprechen die Quartiere der Ärzte und Rechtsanwälte in Bonn-Rodenkirchen oder München-Bogenhausen den Wohnvierteln der Angestellten in Stuttgart-Kaltenthal. Ob Abteilungsleiter oder Vorstandsmitglied: es ist die gleiche Rasenfläche, die durch die gleichen Azaleen aufgelockert wird, denen dann die gleichen Miniaturkoniferen und Zwergbirken zugeordnet sind.

Nicht nur das Verschwinden der schattigen Kühle des sommerlichen Gartens also beklagen wir, wenn wir vom mächtig ausladenden Park- oder Gartenbaum Abschied nehmen. Unsere Trauer gilt dem, wovon er ein Zeichen war und also, wenn wir es recht bedenken, dem immer schnelleren Zurücksinken des Gestern. Bevor es ganz hinter dem Horizont verschwunden ist, rufen wir uns sein grünendes Zeichen, den Baum, noch einmal in Erinnerung und gedenken dabei dessen, wofür er stand.

Es ist ein bedeutender Zug der utopischen Literatur, daß sie die Pflanzenwelt aus ihren Reihen verbannt oder doch nur in rudimentärer Gestalt auftreten läßt. Franz Werfels Blick für Zusammenhänge dieser Art gibt sich auch in der Erfindung eines gelbbraunen Einheits-Grases zu erkennen, mit dem er die Landschaft seines Zukunftsromans »Stern der Ungeborenen« anstelle von Bäumen und Büschen überzieht.

Der Baum dagegen ist – wie vieles Vegetative – konservativen, rückbindenden, religiösen Geschmacks. Selber Sinnbild der Beständigkeit, tendiert er zur Bewahrung des Überlieferten und zur Macht, weshalb denn ironische Zusammenhänge zwischen Förstern, Thron und Altar bestehen; die Figur eines anarchistischen Forstmeisters ist undenkbar. Der Baum hat einen nationalen Anstrich und taucht nicht nur in Volks-, sondern auch immer wieder in Soldatenliedern auf: Nach gewonnenen Kriegen pflanzte man zum Zeichen des Sieges »Kaisereichen«.

Das Wort bereits macht auf den altmodischen, harmlosen Charakter dieses Nationalismus aufmerksam, der jener des neunzehnten, nicht der des zwanzigsten Jahrhunderts ist. Es gibt Bismarck-Buchen und Wilhelms-Eichen, aber in den Arenen und auf den Aufmarschplätzen der modernen Diktatoren kennt man den Baum nicht. Der Rote Platz, Mussolinis Forum, Hitlers Maifeld sind baum- und also schattenlose Anlagen: sei es, daß der Baum den Glanz der Paraden beeinträchtigt, sei es, daß er den Anblick und damit die Kontrolle von großen Menschenansammlungen erschwert. Um Schußfeld zu gewinnen, fällt man stets Bäume.

Das Fällen des Baumes ist überhaupt ein Vorgang rebellischen, revolutionären oder triumphalen Charakters; man gibt damit zu erkennen, daß sich die Macht- oder doch die Besitzverhältnisse gewandelt haben. Politische Erschütterungen und Zusammenbrüche von Reichen sind daher zumeist von Baumfreveln begleitet; ein Hintergrund dieser Art gibt Bismarcks Trauer angesichts der von Caprivi gefällten Bäume geschichtsphilosophische oder prophetische Würde. Der Untergang seines Preußens und seiner Hohenzollern war denn auch mit dem Untergang des nationalen Baumbestandes verbunden: Als 1945 Preußen staatsrechtlich aufgehört hatte zu existieren, waren mit den Schlössern des alten Königshauses auch die vierhundertjährigen Bäume des Tiergartens und die unter dem letzten Kaiser gepflanzten Bäume des Kurfürstendamms verschwunden.

Die melancholische Reminiszenz gibt erwünschte Gelegenheit zu einer Abschweifung ins Geschichtlich-Nationale. Vor allem die märkisch-brandenburgische Historie unterhält sehr weit zurückgehende Beziehungen zum Baum, was wohl mit dem Kolonialcharakter der Gründung zu tun hat und mit den sonderbaren Beimischungen in der Gefühlswelt dieses Menschenschlags: Noch heutigentags ist Berlin, obwohl durch Schnellstraßen-Systeme durchschnitten, die baumreichste Stadt Europas. Andere und weit ins Heidnisch-Wendische hinüberlangende Exemplare von Geschichtsbäumen beiseite lassend, empfiehlt sich hier vor allem eine Eibe als nationales Monument. Es ist die Eibe im Garten des Preußischen Oberhauses, und mit ihrer Geschichtlichkeit verhält es sich anders als mit den wilhelminisch-bourgeoisen Erinnerungspflanzungen: An ihr selber hat sich Geschichte vollzogen.

Als sie, vor anderthalb Jahrhunderten, in die Geschichte tritt, ist sie bereits ein Muster an Alter und Größe; Fontane, der ihr Jahrzehnte hindurch Visiten macht und ihr im Havelband der »Wanderungen« ein Huldigungskapitel widmet, schätzte ihr Alter bereits auf fünfhundert bis siebenhundert Jahre. Ursprünglich ein Paradestück des Tiergartens, sieht sie sich um das Jahr 1800 plötzlich – und zwar ohne sich von der Stelle zu rühren – in bebautes Gelände versetzt: Schon damals frißt sich die wachsende Metropole in den Tiergarten hinein. Der Abstieg vom Park- zum Gartenbaum bringt jedoch ein soziales Avancement mit sich: Sie ist über Nacht zum Lieblings- und Kletterbaum der Prinzen, zumal des Kronprinzen, geworden, da ihr Besitzer, der

Generalintendant von der Recke, freundschaftlichen Umgang mit dem Königshaus hat.

Bei dieser Gelegenheit erweist sich dann wieder einmal die Macht von Beziehungen. Die Verbindung zum Hochadel rettet, wie sich sogleich erweisen wird, der Eibe nämlich wenig später das Leben, was ein ebenso eindrucksvoller wie ungewöhnlicher Fall von Nepotismus ist. Als ein anderes Beispiel von monarchischer Baumliebe kann da nur jener persische Großkönig des Altertums mithalten, der seinem Lieblingsbaum ein Diamant-Kollier umhängte, woraufhin Baum und Schmuck allerdings Tag und Nacht von zwei Kriegern bewacht werden mußten, so daß denn diese erste Ordensverleihung der Weltgeschichte ohne Verzug beweist, daß für die mit dem Vorkommnis der Schönheit verbundenen Unbequemlichkeiten und Mißhelligkeiten stets die kleinen Leute aufzukommen haben.

Doch zurück zur Eibe. Wenig später wechseln Haus, Garten und Baum den Besitzer, und der neue Herr, Felix Mendelssohns Vater, richtet im Schatten der Eibe den Freiwilligen des Jahres 1813 ein Abschiedsfest im Garten. Es ist die erste, aber nicht die letzte Festivität unter den immergrünen Zweigen dieses Prachtstückes von Taxis baccata. Fünfzig Jahre später nämlich, am 20. September 1866, gibt das Preußische Herrenhaus als neuer Besitzer von Haus und Baum dem Monarchen und seiner siegreichen Generalität ein »Festmahl unter der Eibe« – was, beiläufig gesagt, zu eigenen Gedanken über den familiär-gartenmäßigen Charakter von dergleichen preußischen Kriegsfesten stimuliert. Mit solcher Intimität ist es heute vorbei. Übrigens auch mit einer Anhänglichkeit an den Baum, die bei der Errichtung nationaler Baulichkeiten auf botanische Hindernisse Rücksicht nimmt. Als nämlich das Preußische Herrenhaus Anfang der fünfziger Jahre des vergangenen Jahrhunderts eines Erweiterungsbaus bedürftig wurde, erwies sich die Eibe als über die Maßen hinderlich und unvereinbar mit vernünftigen Bauplänen.

Dennoch wird ihre Beseitigung nicht einen Moment erwogen. Eine Kommission beschäftigt sich mit der Verpflanzungsmöglichkeit des halbtausendjährigen Riesen, wobei Friedrich Wilhelm IV., seiner einstigen Klettereien eingedenk, den Baum nach Sanssouci zu holen gedenkt, während sein Bruder, Prinz Wilhelm, sich mit Babelsberg zur Stelle meldet. Der verzweifelte Plan wird, des unsicheren Erfolgs wegen, verworfen und endlich auch ein weniger kühner Entwurf beiseite gelegt, nach dem die Eibe innerhalb des Gartens nach einer Lösung der Wurzel durch eine »Schrägung« des Geländes kunstvoll um zehn Meter verschoben werden sollte. Der Baum bleibt an seiner Stelle, und der Sitzungssaal des Preußischen Herrenhauses muß weichen – was eine sehr lehrreiche Erinnerung ist in einer Zeit, die bedenkenlos vielhundertjährige Bäume fällt. Solche Geschichtsvergessenheit im Umgang mit Bäumen gibt sich nicht nur im Fällen, sondern auch beim Pflanzen von Bäumen zu erkennen. Der Vorgang läßt sich am Schicksal der Kiefer, des eigentlich märkischen Baumes, beobachten, die einerseits ganz allgemein in den Parks wie in den Gärten Berlins auf dem Rückzug ist und durch blau-wächsern schillernde Edeltannen ersetzt wird, andererseits aber in fremdländischen Abarten ihr Leben fortfristet, weshalb denn österreichische Schwarzkiefern und osteuropäische Hakenkiefern die märkische Kiefer zu verdrängen beginnen.

Der botanisch völlig unsinnige Wechsel, der auf märkischem Sandboden Kiefern heimisch zu machen sucht, die an Stelle der einzig angebrachten Pfahlwurzel weitausgreifende Flachverwurzelung, also Hochgebirgswurzeln, besitzen, ist nicht nur deshalb von Übel, weil er der Landschaft die rotleuchtenden Stämme nimmt, die in den Romanen von Alexis und Fontane und in den Bildern von Lesser Ury und Leistikow das eigentlich und unverwechselbar Berlinische ausmachen. Die märkische Abart der Pinus silvestris ist der Mark auch noch auf andere Art zugehörig.

Die märkische Kiefer, in jungen Jahren vorbildliches Muster eines auf getreueste Symmetrie und zuverlässigste Regelmäßigkeit gestellten Gewächses, verdankt die bizarre Urtümlichkeit ihres Alters nämlich ihrer extremen und bei keinem anderen Baum im gleichen Maße vorkommenden Lichtbedürftigkeit, die sich kühn über das angeborene Gesetz hinwegsetzt. Die Kiefer, unter morphologischen Gesetzen ins Leben tretend, beschließt ihr Dasein in einer Gestalt, die ganz von physiologischen Bedingungen bestimmt ist — was denn zu heiteren Vergleichen Anlaß gibt, die sich auf das Märkertum und das Berlinertum beziehen: Formungen, die ebenfalls ihre Kraft aus der Ungunst der Natur gezogen haben.

Auch zwei Daten welthistorischen Ranges sind mit dem Pflanzen und Fällen eines Baumes verbunden: der Triumph und die Niederlage einer der großen Religionen der Menschheit. Firdausi berichtet in seinem »Buch der Könige«, daß Zarathustra zum Zeichen des Triumphes vor seinem Feuertempel in Keshmar in Nordost-Persien eine Zypresse gepflanzt habe, ein mächtig wachsendes Exemplar von einer Zypresse, deren Schönheit, Höhe und Wuchs ihresgleichen gesucht hätten. Die Iranistik hat nun jüngst darauf aufmerksam gemacht, daß die poetische Erwähnung des Zarathustra-Baumes zu zwei anderen gutbelegten Hinweisen auf die Zypresse von Keshmar paßt.

Marco Polo wurde im Jahr 1272 bei seiner Durchquerung der nordostpersischen Wüste von einem persischen Mitreisenden darauf aufmerksam gemacht, daß sie jetzt durch »Die Gegend der Zypresse« kämen. Und fast auf das Jahr genau vierhundert Jahre später, um 1670, erzählt ein Moralkompendium aus dem Bereich der Großmoguln, daß der arabische Kalif al Mutawakkil seinem persischen Statthalter befahl, die Zypresse des Zarathustra zum Zeichen des Sieges des Islam über Persiens Feuerreligion fällen zu lassen. Das sei, trotz der flehentlichen Bitten der Parsen, geschehen; damals seien genau 1450 Jahre seit der Pflanzung der Zypresse vergangen gewesen.

Rechnet man aber die Berichte nach, die bis dahin nur als fromme Legende verstanden worden waren, so kommt man auf eine unerwartet genaue Bestimmung der vielumstrittenen Lebenszeit Zarathustras; die Iranistik liefert ein nur um ein Jahr abweichendes Ergebnis. Der Baum, bei der Geburt einer der großen Religionen der Erde gepflanzt und bei ihrem geschichtlichen Tod gefällt, hat anderthalb Jahrtausende überkront und durch seine organische Dauer die ganze Lebensspanne der geistigsten aller frühen Religionen ausgehalten: Er ist unbezweifelbare botanisch-geschichtliche Wirklichkeit.

Ist diese Zypresse der ehrwürdigste Baum der Geschichte? Nur mit Einschränkung läßt sich das sagen. Vom germanischen Weltenbaum über den Apfelbaum der Erkenntnis und über »Die Eichen, Pappeln und Terebinthen, deren Schatten so lieblich ist« des Hosea bis zu dem Ölbaum des Christentums und der Platane, die Buddhas Baum der Erleuchtung war, ist immer der Baum Gegenpol eines rein auf menschliche Gegenstände bezogenen Denkens, das mit Sokrates darauf beharrt, »von Bäumen und Wassern nichts lernen« zu können.

Mit dieser sokratischen Wendung gegen den beseelten Baum ziehen sich auch die Dryaden aus der Natur zurück; es gilt Abschied zu nehmen von den Nymphen und all den anderen Baumgottheiten, die sich dann nur noch in Hexen-, Dämonen- und Koboldgestalt wieder in die Natur wagen, in die Tagwurzeln von Linden und in die knospensüchtigen Stämme von Ulmen gekleidet, in die Hexenbesen im Birkengezweig und in die Verwachsungen von Schwarzerlen; zaubrigen und sagenumwobenen Mißbildungen, deren erstaunlichste der Großherzoglich-Badische Geheime Hofrat Ludwig Klein einst in einem Buch »Bemerkenswerte Bäume« seinem Landesherrn ehrfürchtig vorgestellt hat.

Wir aber kämpfen für den Baum, seine durchlaubte Krone, seine bemooste Wurzel und die Verheißung der Dauer, die uns seine Zählebigkeit gewährt. Und wir geben uns, illusionärerweise, der Hoffnung hin, daß mit ihm auch die ihm zugehörige Kultur wiederkehrt, die Kultur des gebauten, des ummauerten Hauses zum Beispiel mit Fenstern, deren reichgegliederte Rahmen und Läden das Symbol der Diskretion waren, des abwehrenden statt einladenden Durchlasses zur Außenwelt.

Die Fortschrittsfreude aber, die – völlig zu Recht, wenn auch nicht bewußtermaßen – im urwüchsigen Baum die botanische Entsprechung zur bürgerlichen Gesellschaftsordnung sieht und der Eiche schnellwachsendes Kriechzeug vorzieht, kann beruhigt werden: Es ist nicht anzunehmen, daß mit der Pflanzung des hochständigen Gehölzes auch die Sozialordnung von gestern wiederkehrt. Vielmehr ist anzumerken, daß der Baum altem Volksglauben nach ein Versprechen jenseitigen Ausgleichs zwischen den Ständen birgt.

Alt-litauischen Vorstellungen gemäß geht die Seele der Verstorbenen erst einmal in Bäume ein, auf deren Wipfel sie gelangen muß, um sich dann ganz ins Oberirdische aufzuschwingen. Das Bild ist wie alles Mythische sehr wörtlich zu nehmen: Mühsam klomm der Verstorbene Alt-Litauens den rissigen Stamm empor, weshalb ihm denn die Hinterbliebenen allerlei Kletterzeug ins Grab nachwarfen: Bärentatzen und Luchsklauen. Der Besitz aber war dem Reichen hinderlich, immer wieder zogen die Schwere des Erworbenen, das Gewicht des Ererbten die Seele des Verstorbenen abwärts – womit denn der Baum die Funktion des christlichen Nadelöhrs übernimmt und Garantie diesseitigen Ausgleiches ist.

Die Sympathie für den Baum kann also auf ihre Zeitgemäßheit pochen und auf ihre Neigung zur Verbesserung der irdischen Zustände. Sie ist sogar großzügig genug gewesen, dem Radikalismus zu einem Namen zu verhelfen, indem sie ihm die Benennung der Radix, der Wurzel, ausborgte. Auf diesen sozialrevolutionären Inhalt des Baumes sei nachdrücklich hingewiesen, um die Neuerer für den Baum einzunehmen. Denn sonst ist zuzugeben, daß der langlebige Baum von aristokratischer Verachtung für den Augenblick erfüllt ist. Dies ist eine weitere Perspektive, die das Nachsinnen über Bäume auftut: Er lebt aus dem Glauben an den Fortgang der Dinge, denn er braucht Zeit. Dieser Zusammenhang schwingt in dem Lutherischen Satz mit und auch in dem Bennschen Gedicht über Luthers Apfelbaum.

In Zeiten des Umbruchs und der Erschütterungen werden keine Bäume gepflanzt, weil der Glaube an ihr Wachstum geschwunden ist und niemand zu hoffen wagt, daß sich die Kinder in ihrem Schatten ergehen werden. In diesem Betracht sind die

Baumschulen ein politisches Barometer von großer Zuverlässigkeit: Die Umsatzzahlen gehen zurück, wenn die Zeiten ins Wanken zu geraten scheinen. Der Baum hat das, nationalökonomisch gesprochen, mit den Konsumgütern des gehobenen Bedarfs gemein. Im Verschwinden des Baumes aus unserer Landschaft und in der Ablösung des zeitbrauchenden Schattenspenders durch schnellwüchsiges Klettergehölz kommt das Mißtrauen in die Gegenwart zum Ausdruck und das Gewappnetsein auf konvulsivische Veränderungen der Zustände.

Das Pflanzen des Baumes ist demgemäß ein Akt des Protestes und des Trotzes oder ein solcher der großen Zuversicht. Wer sehr viel Zeit hat, kennt die Zeit nicht mehr und steht außer ihr. Dies meint die Sumpfzypresse des Zarathustra, als Fanal des Überzeitlichen in die Geschichte hineingepflanzt.

Moskau hat das Gesicht Deutschlands gewaltsam nach Westen gedreht

DIE HERAUSFORDERUNG, der sich Berlin nach der Wiederherstellung Deutschlands gegenübersieht, ist grundsätzlich anders
als alle Veränderungen seiner Lage, mit denen sich die Stadt bisher in der Geschichte konfrontiert sah. Der Dreißigjährige Krieg
hatte zwar Brandenburg verwüstet wie kein anderes deutsches
Territorium; es blieb doch Brandenburg. Seine Städte waren niedergebrannt, die Einwohnerschaft dezimiert, in einigen Teilen
des Landes hatte nur ein Drittel der Bevölkerung den Krieg – der
die Frist einer ganzen Generation gedauert hatte – überlebt; aber
der Boden war geblieben, und als man Frieden machte, war alles
fast wie zuvor.

Aus Bauernland war Gutsland geworden, denn die Felder waren über weite Strecken menschenleer, und in die freien Räume
drängte der Adel. Überliefert ist die Weisung des Landesherrn an
den Schulzen von Schmargendorf, der Nachbargemeinde Wil-
mersdorf einen Bauern zu überstellen; nur Greise, Kinder und
Frauen hatten dort die letzte Brandschatzung überlebt, und so
sah es in vielen Dörfern aus.

Fährt man heute durch die alte Mark, so fällt auf den ersten
Blick in die Augen, daß nicht nur vierzig Jahre des Sozialismus
dieses Land von Niedersachsen oder Hessen unterscheiden. Seit
Jahrhunderten schon fehlen die weitläufigen Gehöfte, die Dithmarschen, Westfalen oder Bayern ausmachen. Katen sind es mehr
als Höfe, die das Land zwischen Neuruppin und Havelberg bestimmen, weshalb denn dem Adel in der Mark eine Rolle zukam,
die er im anderen Deutschland selten gehabt hat. Auch das klang
in dem Wort »Ostelbien« mit, das achtungsvoll und geringschät-

zig zugleich gemeint war. Die Bauernkultur Brandenburgs wurde nach dem Dreißigjährigen Krieg niemals wiederhergestellt, und insofern haben die Ereignisse, die mit Namen wie Tilly, Gustav Adolf und Wallenstein verbunden sind, Preußen und Brandenburg über die Jahrhunderte geprägt.

SONST ABER VOLLZOG SICH der wirtschaftliche Aufstieg an der Wende zum neuen Jahrhundert schnell. Ziemlich genau fünfzig Jahre dauert es nach den Verwüstungen der vorausgegangenen Epoche, bis das Kurfürstentum wieder auf die Beine kommt; anders als zuvor wird Brandenburg, aber nicht geringer. Im Grunde entsteht erst danach aus der Mark das alte Brandenburg, dann das junge Preußen, und mit dem Großen Kurfürst und dem großen König betritt das Land die europäische Bühne.

Nicht nur, daß jetzt, an der Wende des siebzehnten zum achtzehnten Jahrhundert, im Abstand weniger Jahrzehnte Leuthen auf Fehrbellin folgt; dann kommt auch schon Belle Alliance, die europäische Entscheidungsschlacht. Berlin hatte Jahrhunderte hindurch am Rand der Geschichte gestanden, so daß man sich wundert, daß der Kaiser aus Prag, Karl IV., tatsächlich in Havelberg der Mark eine Visite machte und daß Peter der Große in dem kleinen Caputh sich mit dem Kurfürsten traf – man kann noch heute das Haus besichtigen, wo die beiden Herrscher, der des riesigen Rußland und der des geringen Brandenburg, ihre Interessen absteckten. Nach Friedrich dem Großen nehmen die Dinge dann wirklich eine Wendung ins Große, erst in der Epoche Napoleons und später zur Zeit Bismarcks, aber hinterher weiß man nicht, ob das ein Glück war. Berlin ist selber eine Stadt der Geschichte geworden, während sich doch vorher Geschichte an ihm bestenfalls vollzog.

BERLIN WAR FÜR DIE HOHENZOLLERN immer das Zentrum der deutschen Dinge gewesen, weshalb man im siebzehnten Jahrhundert von der »Mitte der Monarchie« sprach, wenn man auf den Oderdeichen stand. Weiter ging es von da eher nach Memel als nach Aachen, und Tilsit lag dem Herzen näher als Kleve. Jetzt aber, zum ersten Mal in seiner Geschichte, ist Berlin Grenzstadt, so nahe an der slawischen Welt wie Bonn an der romanischen. Jenseits der Oder, sechsundfünfzig Kilometer von den letzten Häusern der Stadt, beginnt unabsehbar die slawische Welt.

Aber empfindet der Westen den Verlust, weiß er, was da verloren ging? Längst hat man es sich in den Weinländern des Westens und Südens ja heimisch gemacht. Der Streit um die Hauptstadt, den man außerhalb Deutschlands gar nicht verstand, in Paris so wenig wie in Moskau, hat vor Augen geführt, wie sehr die Deutschen sich als Teil des Westens empfinden. Wäre es nach den beiden großen Parteien gegangen, dann wäre die Kleinstadt am Rhein für alle Zeiten Deutschlands Mittelpunkt geblieben.

Doch war es nicht immer so? Was jenseits der Elbe im Osten lag, war einem an Rhein und Donau ja immer fremd gewesen; Weichsel und Nogat lagen einem im Grunde so fern wie der Bug. Gleichwohl soll man gerecht sein und die Dinge auch in umgekehrter Perspektive sehen: Hatte denn einer in der Prignitz Verwandte an der Lahn, und ist vor der Epoche des Tourismus einer vom Müggelsee zum Bodensee gefahren?

Westdeutschland und Ostdeutschland waren stets verschiedene Welten, lange bevor es den Sozialismus gab. Es hatte schon seinen Sinn, wenn man danach von den drei Zonen sprach, in die Deutschland eingeteilt sei – dem Weinland im Westen, dem Bierland in der Mitte und dem Schnapsland im Osten; jenseits der deutschen Grenzen kam dann in Polen wie in Rußland der Wodka. Auch mit seinem eigenen Boden war das Land, das so viele Gegensätze in sich vereinigte – Kurisches Haff und Loreley-Felsen, Riesengebirge und Emsland – , in seinen Provinzen jenseits von Oder und Weichsel ein Teil der osteuropäischen Welt, und es fühlte sich so. Hier sangen die Schnitter andere Lieder als die Bauern am Rhein, wenn diese überhaupt sangen, denn man singt nicht, wenn man allein für sich seinem Tagwerk nachgeht. Die polnischen Landarbeiter, die zur Ernte kamen, waren von den ostpreußischen Instleuten fast nicht zu unterscheiden, nur daß sie gewissenhafter den Arbeitsrhythmus einhielten, schon weil die heimische Not sie dazu zwang.

DIE TEILHABE DEUTSCHLANDS am Osten ist verlorengegangen und wird nie wiedergewonnen werden. Auch das zählt zu den Verlusten, die mit der Abtrennung der Provinzen im Osten verbunden waren. Das Land hat damit mehr verloren als die Wälder, Felder und Seen des Riesengebirges oder Masurens. Denn aus dem Osten kam nicht nur das ostpreußische Korn und die schlesische Kohle; Deutschland hatte durch seinen eigenen Osten an der östlichen Welt auch in seelischer Hinsicht teil, an Religiosität, Mentalität und Lebensgefühl.

Einst hatte man die Mystik aus den Klöstern des alten Karolingerlandes von der Schlesiens geschieden, die im »Cherubinischen Wandersmann« des Breslauer Mystikers Johann Scheffler, genannt Angelus Silesius, Gestalt annahm. Nun, an der Wende zum zwanzigsten Jahrhundert, unterschied Hofmannsthal die östliche von der westlichen Romantik, die heitere Lyrik Brentanos von der Todessehnsucht Hardenbergs, der sich Novalis nannte. Nie hätte man an den Rebenhängen der Mosel »Hymnen an die Nacht« gedichtet; das war die andere Welt der märkischen Dichter. Es gibt eine Poesie, die nur zwischen Rüben und Kartoffeln gedeiht.

DIE KRAUTJUNKER WAREN die eine Seite Ostelbiens, die Offiziere der Garderegimenter und der Linie, die Preußen in eine Kaserne verwandelten. Aber es gab auch Gutsherren wie Rahel Varnhagens Marwitz, die in den Häusern jüdischer Bankierstöchter verkehrten und mit Prinz Louis Ferdinand dem Königshaus angehörten. Das war der Salon in Bruch, wo sich der märkische Adel einer dunklen Sehnsucht hingab, von der er selber nicht zu sagen wußte, wem dieses Sehnen eigentlich galt.

In Königsberg in der Neumark saßen die Humboldts, bevor sie geadelt wurden, in Jahnsfelde die Pfuels. Achim von Arnim stammte aus Wiepersdorf und Friedrich de la Motte-Fouqué aus Nennhausen, während die Schwerins, deren Bibliothek weithin berühmt war, gleich jenseits der Oder saßen, in dem alten Gutshaus Tamsel. Alle aber kamen sie aus der Mark, die eine der spätesten, aber kostbarsten Provinzen des deutschen Geistes ist. Brandenburg schlug nicht nur die Schlachten der Kurfürsten und der Könige, sondern ritt ein Jahrhundert lang auch in der Philosophie und in der Poesie an der Tête.

Aber die deutsche Dichtung jenseits der Oder war nicht nur eine nach Osten versetzte Dichtung des Westens, wie es etwa bei Thomas Mann gar nicht unterscheidbar ist, ob er die »Buddenbrooks« zum wesentlichen Teil in Palestrina und den »Zauberberg« in München schrieb. Die Dichter Brandenburgs, Ostpreußens und Schlesiens waren östliche Dichter, und das eigentlich Staunenswerte ist, daß dies über Nacht so gänzlich in Vergessenheit geraten konnte. Selbst die Sprachmelodie des Landes ist versunken, die ostpreußische wie die schlesische; niemand hört es mehr, keiner kann es mehr sprechen.

Wer kann Max Halbe noch spielen und wer Hermann Sudermann sprechen? Die Theater haben ja schon Mühe, wenn sie die Besetzung für Hauptmanns »Weber« oder »Rose Bernd« zusammensuchen. Vieles ist unspielbar geworden, weil eine Sprachfärbung, die ein dreiviertel Jahrtausend überdauerte, nicht das halbe Jahrhundert der Trennung vom angestammten Boden überlebte.

DEUTSCHLAND IST MIT DEM LETZTEN KRIEG tatsächlich ein paar hundert Kilometer nach Westen versetzt worden. Der schwermütige Reiz des östlichen Landes, in den man sich so schwer hineinfindet und dem man sich dann kaum wieder entziehen kann, ist fern und fremd geworden. War es das, was Churchill meinte, als er Stalin im Winter 1942 eine »Westverschiebung« Deutschlands vorschlug, woran man ursprünglich im Kreml gar nicht gedacht hatte?

Doch verloren ist auch, was hinter dem deutschen Osten lag

und neben Bedrohung stets auch Verlockung bedeutet hatte. Immer, schon zu Zeiten Tolstois und Dostojewskis, hatte Rußland die deutsche Seele zu gewinnen gesucht, und nach der Revolution schickte man aus Moskau Emissäre des neuen Glaubens in die deutschen Städte. Damals, 1920, kamen Radek und seine Freunde und suchten den anderen großen Verlierer des Weltkrieges für die gemeinsame Sache zu begeistern. Stammte denn die Idee der Weltrevolution nicht aus deutschen Professorenstuben?

Nach diesem Kriege wollte man Deutschlands Provinzen, nicht seine Seele, und doch muß sich erst zeigen, wer den größeren Verlust daraus hat. Deutschland, weil es nicht mehr den Osten besitzt, oder Rußland, weil im Westen nun kaum noch jemand verlangend nach Osten blickt? Stalin hat das Gesicht Deutschlands gewaltsam nach Westen gedreht, was niemals mehr rückgängig gemacht werden kann.

Europa hat den Vorteil davon, denn nun fühlt sich das rätselhafte Land in seiner Mitte zum ersten Mal rückhaltlos an den Westen gebunden. Seit jeher stand Deutschland zwischen Paris und Petersburg, und es gab Zeiten genug, da es sich mehr zu den Russen als zu den Franzosen gezogen fühlte. Immer wieder hat Rußland Preußen gerettet, obschon durchaus nicht immer im eigenen Sinn, und ohne den rechtzeitig auf den Thron gekommenen Zaren Peter III. wäre Friedrich wohl kaum mit heiler Haut aus dem Siebenjährigen Krieg gekommen. Einige Jahrzehnte darauf traf sich Alexander I. auf einem Floß in der Memel mit Napoleon, und nur auf Bitten des Zaren ließ der Korse das Königreich Preußen bestehen, wenn auch lediglich in seinen östlichen Provinzen. Verdankte nicht auch Bismarck seinen Petersburger Verbindungen die siegreichen Kriege gegen Österreich und Frankreich, als Deutschland einen günstigen Moment nutzte, sich zum Reich zusammenzuschließen? Rußland blieb das stets geheimnisvolle, stets unheimliche Land im Osten, und das Heilsversprechen des »Dritten Rom« bewährte sich auch damals wieder.

Durch die Revolution der Bolschewiki war Rußland später

noch einmal die Quelle aller Verheißung. Voller Angst, aber auch voller Sehnsucht blickte die westliche Welt auf die Stadt der tausend Zwiebeltürme. Gestern war sie der Mittelpunkt des Johanneischen Christentums gewesen; nun wurde sie zum Zentrum ganz anderer Verkündigungen, an die man jedoch nicht weniger inbrünstig glaubte. Pilgern gleich zogen die Gläubigen aus Europa und Amerika in das Mekka der Weltrevolution. Zehn Jahre nach dem Sturm auf den Winterpalast schrieb Stalin einen Wettbewerb für den »Palast der Sowjets« aus, und mitten in der Zeit der großen Säuberungen – die Hälfte der alten Genossen Lenins war schon hingerichtet, die anderen, Radek, Bucharin und Sinowjew, sollten kurz darauf vor dem Peloton stehen – folgten alle dem Ruf aus dem Kreml, Le Corbusier und Perret, Gropius und Mendelsohn. Mehr als fünfzig Begründer der Moderne kamen in das Reich eines Mannes, der längst nur noch Schrecken verbreitete. Es ist der Glaube, der die Wirklichkeit bestimmt, nicht das Wissen und seine Tatsachen.

ALL DAS IST GESCHICHTE; nicht nur die Gefahr, die davon ausging, gehört der Vergangenheit an. Denn was den Osten heute erschüttert, ist weit mehr als eine wirtschaftliche Krise, von der man sich wieder erholen könnte. Der Osten hat sein Drohendes, aber auch seine Verlockung verloren, und es ist schwer denkbar, daß er je wieder jene Macht gewinnt, die er über die Gemüter des Westens besaß und die unheimlicher noch als seine Waffen war. Der Osten wird der Westen sein, oder er wird gar nicht sein. Das Erstaunlichste ist, daß er auch gar nichts anderes sein will. Der Traum von der großen Alternative ist ausgeträumt, in Europa wie in Rußland.

Nun möchte Warschau ein zweites Paris sein, und Budapest hat den Ehrgeiz, möglichst bald ununterscheidbar von Wien zu werden. Aber auch in Kiew und in Minsk, in der Ukraine und in Weißrußland und im unabsehbaren Rußland selber steht es nicht viel anders. Die Städte legen die fremden Namen ab, die ihnen aufgezwungen worden waren; mehr und mehr blättert die sowjetische Tünche ab. Dem Apostel, dem sie ihren Namen verdankt, fühlt sich die Stadt an der Newa jetzt wieder enger verbunden als dem Stifter der verblaßten neuen Religion, und es ist nur eine Frage der Zeit, bis das Jahrhundert der Irrungen und Wirrungen kaum mehr als ein düsterer Schatten sein wird. Aber auch das Zarenreich, von dem Solschenizyn mitunter zu träumen scheint, besitzt keine Anziehungskraft mehr; New York und Paris sind die Städte, die bei Umfragen genannt werden, wenn man von Orten des Verlangens spricht.

Die atlantische Weltzivilisation, die den Westen Europas seit langem in der Tiefe formte, hat nun auch vom Osten Besitz ergriffen. Am Ende dieses Jahrhunderts der Weltbürgerkriege öffnet sich dort eine Landschaft, die von vertrauten Sehnsüchten erfüllt ist. Wie der Jeans-Shop längst im Schatten der Zwiebeltürme Platz gefunden hat, so steht man in Kiew vor McDonald's an. Warum ist das Auge beleidigt, wenn es in Weimar Pizzerien sieht und in Potsdam Burger King? Es könnte sein, daß sich darin mehr von der Zukunft zu erkennen gibt als in den Abkommen zur Raketenbegrenzung und den Stationierungsregeln für Panzerverbände, die von den Großmächten ausgehandelt werden.

All das bestimmt die neue Lage Berlins, Deutschlands und Europas. Die Sorgen des Tages, von denen die zusammenwachsende Stadt jetzt bedrängt wird, sind demgegenüber nicht mehr als Gekräusel auf dem Fluß der Zeiten.

Weh' Dir, daß Du ein Enkel bist

JAHRHUNDERTWENDEN SIND GEMEINHIN ein unzureichendes
Mittel, die Zeiten zu gliedern. Ist der klassizistische Impuls
wirklich durch den Einschnitt von 1800, der das Ende des barocken Weltgefühls brachte, markiert? Und wann hebt die Moderne an? Bringt das zwanzigste Jahrhundert tatsächlich etwas
radikal Neues, das mit allem Vorausgegangenen ein für allemal
bricht? Oder einen herkömmlichen Stilwandel?

Die Gegenargumente liegen auf der Hand. Die neue Einfach-
heit, die man später Klassizismus nennen wird, begann schon im
englischen Palladianismus; vielleicht ist Kosellecks »Sattelzeit«
von 1770 tatsächlich die Achsenzeit, um die sich alles dreht.
Aber mit der Französischen Revolution beginnt dann endgültig
etwas Neues, so viele Vorklassizismen es auch gegeben hat. Ähnlich stand es mit der anderen großen Wende, die ein Jahrhundert
später kam. Natürlich baute Sullivan schon in den neunziger Jahren in Chicago seine ersten Wolkenkratzer, und Ansätze zum
Skin-and-Skeleton-Bauen gab es auch vor der Jahrhundertwende.
Aber das radikal Neue kam erst 1900 mit der Berliner Turbinenhalle der AEG von Peter Behrens.

Mit der Wende vom neunzehnten zum zwanzigsten Jahrhundert betreten sie dann alle die Bühne, die die Moderne herauf-
führen werden – 1901 Frank Lloyd Wright mit seinen Präriehäu-
sern, 1908 Mies van der Rohe mit den Villen am Griebnitzsee,
1911 Gropius mit dem Faguswerk in Alfeld, 1917 dann als Nach-
zügler auch Le Corbusier. Es meldet sich fast gleichzeitig zu
Wort, wer die ganze erste Hälfte des Jahrhunderts prägen wird.
Gerade in der Rückschau wird deutlich, daß damals tatsächlich

etwas ganz Neues beginnt, das mit den immer neuen Rückgriffen auf das Stilreservoir vom Gotizismus der Friedrichwerderschen Kirche Schinkels über das Neobarock von Raschdorffs Berliner Dom bis zu Schwechtens Romanischem Viertel nichts mehr zu tun hat. Die Zeitenwenden von 1800 und 1900 sind wohl doch zureichend zur Gliederung der Baugeschichte.

Nun stehen wir vor einer neuen Jahrhundertwende, und es fragt sich, welche Epoche diesmal zu Ende geht. Läßt sich das halbe Jahrhundert nach dem Zweiten Weltkrieg, an dessen Beginn die eine und an dessen Ausgang die andere Gewaltherrschaft endete, überhaupt als in sich geschlossene Epoche begreifen? Und vor allem: Brachten die Jahrzehnte seit 1945 einen Impuls wie das Bauen von Weimar, das, selbst wenn man die Gründerväter Gropius und Mies van der Rohe beiseite läßt, geradezu einen Ausbruch von Genie erlebte, von den Brüdern Taut über Erich Mendelsohn und Hugo Häring bis zu den Brüdern Luckhardt und dem ewigen Außenseiter Hans Scharoun?

Nichts läßt sich in dieser zweiten Nachkriegszeit nennen, was von einem vergleichbaren Elan zeugt, auch wenn man Hans Schwippert, Egon Eiermann und Sepp Ruf nicht geringschätzen will. Das ist sehr merkwürdig, denn die Republik von Weimar dauerte wenig mehr als ein Jahrzehnt, während die von Bonn viermal so lange währte, genau ein halbes Jahrhundert. Das entspricht der Zeit von 1800 bis 1850, die den Aufschwung von Langhans über Gilly, Schinkel, Persius und Stüler brachte, wobei man sich sogar nur auf die Berliner Exempel beschränkt. Mit Klenze, Gaertner, Weinbrenner, Moller, Ottmer und Hansen hat ja der klassizistische Impuls in so kurzer Zeit ganz Deutschland geprägt. An die Geschlossenheit der barocken Ära darf man gar nicht denken.

Nichts dergleichen nach dem letzten Krieg, als, nach einer kurzen Anknüpfung an Weimar gleich nach dem Kriege, die Einflüsse von überall her einander geradezu jagen. Erst kommt Corbusier, dann die New-Town-Ideologie von Sheffield, zwischendurch macht sich Niemeyers Brasilia geltend, dann wieder Nervis Statione Termini in Rom. So folgen die Muster der internationalen Avantgarde nacheinander, bis Louis Kahns New Brutalism seinen Siegeszug antritt und seine Nachahmer in allen deutschen Städten findet.

Das sind alles unverächtliche Architekten; nur von einer unverwechselbar deutschen Architektur kann man heute beim besten Willen nicht sprechen. Es ist kennzeichnend, daß Martin Wagner, Berlins Stadtbaumeister von Weimar, in den vierziger und fünfziger Jahren vergeblich aus der Emigration zurückzukehren versuchte. Seine Schule des Bauhauses, obgleich er seine Hoffnung auf seinen alten Vertrauten Ernst Reuter setzte, war abgemeldet. Die Berliner Bauausstellungen Interbau und IBA versammelten alle, die inzwischen in der Welt obenan standen. So ist es geblieben. Auch in der nach dem Zusammenbruch des ostdeutschen Regimes jetzt neuentstehenden Hauptstadt Berlin kommt zur Geltung, wer die internationale Szene im letzten Vierteljahrhundert bestimmt hat – von dem bald siebzigjährigen James Stirling über den achtzigjährigen I. M. Pei bis zu dem neunzigjährigen Philip Johnson. Dagegen ist nichts zu sagen, denn es lassen sich die verschiedensten Rechtfertigungen für diesen Nachholbedarf an Internationalität nennen. Auch zeichnet der Sieg der Ubiquität das Zeitgenössische ja überall aus. Aber jeder Vergleich mit dem Impuls von Weimar macht nur die Unergiebigkeit des deutschen Nachkriegsbauens greifbar. Die Melancholie läßt sich nachfühlen, die über der Architektur der Gegenwart liegt. Weh' Dir, daß Du ein Enkel bist.

Vielleicht ist das ungerecht. Zum einen gibt es ja auch im Ausland keine neuen Gründerväter, weder einen Le Corbusier noch einen Frank Lloyd Wright oder einen Mies van der Rohe. Der Elan des Aufbruchs ist mit der Jahrhundertmitte überall verbraucht. Aber hat das Neue vielleicht immer nur ein paar Jahrzehnte vorgehalten? Auch Schinkel hat ja keinen Nachfolger gleichen Ranges gefunden. Die nach ihm kamen, verwässerten sehr bald schon seinen preußischen Klassizismus, und vor allem: Sie ermangelten seiner bezwingenden Kraft. Wenn zwei dasselbe zeichnen, ist es nicht dasselbe.

So war es auch bei dem nächsten Epochenumbruch. Die Radikalität der Neuerer von 1900 kam gerade aus dem Überdruß an der Stilmaskerade, die im späten neunzehnten Jahrhundert einen Rückgriff nach dem anderen erprobt hatte. Möglicherweise ist der schnelle Verbrauch von formalen Revolutionen geradezu ein Symptom der Modernität. Romanik, Gotik, Renaissance hielten Jahrhunderte vor, und selbst das Barock dauerte zumindest einhundertfünfzig Jahre, bis es mit Knobelsdorff seinen preußischen Abschied feierte. Aber der Klassizismus wie das Neue Bauen halten kaum zwei Generationen vor, und diese Akzelleration, die sich übrigens in jedem Lebensbereich zeigt, ist vielleicht geradezu das Lebensgesetz der neuen Zeit.

Es könnte aber auch sein, daß eine Ermattung in jedem Betracht über der westlichen Welt liegt. Anfang des Jahrhunderts sprach man, um ein Beispiel zu geben, vom zwanzigsten Jahrhundert als dem »Zeitalter des amerikanischen Romans«, und wenn man an das unaufhörliche Auftreten erzählerischer Genies von Dreiser, Sinclair Lewis und Santayana bis zu der Eruption der zwanziger Jahre mit Dos Passos, Hemingway, Scott Fitzgerald und Faulkner denkt, mochte es tatsächlich so scheinen. Aber diese Zeit ist längst dahin, und nostalgisch blickt man jetzt auf die Zwischenkriegsjahre, die ja nicht nur in Deutschland als die goldenen Jahre galten. Wo war die Hauptstadt des zwanzigsten Jahrhunderts? Paris, wie viele Amerikaner meinten, mit Gertrude Stein als geheimem Haupt der amerikanischen Kolonie? Oder doch Berlin, wie Isherwood, Giraudoux und Maillol schworen? Niemand würde heute auf einen solchen Gedanken kommen. Sieht man die Dinge so, so versteht man schon, daß manchem Beobachter die Gegenwart als eine abgeräumte Bühne erscheint, wie das Gottfried Benn in den berühmten Zeilen formulierte.

Aber natürlich bleibt die staunenswerte Leistung, daß ein Land und eine Stadt, die so vollkommen verwüstet waren, daß man ihre Wiedergewinnung auf ein Jahrhundert veranschlagte, in kaum zwei Jahrzehnten wiederhergestellt wurde. Vergegenwärtigt man sich die Trümmerlandschaft Berlins nach dem Krieg, so hat alles Bedauern, wie wenig inspiriert dieser Aufbau bewerkstelligt wurde, etwas Unangemessenes. Es war eine staunenswerte Leistung, sich unter den Bedingungen der ersten Nachkriegsjahre auch nur an die Wiedergewinnung der Trümmerziegel zu machen, mit denen man die ersten Häuser aus dem Schutt zusammenmauerte. Man mußte Entwürfe in das Nichts hineinzeichnen, von denen es ganz unsicher war, ob die Bedingungen jemals ihre Verwirklichung erlauben würden.

Die Jahre nach dem Kriege brachten viele Wunder, nicht nur das Wirtschaftswunder. Erstaunlicher war vielleicht, daß die Flut von weit über zehn Millionen Vertriebener und Flüchtlinge ohne ernste Erschütterung von dem ruinierten Rumpfdeutschland aufgenommen wurde. Nach 1918 hatten die vergleichsweise geringen Gebietsverluste in Oberschlesien und Westpreußen zu einer dauernden Belastung der Republik geführt, obwohl doch nur ein paar hunderttausend Ausgewiesener aufgenommen werden mußten. Nach 1945 gab es trotz den nach Millionen zählenden Ostvertriebenen bis auf bald calmierte Rechtsgruppierungen keine nennenswerte Belastung der inneren Stabilität.

Ebenso unvorhergesehen war die schnelle Reparatur der zerstörten Städte; schon Ende der fünfziger Jahre spielte die Wohnungsnot in dem überfüllten Restdeutschland keine ausschlaggebende Rolle mehr in den Wahlkämpfen. Liest man die Deutschlandberichte der französischen, englischen und amerikanischen Presse aus dieser Zeit, so wollen einem diese drei Wunder als das eigentliche Mirakel der Nachkriegszeit erscheinen.

Aber es bleibt sehr merkwürdig, mit welchen Visionen man sich an den Wiederaufbau des zerstörten Landes machte. Vor allem Berlin wollte die Verwüstungen des Krieges zu einem radikalen Bruch mit allem Vorausgegangenen nutzen. Nicht nur mit der Architektur des Dritten Reiches brach man, sondern merkwürdigerweise auch mit dem Bauen der Weimarer Zeit, dessen Siedlungsbau von der Onkel-Tom-Siedlung über die Weiße Stadt von Siemensstadt bis zur Britzer Hufeisensiedlung nun als betuliches Kleineleuteglück erschien. Dem Bauen der Kaiserzeit galt nur noch spöttische Herablassung, wenn nicht gar Verachtung. Die Gartenstädte, die doch den Drang aus dem Elend der Großstädte in die Natur ausdrückten, wurden eher mitleidig angesehen. Was von dem Bauen der wilhelminischen Epoche den Krieg überdauert hatte, wurde ohnehin im Osten wie im Westen guten Gewissens abgerissen. Dem Hochmut der Enkel fielen in den sechziger Jahren ebenso Messels Kaufhaus Wertheim im Osten wie Schwechtens Anhalter Bahnhof in der westlichen Stadthälfte zum Opfer. Dabei waren das die beiden Bauten gewesen, in denen der Wilhelminismus sich selber überwunden hatte.

Übermächtig drängten neue Ideale nach vorn. Die große Ausstellung im Berliner Stadtschloß, in der Hans Scharoun in der noch ungeteilten Stadt seine Wiederaufbaupläne vorlegte, muten heute gespenstisch an. Lauter »Zentren«, von denen glücklicherweise nur das Kulturzentrum verwirklicht wurde, die durch unter- und oberirdische Schnellstraßen verbunden waren, denen das »Planungskollektiv« so sonderbare Namen wie »Verteiler«, »Anschließer« und »Anbinder« gegeben hatte. Und in dieser Phantasmagorie von Unwirklichem die erhaltenen klassischen Bauten – das Schloß, das Zeughaus, Knobelsdorffs Oper und das Brandenburger Tor – als Solitäre in einer parkartigen Stadtlandschaft, die mit dem historischen Berlin nichts mehr zu tun haben wollte. Das war die Berliner Utopie, und man muß nur die Hauptstadtentwürfe der konkurrierenden Architekten durchmustern, um zu sehen, wie sehr das über Scharoun hinaus die Zeitstimmung von 1950 war.

»Wir werden doch nicht in die Gehäuse einer gescheiterten Welt gehen, während wir eine neue Welt aufbauen.« Mit diesem Satz Scharouns wurde die Absage an die Idee der europäischen Stadt zum Programm erhoben. Corbusiers Traum, anstelle des in Schutt gesunkenen Häusermeers ein paar Dutzend von Cités Radieuses zu errichten, fiel nicht aus dem Klima der Zeit hinaus. Großsiedlungen vom Falkenhagener Feld über die Gropiusstadt bis zum Märkischen Viertel folgten einer Satellitenstadtidee, zu der es in Berlin nur deshalb nicht kam, weil Stacheldraht und Mauer den Schritt ins Umland verhinderten. Wo im Westen keine Hindernisse den Weg nach draußen versperrten, tat man ihn – in Bremens Neuer Vahr wie in Frankfurts Nordstadt und Münchens Neuperlach. Selbst eine einst so liebenswürdige Kleinstadt wie Darmstadt legte sich mit Darmstadt-Kranichstein eine Art von Miniatursatellitenstadt zu. Zugleich räumte man, wo immer es anging, die Innenstädte durch die Beseitigung der ausgebrannten Zeugnisse aus dynastischer oder bürgerlicher Vergangenheit ab – wie man in Braunschweig das Welfenschloß sprengte und Stuttgart nur durch einen Volksaufstand gehindert wurde, die glanzvolle Ruine des Neuen Schlosses abzuräumen, wie das schon vom Parlament beschlossen worden war.

Nicht nur der bleibende Verlust springt in die Augen, der den Städten auf diese Weise zugefügt wurde. Die Utopie neuer Welten bleibt merkwürdig, die dem vom Luftkrieg und den Straßenkämpfen verwüsteten Land eine Tabula rasa verordnete. Noch heute zeigt sie sich in dem Kampf von Denkmalpflegern und Architektenverbänden gegen einen Wiederaufbau von Schlüters Berliner Stadtschloß. Das ist besonders merkwürdig, weil die Hoffnung ja jahrzehntelang immer wieder getrogen hat, die abgeräumten Freiräume durch Werke zeitgenössischer Architekten zu besetzen, die den Anspruch erheben konnten, vergleichbaren Ranges zu sein. An die Stelle von Carl Theodor Ottmers Welfenschloß trat in Braunschweig ein banales Kaufhaus von Horten, und die freigemachte Innenstadt von Hannover nahm Hillebrechts Tangenten und Hochstraßen auf.

Die »verkehrsgerechte«, »entballte« und »durchgrünte« Stadtutopie der Nachkriegszeit hat viele wiederaufgebaute Städte geprägt, wenn auch die Nachfahren das selten noch wissen. Wer hat noch eine Ahnung, daß die absurde Schneise, die sich in Berlin vom Wittenbergplatz in Richtung des Lützowplatzes zieht, die Betonstützen aufnehmen sollte, auf denen ein System von Hochstraßen den Verkehr kanalisieren würde? Selten sind Stadtentwürfe so schnell von der Wirklichkeit überholt worden. Ungläubig nur ruft man sich jene vierbahnige Tangente in Erinnerung, der die Fasanenstraße geopfert werden sollte, um Tunnelrampen unter dem Kurfürstendamm aufzunehmen. Es war ein widerstädtisches Bild, das man sich von der Zukunft machte.

In zwei absurden Vorhaben kam diese Euphorie der Nachkriegszeit besonders deutlich zur Geltung – einer Golden-Gate-Hochbrücke über der Havel und einer Überbauung der gesamten Avus vom Funkturm bis zum Kontrollpunkt Dreilinden durch eine zehn Kilometer lange sechsgeschossige Autobahnüberbauung, die vielleicht von Corbusiers Idee eines schlangenartigen Baus entlang der nordafrikanischen Küste inspiriert war. Die Autobahnüberbauung an der Schlangenbader Straße, der man das stille Schmargendorf opferte, demonstriert, wie sich solche Träume durch die Jahrzehnte zogen, bis sie nach einem Vierteljahrhundert verwirklicht wurden.

Das wiederaufgebaute Berlin brachte denn auch eine solche Unkenntlichmachung der alten Stadtviertel und ihrer einst berühmten Plätze vom Lützowplatz bis zum Mehringplatz, daß Fritz Kortner bei seiner Rückkehr nach Berlin darauf bestand, zurückgekommen, aber nicht nach Hause gekommen zu sein. Die Visionen der aus der Katastrophe auftauchenden Generation gingen tatsächlich nicht nur in der Literatur in Richtung einer Stunde Null. Man schickte sich an, die Stadt nicht zu rekonstruieren, sondern neu zu erfinden.

Nun geht das Jahrhundert zu Ende. Das Provisorium der Nachkriegszeit ist mit der Wiedervereinigung abgeschlossen, und das neue Jahrhundert zieht herauf. Was hat die zweite Hälfte des alten für die Architektur gebracht? Hat es die Verheißungen erfüllt, die mit dem hochfahrenden Aufbruch der letzten Jahrhundertwende gegeben waren? Es fällt auf, daß wenig von dem Bauen von fünfzig Jahren in Erinnerung geblieben ist. Kennt man die Namen der Koryphäen noch, die damals die Szene beherrschten, die zu allen großen Unternehmungen ihr Wort zu sagen hatten und die Aufträge wie die Preise einstrichen?

Inzwischen will man nichts mehr wissen von Schwebes und

Schoßberger oder von Müller und Sobottka, die in den fünfziger Jahren die Universitäten bauten und denen die großen Staatsaufträge zugesprochen wurden. Bernhard Hermkes ist vergessen, der Vielgefeierte, der gestern zu allgemeinem Beifall den Ernst-Reuter-Platz ruinierte. Auch Fritz Bornemann kennt man kaum noch, der die Oper an der Bismarckstraße mit ihrer Kieselfassade baute und auch die Freie Volksbühne, der Oskar Fritz Schuh vorübergehenden Glanz gab. Wie sieht man heute Wils Ebert, den Schüler von Gropius, der einen Industriebau als Völkerkundemuseum in Dahlem entwarf und der als »Kontaktarchitekt« für das Elend der Gropiusstadt verantwortlich war? Die Götter von damals sind vergessen, fast selbst ihre Namen. Sie besetzten ein halbes Jahrhundert lang die Gremien, gehörten den Planungsbeiräten an und waren Mitglieder der Preisrichterkollegien und stellten natürlich die Mitglieder der Akademie.

Nur Werner Düttmanns Name taucht noch hier und da auf. Aber man erinnert sich seiner nicht so sehr des Hochhausgebirges wegen, mit dem er den Belle-Alliance-Platz aus der Zeit des ersten Preußenkönigs umstellte, oder des sogenannten Kudamm-Ecks wegen, das zur Zeit abgerissen wird, da es sich nicht nur als städtebaulicher Mißgriff erwies, sondern auch unnutzbar war. Der Mann mit seiner jovialen Bonhomie hat jahrzehntelang Berlin geprägt, zuerst als Architekt, dann als Senatsbaudirektor, schließlich als Präsident der Akademie der Künste. Nun ist nur noch sein rustikaler Charme in Erinnerung. Andere Namen muß man sich aus Nachschlagebüchern zusammensuchen. Wer gewann eigentlich damals den heißumkämpften Wettbewerb für das Schiller-Theater, und wie hieß der Architekt der wiederaufgebauten Deutschlandhalle? Niemand weiß es mehr.

Nur zwei Greisenwerke haben die Zeiten überdauert, die als einzige für Berlins Nachkriegsarchitektur einstehen müssen – Mies van der Rohes Neue Nationalgalerie und Hans Scharouns Philharmonie in jener sonderbaren Versammlung von Kulturgehäusen, die er Kulturforum nannte. Aber kann man sie wirklich für Berlins Nachkriegsarchitektur ins Feld führen? Wo diese Ar-

beiten Siebzig- und Achtzigjähriger doch eher Lebenswerke ab-
schließen, als daß sie neue Wege eröffnen. Keine Siedlung ist in
einem halben Jahrhundert entstanden, die den Vergleich mit
denen der ersten Republik aushält, und nichts stellt sich an die
Seite der großen Geschäfts- und Industriebauten vom Ullstein-
haus und den AEG-Bauten bis zur Siemensstadt.

Aber wahrscheinlich ist solche Mediokrität nicht auf Berlin
beschränkt. Stuttgarts »Liederhalle«, Münchens »Staatskanzlei«
und Bonns »Beethovenhalle« zeigen, wie wenig man auch in Bayern, Württemberg und im Rheinland der Herausforderung von
Bauaufgaben ohnegleichen gewachsen war. Im Grunde führt die
Besichtigung der Berliner Dinge immer auf die allgemeine deutsche Misere, und sie wiederum ordnet sich ins Europäische ein.
Rotterdams Wiederaufbau nach dem Krieg zeigt, daß man in
ganz Europa hilflos war, als es galt, zerstörte Städte wiederzu-
schaffen.

Wird die neue Stadtmitte Berlins ein Konzept bringen, wie
sich neue Architekturen in alte Stadtfiguren einfügen? Die Hoffnung auf eine Versöhnung des Heute mit dem Gestern hat bisher
immer getrogen, in Niemeyers Brasilia wie in Corbusiers Chan-
digarh und in Louis Kahns Dacca. Auch die provisorische Hauptstadt Bonn kam über eine Ansammlung von zwei Dutzend Ministerien, einem Bundeskanzleramt und einem Konzertgebäude,
aufgereiht an der Adenauerallee, nicht hinaus. Das aber ist vielleicht nicht so sehr die Schuld der Architekten, sondern die der
Epoche, die zwar gute Architektur zustandebrachte, aber nicht
neue Städte oder selbst nur Stadtviertel, auf deren Straßen man
flanieren, und Plätze, auf denen man sich versammeln kann. Es
werden nur lauter Ernst-Reuter-Plätze daraus.

Es ist die Theorie, die in die Irre geführt hat. So endet alles
bei der Goethischen Klage: Ihr laßt den Armen schuldig werden,
dann überlaßt Ihr ihn der Pein.

Von dem heiklen Privileg, ein Deutscher zu sein

VOR ZIEMLICH GENAU ZWEIHUNDERT JAHREN verwunderte sich Goethe, daß kein Angehöriger der kleineren Nationen Europas auf den Gedanken komme, sich im Ausland als Deutscher auszugeben. Wann immer ein Däne oder Holländer in einem römischen Salon erscheine, wolle er Franzose oder Engländer sein, nie aber Deutscher.

So ist es im Grunde immer geblieben, es ist offensichtlich kein besonderes Prestige damit verbunden, unserer Nation anzugehören, oft übrigens bei gleichzeitiger Bewunderung des deutschen Geistes. Das war lange vor den beiden Weltkriegen so, und schon Friedrich Nietzsche hat dazu einige Bemerkungen gemacht.

Das mindere Prestige der Deutschen im Ausland kommt also nicht aus den Untaten des Dritten Reiches. Immer mußten die Deutschen mit ihrer geringeren gesellschaftlichen Achtung draußen umgehen, und noch heute bringt es mehr Ansehen, ein Brite zu sein oder der Grande Nation anzugehören, obwohl wir doch nicht nur der volkreichste, sondern auch der wirtschaftlich erfolgreichste Staat Europas sind.

Ein Deutscher spielt charakteristischerweise in französischen oder russischen Romanen eine eher komische, auf keinen Fall eine besonders ansehnliche Rolle; er ist, bei Balzac wie bei Dostojewski, meist ungeschliffen und oft tölpelhaft, vor allem wenn er als Hauslehrer auftritt. Das fällt um so mehr ins Auge, als im Gegensatz dazu ein Franzose, den es nach Deutschland verschlagen hat, eine herausgehobene Rolle einnimmt, sei er ein Hugenotte oder ein Refugié, was etwa bei Fouqué oder Fontane von vornherein eine gewisse Überlegenheit signalisiert.

Sehr oft rühmt man sich während des ganzen neunzehnten Jahrhunderts, ein Flüchtling aus Frankreich zu sein. Man hat auch, in Potsdam wie in Berlin, seine eigenen französischen Kirchen oder sogar Dome und verkehrt in Gemeinden, die durch ihre mit Stolz bewahrte Herkunft und oft auch noch nach Generationen gemeinsame Sprache zusammengehalten werden. Dergleichen ist von Deutschen in England oder Rußland kaum bekannt. Erst die Emigration aus dem Land Hitlers brachte ein gewisses Zusammengehörigkeitsgefühl der Flüchtlinge hervor, nun wurde die Bezeichnung »Emigrant« so etwas wie ein Ehrentitel.

Nach dem letzten Krieg, als man durch die Vergangenheit belastet war, suchte der Besucher in New York mitunter einen Ausweg. Auf die Frage, was denn das Heimatland sei, antwortete man ironisch: »Prussia«. Das war eine Replik, die auf Verblüffung, Heiterkeit und schließlich Beifall stieß. Die Deutschen waren der Welt zumindest seit den beiden Weltkriegen dubios, aber das alte Preußen war der Staat gewesen, der die Vereinigten Staaten als erster diplomatisch anerkannt hatte, und das kam fast gegen das französische Geschenk der Freiheitsstatue an. Davon zehrten die Deutschen zumindest ein Jahrhundert.

Aber in der Geschichte geht ja vieles kunterbunt durcheinander. Man hatte Sympathie für das alte Preußen, das in seiner Redlichkeit und Rechtlichkeit ein Gegensatz zu der Welt Hitlers gewesen war. Aber man sah in Preußen doch auch eine Quelle des Unheils, das über die Welt gekommen war, des vermeintlich typisch preußischen Kadavergehorsams, der Militarisierung auch des Zivillebens, das im schnarrenden Kasinoton der Gardeoffiziere oder im schneidigen Umgang der studentischen Korps zur Karikatur geworden war.

Zwei Jahre nach dem totalen Kollaps Deutschlands schaffte man Preußen 1947 staatsrechtlich kurzerhand ab, sonderbarerweise bei gleichzeitiger Bewunderung preußischer Ordnung und auch Philosophie, die mit Kant das Denken Europas beflügelt hatte.

Nach der Wende versammelten sich in einem Dahlemer Garten früher sowjetische, jetzt russische Botschafter wie Julij Kwizinskij, Oleg Grinevskij und Valentin Koptelzew. Natürlich sprach man zumeist über das Schicksal Rußlands. Den Untergang der Sowjetunion behauptete man mit einigen Schwierigkeiten verwinden zu können, das Auseinanderbrechen des alten Groß-rußland aber, wie es seit Peter dem Großen bestanden hatte, war ganz offenkundig ein Gegenstand des tiefsten Schmerzes. Über den Abfall der mittelasiatischen Republiken kam man noch am leichtesten hinweg, die Welt des Kaukasus aber, wo einst Pusch-kin als junger Offizier Dienst getan hatte, war für ihr Gefühl seit dreihundert Jahren ein Teil Rußlands gewesen. Daß das alte Kur-land und Livland als baltische Republiken selbständig geworden waren, wollte man nicht als das letzte Wort der Geschichte neh-men und tut das im Grunde auch heute nicht.

Es konsternierte diese russischen Diplomaten, daß die Deut-schen ihrerseits so schnell über den Verlust ihrer östlichen Pro-vinzen hinweggekommen sind und Ostpreußen wie Schlesien ganz aus ihrer Erinnerung getilgt haben.

Ist man stolz, ein Deutscher zu sein? Das ist in der Tat eine schwierige Frage, nicht leicht zu beantworten. Für den Franzo-sen oder Engländer ist die Antwort auf eine solche Frage ganz selbstverständlich, bei allen Schwierigkeiten mit den Korsen und Bretonen und den Unabhängigkeitsbestrebungen der Iren und Schotten, die ja seit jeher darauf pochen, eine eigene Nation mit einem eigenen Land zu sein. Aber begriff sich der Bayer von vornherein als Deutscher, und sahen – und sehen – die Rheinlän-der wirklich in Berlin ihre Hauptstadt? Das macht ja die Crux zum Beispiel eines Wiederaufbaus des Berliner Stadtschlosses aus, daß sich an den grandiosen Bau Andreas Schlüters niemals ein deutsches Nationalgefühl geheftet hat.

Man hatte ja seine eigenen Schlösser in München wie in Stutt-gart, in Weimar wie in Darmstadt, und es war nicht nur eine Marotte Ludwigs II., daß er der Berliner Reichsseligkeit mit Fremdheit gegenüberstand, weshalb ihm erst die Zusicherung geheimer Subsidien aus der Kriegsbeute des 66er Krieges (des berühmten Welfenschatzes) dazu brachte, seinem preußischen Vetter die Kaiserkrone anzutragen. Das erst sehr langsame, allmählich immer schnellere, dann völlige Aufgeben des föderalen Lokalstolzes für ein übergreifendes reichsdeutsches Selbstgefühl wird in den Tagebüchern der Baronin Spitzemberg greifbar.

Jahrhundertelang heftete sich das Gefühl der Deutschen an die überschaubare kleine Welt im Nächsten. Die thüringischen oder hessischen Herzogtümer waren das Konkrete, während das Deutsche immer ein wenig wolkig blieb, der Welt der »Kulturnation« angehörte. Beim Anblick des Straßburger Münsters kamen noch Friedrich Meinecke die Tränen, und die Marienburg in Westpreußen wurde im neunzehnten Jahrhundert so etwas wie eine geheime Inkarnation vom mittelalterlichen Glanz des Ordensstaates. Aber das hatte mehr mit der »Reichsidee« zu tun als mit konkretem Nationalgefühl; das Gefühl lebte im Nächsten oder im Fernsten.

Der Föderalismus, den die Siegermächte 1945 den Deutschen verordneten und den diese sich inzwischen zutiefst zu eigen gemacht haben, entspricht der älteren Tradition der Deutschen. Mit dem Nationalstaat wußte man nie viel anzufangen. Wir alle waren »fritzisch« gesinnt, heißt es bei Goethe in seinen Erinnerungen – »fritzisch«, aber nicht preußisch. Im politischen Raum gehörte man weiter der freien Reichsstadt Frankfurt an und wollte mit dem so erfolgreichen Großstaat im Osten des Reiches nie viel zu tun haben. Es ist also sehr zweifelhaft mit dem deutschen Nationalgefühl bestellt, zumindest ganz anders als mit dem Frankreichs oder Englands oder auch Polens.

Sobald sich aber der Deutsche im Ausland bewegt, empfindet er sich sehr stark als Deutscher. Nie würde er auf den Gedanken kommen, sich auf jene Frage in New York als Badener oder Sachse oder Mecklenburger zu erklären. Dann ist er auf einmal Deutscher, und er will es sein.

In diesem Sinne gibt es eben doch eine »Leitkultur«, die sich zuerst auf die deutsche Sprache bezieht. Der Italiener ist auch nach einem dreiviertel Jahrtausend stolz, die Sprache Dantes zu

sprechen, auch wenn er nie eine Zeile der »Divina Commedia« ge-
lesen hat, und der Engländer beschlagnahmt nach fünfhundert
Jahren noch Shakespeare ohne Skrupel als den seinen. Soll da der
Deutsche zögern, sich im Geist der Weimarer Klassik wiederzu-
erkennen? Goethe ist tatsächlich ein Nationaldichter, welchen
Beitrag Luther auch immer für die Ausbildung der deutschen
Sprache getan hat, die von so vielen, Nietzsche voran, dann im
Laufe der zwei Jahrhunderte seitdem bereichert worden ist.

Natürlich gibt es eine deutsche Leitkultur, und die Ängstlich-
keit, damit umzugehen, spricht nur von der Brüchigkeit der
deutschen Substanz. Vielleicht hat Friedrich Merz daran gar
nicht gedacht, als er die Formel gebrauchte, die so viel Aufre-
gung hervorgerufen hat, aber Angela Merkel sollte sich nicht in
die Enge treiben lassen. Sie tut recht daran, mit weiblicher Hart-
näckigkeit ihm an die Seite zu springen.

Es könnte ja sein, daß der verquere Zustand des deutschen
Selbstgefühls gerade das eigentlich Zukunftsweisende und Moderne ist. Vielleicht gehört der Nationalstaat überall dem gerade
abgelaufenen Jahrtausend an?

Bei Besichtigung meiner schriftlichen Hinterlassenschaft

IM ALTER WIRD MAN ALT und sonst nichts. War das wirklich der Kommentar Bernhard Shaws, als alle Welt von der »Weisheit des Alters« sprach?

Von wem, um Himmels willen, stammt denn die Zuversicht, daß man im Alter weise wird? Meine Erfahrung läuft auf anderes hinaus. Die eigenen Freunde, die also derselben Generation angehören, sind doch alles mögliche, nur nicht weise. Der eine ist mürrisch, der andere melancholisch, und der dritte hat sich aus der Wirklichkeit zurückgezogen. Ist das Weisheit?

VON SEHR ALTGEWORDENEN, die man früher Greise genannt hätte, fällt mir vieles ein, aber daß sie weise geworden wären, auf den Gedanken bin ich noch nicht gekommen. Eher ist ihre Geisteskraft, derentwegen man sie früher bewunderte, manchmal beneidete, blaß geworden, und verstohlenerweise denkt man mitunter: und der war früher so geistreich.

Gerade bei Köpfen einstiger Produktivität macht man die melancholische Erfahrung nachlassender Geisteskraft. Man braucht sich nicht auf den eigenen Bekanntenkreis zu beziehen, die Geschichte hält genügend Beispiele für frühe Bedeutung und späte Belanglosigkeit bereit. Wie haben sie die Welt verzaubert, als sie Jünglinge waren. Mitunter hat sie allerdings der Tod der Erfahrung der Banalität entzogen. Wäre Georg Büchner, der als Einundzwanzigjähriger den »Lenz« schrieb und mit dem »Woyzeck« ein staunenswertes Fragment hinterließ, später zu Stücken oder Erzählungen gekommen, die frühe Verheißung durch ein grandioses Alterswerk gerechtfertigt hätten? Nur starb Büchner mit dreiundzwanzig Jahren. Und wie war es mit jenem Hardenberg, der als Novalis mit fünfundzwanzig Jahren die unvergänglichen »Hymnen an die Nacht« schrieb? Wir wissen es nicht, auch sein Leben endete mit achtundzwanzig Jahren.

Aber selbst die Alt- oder sogar Uraltgewordenen leisteten ihr Bestes in der Jugend. Mit dem, womit sie später ihr Leben bestritten, ist es vielleicht nicht so weit her. Fast kennt man die Dramen und Epen des alten Gerhart Hauptmann nicht, der doch die Welt der Literatur umgestürzt hatte, als er jung war. Und Thomas Mann hatte als Siebzigjähriger selber seine Zweifel, ob er nicht mit den »Buddenbrooks«, die er Anfang seiner Zwanzig schrieb, das ihm Mögliche gegeben hatte. Mit Altersmelancholie betrachtete er das Spätere, obwohl doch Dinge wie der »Zauberberg« oder der »Joseph« darunter waren. So ging es wohl den meisten. Arthur Schopenhauer hatte sein Hauptwerk »Die Welt als Wille und Vorstellung« mit dreißig Jahren zu Ende gebracht, und die nächsten vier Jahrzehnte feilte er nur daran herum.

Fälle anhaltender Produktivität, die sich noch bis ins hohe Alter bewährt, sind selten, eigentlich sogar Ausnahmen. Goethe, den man auch hier ins Feld führen muß, schrieb als Greis mit der »Marienbader Elegie« eine unvergleichliche Altersdichtung. Hing das damit zusammen, daß der Vierundsiebzigjährige sich noch so in das Leben verliebte, daß er der neunzehnjährigen Ulrike von Levetzow allen Ernstes einen Antrag machte, wobei er sich vom Hofarzt des Herzogs bescheinigen ließ, daß er durchaus noch seinen Mann zu stehen vermöge? Aber mit erotischer Tüchtigkeit ist es nicht getan. Wer verfügt nicht alles über sinnliche Ergiebigkeit, ohne daß er sonst von sich reden machte?

Ich habe Erfahrungen gemacht, die auch nicht zu verachten sind. Man ist gelassener geworden mit den Jahren, fast möchte man es Milde des Alters nennen. Dinge, die einen früher aufgeregt hätten, sieht man jetzt mit Gleichgültigkeit, oder, wenn es sich so ergibt, mit Heiterkeit. Die Gefahr daran ist, daß man für das Neue selten noch aufgeschlossen ist. Man muß sich hüten, daß man auf diese Weise nicht zu einer Verurteilung alles Modernen kommt. Max Liebermann, der in seiner Jugend so revolutionär war, daß man ihm den Auszug aus der »Großen Berliner« nahelegte, war ein paar Jahrzehnte später so konservativ, daß gegen ihn die »Neue Secession« gegründet werden mußte.

Warum habe ich den Künstlern meiner Zeit, all den Fritz Werners, Willi Baumeisters und Ernst Wilhelm Nays nichts abgewinnen können, selbst als sie mir Bilder schenken wollten? Ich blieb bei den Heroen meiner jungen Jahre, und das galt auch für die Literatur. Denen, die eigentlich meine Autoren gewesen wären, Heinrich Böll, Martin Walser und Günter Grass, konnte ich wenig abgewinnen, auch wenn sie doch Nobelpreise erhielten. Ich kannte sie alle sehr gut, und mit dem einen oder anderen war ich sogar befreundet.

Die Götter der Jugend aber bleiben einem heilig, auch wenn inzwischen an anderen Altären geopfert wird. Um ein Beispiel aus der eigenen Erfahrungswelt zu geben: Der junge Hemingway bleibt einem unvergleichlich, und auch jener Scott Fitzgerald ist mir ein Sprachwunder, selbst wenn inzwischen Legionen von anderen Autoren an seine Stelle getreten sind. Man erinnert sich der Tage und Wochen, da man ihren Büchern zum ersten Mal begegnete. Den Frühling sieht man noch vor sich, spürt den Geschmack des frischen Grüns, das einen umgab, als man im Schwarzen Grund »Farewell to Arms« zum ersten Mal fast atemlos las, und die Begegnung mit dem »Großen Gatsby« wurde durch nichts Späteres verdrängt, auch wenn man an John Updikes Rabbit-Romanen nicht vorüberging.

Wie jung war man doch, als man das Erlebnis der Moderne zum ersten Mal hatte – Heckels »Badende« am Elbestrand, Pechsteins »Fischerboote an der Kurischen Nehrung« und Schmidt-Rottluffs Farbexplosionen, sein rotes Haus im Meer des Grünen. Den Eltern war dergleichen ein Gipfel des Bizarren, sie hielten an Manet und Liebermanns weißem »Haus in Hilversum« fest, die zu ihrer Zeit modern gewesen waren. Kann man eine Lehre daraus ziehen?

In meinem Falle ist es die, daß die Erfahrung der Revolution einem nur einmal zuteil wird, weshalb man befremdet auf die Arbeiten Jörg Immendorffs sieht, für die neulich die Riesenhalle von Mies van der Rohes Neuer Nationalgalerie kaum ausreichte. So ging es einem auch bei dem Berliner Gastspiel des New Yorker Museum of Modern Art, das die Berliner fast zärtlich nur »MOMA« nannten. Die frühen Explosionen, seien es Munch, van Gogh oder der junge Picasso, machten einen fast sprachlos. Aber die Menschentrauben drängten sich ja auch vor all den weißen, roten oder blauen Flächen der zweiten Jahrhunderthälfte, auf denen sonst nichts zu sehen war. Waren sie so viel empfindlicher als man selber, oder starrten sie nur ehrfürchtig in das Nichts?

Ich hüte mich, dergleichen zu verurteilen, es mag ja sein, daß diese Werke so bedeutend sind wie die der Neuerer meiner Generation. Aber es ist eben nicht mehr die meine, und damit bescheide ich mich, sehe mit Heiterkeit auf all das, was heute zutage gefördert wird, und verwundere mich, daß die Zeit so extrem vorangeschritten ist.

BRIEFE

Talbiyeh, Jerusalem
4.3.53

Sehr werter Herr Siedler –

Ich danke Ihnen für die freundliche Zusendung Ihrer Aufsätze und Besprechungen, die alle von einem echten Verständnis und zwar, worauf es am meisten ankommt, Verständnis für einen Zusammenhang zeugen. Ich habe nur weniges am Rand zu bemerken, so etwa, dass Sie die »Kluft« zwischen Judentum und Christentum überbetonen (vgl. dagegen mein Vorwort und Schlusskapitel) – »unübersehbar« weit ist sie eben doch nicht. Mein in diesem Monat (im Manesse Verlag) erscheinendes Buch »Gottesfinsternis« wird Ihnen wohl einige ergänzende Aufschlüsse geben können.

Ich würde mich freuen, Ihnen, wenn ich im Sommer in Deutschland bin, persönlich zu begegnen.

Ihr ergebener
Martin Buber

Dr. Max Brod
16, Hayarden St.
Tel Aviv
26. I. 5 3

Sehr geehrter Herr W. J. Siedler,

Besten Dank für die beiden Kritiken. Die über Buber ist natürlich wesentlich breiter ausladend und eingehender als die über
mich, – schade, daß die Redaktion gekürzt hat – aus dem, was
stehen geblieben ist, sehe ich, daß meine beiden Bücher Sie
berührt haben und daß Sie das Wesentliche dieser versunkenen
Welt mitfühlen. Mehr will ich ja nicht. Und danke Ihnen herzlichst.

Über den »Meister« hat mir der Verlag so viele Kritiken geschickt, daß mir das Einzelne im Kopf durcheinandergeht. In
einem Berliner Blatt beklagte der Kritiker, der sonst dem Buch
viel Zustimmung entgegenbrachte, ich hätte im Kaiserlichen
Rom zu wenig das positive, zu sehr das die Provinzen aussagende
Prinzip gezeichnet. Ich weiß nicht, ob diese Kritik von Ihnen
war. Jedenfalls braucht man nur den Josephus Flavius und die geschichtlichen Partien des Talmud zu studieren, um zu erkennen,
daß die Römer nur Unglück und Vernichtung nach Judäa und
wohl auch in die anderen Provinzen, vielleicht von Griechenland
abgesehen, hineintrugen und zwar Straßen und Wasserleitungen
bauten, aber die einheimische Kultur und Wirtschaft zerstörten. – Doch wozu die Entgegnung hier auf eine Ansicht, die vielleicht gar nicht von Ihnen herrührt.

Über Trier-Speyer habe ich herzlich gelacht. Und daß Sie den
Kaffeeberg, Hotel Seeblick etc. so genau kennen, gibt Ihrer Person in meinen Augen die Aureole gemeinsamer Jugendtage.

Herzliche Grüße

Ihres Max Brod

26. I. 53

Sehr geehrter Herr W. J. Siedler,

Besten Dank für die beiden Kritiken. Die über Buber ist natürlich wesentlich breiter ausladend und eingehender als die über mich, — schade, daß die Redaktion gekürzt hat — aus dem, was stehen geblieben ist, sehe ich, daß meine beiden Bücher Sie berührt haben und daß Sie das Wesentliche dieser versunkenen Welt mitfühlen. Mehr will ich ja nicht. Und danke Ihnen herzlichst.

Über den „Meister" hat mir der Verlag so viele Kritiken geschickt, daß mir das Einzelne im Kopf durcheinander geht. In einem Berliner Blatt beklagte der Kritiker, der sonst dem Buch viel Zustimmung entgegenbrachte, ich hätte im kaiserlichen Rom zu wenig das positive, zu sehr das die Provinzen aussaugende Prinzip gezeichnet. Ich weiß nicht, ob diese Kritik von Ihnen war. Jedenfalls braucht man nur den Josephus Flavius und die geschichtlichen Partien des Talmud zu studieren, um zu erkennen, daß die Römer nur Unglück und Vernichtung nach Judäa und wohl auch in die andern Provinzen, vielleicht von Griechenland abgesehen, hineintrugen und zwar Straßen und Wasserleitungen bauten, aber die einheimische Kultur und Wirtschaft zerstörten. — Doch wozu die Entgegnung hier auf eine Ansicht, die vielleicht gar nicht von Ihnen herrührt.

Über Fries-Speyer habe ich herzlich gelacht. Und daß Sie den Kaffeeberg, Hotel Seeblick etc. so genau kennen, gibt Ihrer Person in meinen Augen die Aureole gemeinsamer Jugendtage.

Herzliche Grüße
Ihr Max Brod

Sehr verehrter, lieber Herr Siedler, es hat mich recht sehr betrübt, dass wir uns in Wien verfehlten!! Am Morgen, nachdem ich Ihre Karte erhalten hatte, schrieb ich Ihnen das beiliegende Brieferl, das jedoch alsbald von Boskowski zurück kam: Sie waren schon abgereist. Besser wär's doch telephonisch gewesen, ich steh' ja im Buche, und die »Auskunft« hätte meine geänderte Nummer gegeben. Nun, wie immer! Ich hab' Ihren lieben Brief vom April, auf welchen ich nicht antworten konnte, denn die Arbeit – nochmalige Überarbeitung des I. (und ältesten) Teiles der »Dämonen« – lief in hohen Touren ihrem Ende zu. Nun ist fast das ganze Buch schon gesetzt. Donnerstag fahre ich nach München, und das Correcturenlesen wird durch mehrere Wochen gehen.

Ich wäre Ihnen, lieber Herr Siedler, von Herzen dankbar, wenn Sie die »Dämonen« selbst besprechen würden: das Buch stellt einige Anforderungen, und nicht nur durch seinen enormen Umfang. Ein Leser der »Stiege«, nämlich ein solcher *Leser*, wie Sie, hat zudem hier von vornherein einen Vorsprung. Man setzt zur Zeit noch den I Teil fertig (II und III stehen fertig im Satz!) Das wird aber nur mehr drei bis vier Tage dauern, und dann werden Sie die Abzüge erhalten: damit Sie vom Anfang an lesen können!

Es lassen sich kleinere Teile gewiss für Vorabdrucke herausheben! Sie werden das selbst sehen. Mich wird es immer freuen, im »Tagesspiegel« zu erscheinen; und ich werde – wenn Sie das Werk einmal kennen – mir erlauben, Ihnen selbst Kleinst=Einheiten daraus vorzuschlagen.

Nun kommt also alles, nach 25 Jahren (seit 1931 arbeite ich ohne Unterbrechung an dem Buch) in Fluss. Mögen alle guten Kräfte sich mit mir verbünden!

Es begrüßt Sie für heute herzlich und collegial Ihr sehr ergebener Heimito von Doderer

26. Juni 56
Wien

Sehr verehrter, lieber Herr Siedler, es hat mich recht sehr betrübt, dass wir uns in Wien verfehlten!! Am Morgen, nachdem ich Ihre Karte erhalten hatte, schrieb ich Ihnen der Zeit liegend Briefzettel, der jedoch alsbald von Pbockovski zurück kam: Sie waren schon abgereist. Bonnce wäre's doch telephonisch gewesen, ich steh' ja im Buche, und Sie. Auskunft hätte Ihnen geänderte Nummer gegeben. Nun, wie immer! Ich hab' Ihren lieben Brief vom April, auf welchen ich nicht antworten konnte, denn die Arbeit — nochmalige Überarbeitung des I. (und ältesten) Teiles der „Dämonen"-ließ im hohen Tauern kaum Ende zu. Nun ist fast das ganze Buch schon gesetzt. Donnerstags fahr' ich nach München, und das Correcturenlesen wird durch mehrere Wochen gehen.

Ich wäre Ihnen, lieber Herr Siedler, von Herzen dankbar, wenn Sie Sie „Dämonen" selbst besprechen würden: das Buch stellt einige Anforderungen, und nicht nur durch seinen enormen Umfang: Ein lesen der „Stiege", nämlich ein solches lesen, wie Sie, hat anderen hier von vornherein einen Vorsprung. Man setzt zur Zeit noch den I. Teil fertig (II und III stehen fertig im Satz!) Das wird aber nur mehr drei bis vier Tage dauern, und dann werden Sie die Stiege erhalten: damit Sie von Anfang an lesen können!

Es lassen sich kleinere Teile gewiss für Vorabdrucke herausheben! Sie werden das selbst sehen. Mich wird es immer freuen, im „Tagesspiegel" zu erscheinen; und ich werde „wenn Sie das Werk einmal kennen — mir erlauben, Ihnen selbst kleinere Einheiten daraus vorzuschlagen.

Nun kommt also alles, nach 25 Jahren (seit 1931 arbeite ich ohne Unterbrechung an dem Buch) im Fluss. Mögen alle guten Kräfte sich mit mir verbünden! — So begrüßt Sie für heute herzlich und collegial Ihr sehr ergebener Heimito v Doderer
26. Juni 56
Wien

9.10.62

Lieber Herr Siedler,

ich könnte natürlich alles, was ich Ihnen jetzt mitzuteilen habe, auch erklären. Aber: vertrauend auf unsere Bekanntschaft und die kleine Kenntnis von einander, teile ich bloß mit, daß ich keine Lust empfinde, an irgendeinem Quartett mitzuschreiben, daß ich zur 47er-Tagung nicht nach Berlin komme (dies bedauere ich, weil ich Sie ja so schnell nicht mehr sehen werde, und Sie wissen ja, ich seh Sie gern an, das wird doch noch erlaubt sein, von mir aus könnten Sie wegziehen aus West-Berlin). Ich pflege mich jetzt, verschwinde in Herbst und Winter, das ist, der höheren Hügel wegen, meine natürliche Jahreszeit, einiges kann mir gestohlen bleiben, dazu gehören Sie nicht, deshalb wünsche ich Ihnen alles Gute und Ihrer Frau auch.

Ihr Martin Walser

Grüßen lassen könnt ich auch die auffällige Nachbarin

Gärtringen, 2. Juni 1963
Krs. Böblingen Württ.
Tel.: Ehningen 521
(Krs. Böblingen)

Mein lieber und verehrter Freund,

mir scheint, dass ich Ihnen anlässlich meines Geburtstages für vieles zu danken habe; nicht nur für die guten Glückwünsche, sondern auch für den geistvollen Aufsatz in der ZEIT, der ebenso amüsant wie scharfsinnig war und den Nagel auf den Kopf traf. Unser unglücklicher R. W. Leonhardt hat ja wahrlich kein Glück mit seinen persönlichen Beziehungen zu mir, die er freundschaftlich halten will (»trotz geistiger Differenzen«). Der Gute hat mit seiner einschränkenden Notiz am Ende Ihres Aufsatzes wieder einmal ins Fettnäpfchen getreten. Wir haben sehr darüber gelacht und sein Missgeschick, das ihn in seinem Bestreben, ein Mann guten Willens zu sein, hartnäckig verfolgt, wieder einmal beklagt.

Ich bedauere sehr, dass wir so spät in persönliche Fühlung getreten sind. Es ist mir eine grosse Befriedigung, Sie – wenn ich den Ausdruck wagen darf – unter meinen Freunden zu wissen. Von Ihrem Wohlwollen geht Ruhe und Sicherheit aus. Nicht viele Schriftsteller haben heute diesen Wunsch, ihren Mitmenschen oder gar ihren Lesern Ruhe zu vermitteln, obwohl sie doch die beste Frucht ihres Urteils und genauen Formulierens sein sollte.

Ich hoffe, Sie in Ihrer neuen Tätigkeit nicht aus dem Auge zu verlieren, und wiederhole meinen aufrichtigen Wunsch, Sie einmal hier unter unseren prächtigen Bäumen in Fleisch und Blut begrüssen zu können.

Mit nochmaligem Dank und guten Grüssen
Ihr sehr ergebener
Friedrich Sieburg

Günter Grass
Berlin 41, am 6. Mai 1965
Niedstr. 13

Propyläen Verlag Berlin
Herrn Wolf Jobst Siedler
Berlin 42
Mariendorfer Damm 1–3

Lieber Herr Siedler,

ich habe ein schlechtes Gewissen: Ihr Brief ist vom 1. März. Das Buch habe ich schon lange und – wie Sie sich denken können – mit Vergnügen und Lust zum Widerspruch gelesen; aber an die geplanten Lithographien habe ich noch nicht denken können, denn zur Zeit habe ich mich, was Ihnen unverständlich sein wird, auf den Wahlkampf und die SPD konzentriert. Vom 6. bis 20. Juli findet meine erste Wahlreise statt, und ich muß zugeben, diese Auftritte bereiten mir jetzt schon Lampenfieber.

Morgen fliege ich mit Uwe Johnson nach New York. Am 10. Juni werde ich wieder zurück sein. Hätten Sie Lust, mich am 19. Juni (Sonnabend) um 17.00 Uhr zu besuchen? Insgeheim hoffe ich immer noch, Ihre Feder gewinnen zu können. Eine Postkarte genügt, meine Sekretärin wird den Termin während meiner Abwesenheit eintragen.

Freundliche Grüße
Ihr
Günter Grass

22. August 1966

Lieber und verehrter Herr Siedler,

Vielen Dank für Ihren freundlichen Brief und für das erste Vorausexemplar von »Eine grosse Zeit«, das ich durch Fräulein Bergvall, Albert Bonniers Förlag, bekommen habe. Die Ausstattung und Druck der Propyläenausgabe gefallen mir sehr viel; ich freue mich wirklich, dass das Buch in so gute Hände gekommen ist. Und während einiger Abende habe ich es durchgelesen. Es ist recht interessant (ich habe positive Erlebnisse dieser Art einigemal früher gehabt) eines seiner eigenen Bücher in einer nuancierten Weise in einer anderen Sprache gespiegelt zu sehen. Man erlebt wieder das Buch und erinnert sich in welcher psychischen Verfassung man war, als man es schrieb – und in so wechselnden Gemütszuständen! Es ist dasselbe Buch, aber doch nicht genau dasselbe. Man sieht nicht nur die Spiegelung, sondern auch den Spiegel selbst – und wenn es ein guter Spiegel ist, ein klarer Spiegel, dann wird man – der Verfasser – wirklich froh. – Ja, zuweilen ist es mir vorgekommen, dass man ein Essay von gerade diesem schreiben könnte: wie man erlebt bei diesem »Umwandlungsprozess« anwesend zu sein und zwar im höchsten Grade engagiert. Meine Absicht mit diesem Brief war aber Ihnen, Herr Siedler, zu danken. Ich bin Ihnen zu großem Dank verpflichtet, für alles, was Sie im Laufe der Jahre für meine Bücher gemacht haben.

Und jetzt wünsche ich Ihnen und Ihrem Verlag allen Erfolg bei der Einführung von »Hans Nådes tid« in Deutschland. Und das ich mich sehr über die Erscheinung durch Ihren Verlag von »Hier hast du dein Leben« in einer komplettierten Übersetzung und in einer zweibändigen Ausgabe freue, brauche ich wohl Ihnen nicht zu sagen?

Mit herzlichen Grüßen Ihr Ihnen ergebener
Eyvind Johnson

Ernst Jünger

7941 Wilflingen, 24. 8 . 6 6

Lieber Wolf Jobst Siedler,

Es ist schön, daß Sie die Edition des dicken Romans von Drieu gewagt haben. Hoffentlich haben Sie Erfolg damit oder kommen wenigstens »mit dem Einsatz heraus«. Oft staune ich über die Unmengen von Büchern, die an den Mann kommen.

Drieu La Rochelle gehört zu meiner Generation. Ich habe einige gute Gespräche mit ihm gehabt. Dabei stellten wir fest, daß wir uns als Freiwillige zu Beginn des Ersten Weltkrieges genau gegenüber gelegen haben, und zwar bei Le Goda, dem Dorf, vor dem Hermann Löns gefallen ist. Wir hörten vom Kirchturm die gleiche Uhr schlagen. Mit seinem Selbstmord hat er der Zeit diesen zu grossen Zoll gezahlt: Noblesse oblige. Vielleicht sollte man es lieber mit Oscar Wilde halten: »Der Selbstmord ist ein Kompliment, das man der Gesellschaft nicht machen soll.«

Es freut mich, daß Gerhard Heller, der Drieu sehr schätzte, die Übersetzung übernommen hat. Wir haben jetzt in Baden-Baden bei Hellers einen Abend verbracht, der mich an die besten Pariser Zeiten erinnerte. Schade nur, daß Gerhard durch seine Krankheit so zu leiden hat. Aber er trägt es nicht nur mit Fassung, sondern sogar mit Heiterkeit. Ich halte ihn für den besten Kenner der modernen französischen Literatur.

Alexander schrieb mir von Ihrem Symposion. Er wußte auch von Ihrer Diderot-Ausgabe zu berichten – es ist recht, daß Sie ihn literarisch anregen. Die Ärzte kommen im allgemeinen viel zu wenig zur Lektüre. Ernstel hatte für sein Alter schon erstaunlich viel gelesen; er hätte wohl auch Geschichte studiert. Jeden Morgen beim Aufwachen fällt mein Blick auf sein Bild; er fehlt mir überhaupt jeden Tag.

Ich lese verschollene Bücher, die ich vorm Schlafengehen aus meiner Bibliothek ausgrabe. Gelegentlich werde ich Ihnen diesen oder jenen Titel mitteilen, aber als Anregung zur Publikation nur dann, wenn Aussicht auch auf zahlenmäßigen Erfolg besteht.

Wir haben Pässe nach Angola, sind aber mit der Passage noch nicht im Lot. Bitte grüßen Sie die Gattin von mir, und auch von meiner Frau.

Mit guten Wünschen Ihr

Ernst Jünger

Albert Speer
dipl.ing.
Heidelberg im Sept. 69

Lieber Herr Siedler,

es wird nicht so oft vorkommen, dass Sie ein Buch Ihres eigenen Verlages zum Geschenk erhalten. Hier liegen besondere Umstände vor: Ohne Ihre Mitarbeit wären diese »Erinnerungen« kaum fertiggestellt worden. Oft war ich doch recht mutlos beim Abfassen; die Verpflichtungen, an die Sie mich in zartester Weise gelegentlich erinnerten, trugen erheblich dazu bei, die Arbeit fortzusetzen. Als wir schliesslich in Zeitnot gerieten, war es genau der richtige Augenblick dazu. Denn darüber vergass ich mehr oder weniger das ausserordentliche Risiko, das mit einem derartigen Buch für mich und für meine Nachkommen verbunden ist.

Nun ist dieses Buch schon ein bisschen »Geschichte« geworden. Ich nehme an, dass es Sie befriedigt, mit der Geschichtsschreibung unserer Zeit so unmittelbar verknüpft zu sein.

Es grüsst Sie herzlichst,
in Dankbarkeit
Ihr

Albert Speer

69 Heidelberg-Schlierbach, Wolfsbrunneweg 50, Tel. 2 65 01

7.30
27.6.70

Sehr lieber Herr Siedler
Ihr Buch suggeriert mir, dass ich ein ganz ausserordentlicher
Zeichner bin
Danke

und danke auch, dass ich es als erstes allein studieren konnte.
Wie Sie wissen gibt es 2 Janssen Kinder + in beiden Fällen bin ich
der Übergabe am Krankenbett aus dem Weg gegangen + wenn
das Baby + die Mutter dann nach Haus kam, wurde das Kind
erstmal in seine Höhle gesteckt + irgendwann hab ich es dann
erstmal allein betrachtet. Danach konnte ich dann in die Küche
gehen + sagen: gut

237

Zum Buch
! der Druck erscheint mir noch brillanter als die Andrucke
! dass der Satzspiegel zur Buchmitte hin verrückt ist, empfinde ich mittlerweile auch gut – optisch richtig, weil bei Mittigstellung die Sache peripherielastig wäre.
! das hellgelbe Vorsatzpapier ist auch gut überlegt: In Verbindung mit dem sehr weissen Papier des ganzen Buches erzeugt es einen »Frischen« Eindruck, was bei der Art der Bilder die Gefahr des Antiquarischen vermeidet.

• nicht gut finde ich die Placierung der Signatur auf dem Leinenumschlag.
• + nicht gut finde ich die grossen Buchstaben im Innentitel
Horst Janssen
Zeichnungen

Also: Alles gut. Ein schönes Buch danke + ich werde mir eine Retour- Kutsche einfallen lassen. Sagen Sie bitte auch Jochen Fest danke von mir. Fest + ich sind ein bisschen verquer. Eine manische Phase meinerseits + einige Ungeschicklichkeiten seinerseits – geboren aus halb ängstlicher halb väterlicher Zuneigung – naja.

Ich werde mich demnächst in meiner Art zaghaft ihm nähern.
Grüsse an den Verlag
Kratzfuss für Sie
Auf bald

Ihr Janssen

4. Dezember 1974

Lieber Herr Böll,

sehr herzlichen Dank für Ihren letzten Brief. Obwohl ich, wie Sie sich denken können, in der Sache von »Kontinent« in fast jedem Punkt anderer Meinung als Sie bin, ist es doch angenehm, daß wir über alle Meinungsverschiedenheiten hinweg unsere freund-schaftlichen Gefühle füreinander hinüber retten konnten – ob-wohl ich einräume, daß mir die Empfindungswelt und das Selbst-verständnis schwer nachzuvollziehen sind, aus denen heraus Sie Springer und seinen Helfern – also wohl auch mir – neulich einen qualvollen Erstickungstod wünschten. Aber meine Irritabilität ist nicht groß genug, als daß ich mich deshalb von meinen per-sönlichen Gefühlen oder literarischen Kategorien abbringen ließe, und ich hoffe nur, daß die Nachbarschaft, in die ich Sie bringe, Sie nicht zu sehr schockiert, wenn ich sage, daß ich sol-chen Wendungen mit derselben Nachlässigkeit gegenüberstehe wie BILD-Zeitung-Schlagzeilen. Vielleicht sollte ich aber doch ein Wort zu Ihrer »Kontinent«-Äusserung sagen, da Sie mich sel-ber darauf hingewiesen haben. Ich habe die Frage im Sinn, wes-halb denn Solschenizyn und Sinjawski nicht zu Luchterhand, Suhrkamp oder Scherz mit ihrer Zeitschrift gegangen seien. Von Solschenizyns Büchern sind mehr als zehn Millionen Exemplare in der westlichen Welt verkauft worden. Rechnen Sie nur drei Mark Verlagsanteil, dann hat er dem Verlagsgewerbe etwa drei-ßig Millionen Mark ins Haus gebracht. Nehmen Sie die anderen Exil-Autoren hinzu, so wird die Emigration aus dem Osten der westlichen Verlagswelt rund fünfzig Millionen Mark eingespielt haben.

Nicht einer dieser Verlage ist auf den Gedanken gekommen, der versprengten und isolierten Emigration ein Verständigungsmittel in die Hand zu geben. Niemand hat sie gefragt, wessen sie bedürfen, und keiner hat an das Schicksal des über die Welt versprengten deutschen Exils der dreißiger Jahre gedacht. Dies, lieber Herr Böll, scheint mir zumindest so analysierungswürdig und interpretationsbedürftig zu sein wie die Besitzlage der Verlage Ullstein und Propyläen.

Nun zu »Kontinent« selber. Die Redaktion sitzt in Paris, den Inhalt der Hefte bestimmen Sinjawski, Solschenizyn und Maximow gemeinsam, weshalb der letztere denn auch als Geschäftsführender Redakteur und nicht als Chef-Redakteur aufgeführt ist. Jedes Heft aber wird vor seiner Zusammenstellung noch mit Sacharow in Moskau durchgesprochen. Was dann in deutscher wie in französischer, englischer, italienischer oder in all den anderen Sprachen erscheint, ist lediglich die Übersetzung des in Paris redigierten Originals, das stets ein paar Monate vor der westlichen Fassung erscheint.

Sagen Sie mir doch bitte einmal nicht pauschal, sondern konkret und präzis, in wiefern die Russen sich vom Springer-Konzern missbrauchen lassen und auf welche Weise sie den Interessen jenes Hauses dienen. Wir wollen doch die Mythisierung Springers nicht so weit treiben, daß wir es ihm zutrauen, Sacharow und Solschenizyn ebenso zu manipulieren wie Gallimard oder Garzanti und das Dutzend weiterer westlicher Verlage.

Aber ich habe mich im Laufe der Jahre daran gewöhnt, daß der Name Springer eine gewisse mindernde oder hemmende Wirkung auf die Denkfähigkeit und das Urteilsvermögen unserer Intellektuellen ausübt. Veröffentliche ich Speers »Erinnerungen«, so hat Springer die Maske fallenlassen; publiziere ich Marx' »Kapital«, so versucht der Konzern sich vor roten Zahlen zu retten; publiziere ich Bakunin, so mache ich den Anarchismus dienstbar; bringe ich »Kontinent«, sperre ich die russische Emigration vor den Wagen des Springer-Konzerns; ich lasse die bei Ullstein erschienenen Schriften von Herbert Wehner, Helmut Schmidt und Ernst Reuter (für uns herausgegeben von Willy Brandt) ganz beiseite, weil das zu weit führen würde.

Auf die Dauer gewöhnt man sich aber auch daran und doch ist man immer wieder überrascht – so, wenn Sie jetzt auf die freundschaftlichste Weise den Verdacht aussprechen, daß ich die extrem hohen Vorschüsse für Ihre Taschenbuchrechte wohl nur gezahlt hätte, um Sie durch einen Trick an Ullstein zu binden. Ihr eigener Verleger, lieber Herr Böll, wird Ihnen sagen können, wie Herr Dr. Witsch zu uns gereist kam und seiner Finanzschwierigkeiten wegen um Erhöhung der Vorschüsse bat. Ganz offensichtlich kann man Ullstein und Propyläen zwar nicht mit normalen Maßstäben messen, aber so extrem verwirrt sind wir denn doch nicht, daß wir lizenzgebenden und widerspenstigen Verlegern Garantiezahlungen geradezu aufdrängen, die uns ein paar zehntausend Mark allein an Zinsen gekostet hatten.

Aber ich glaube, die ganze Angelegenheit regelt sich ohne große Umstände von selber. Der Lagerabgangsstatistik nach müßte »Und sagte kein einziges Wort« schon im Laufe des nächsten Jahres ausverkauft sein, und damit ist die Lizenz an diesem Titel erschöpft. »Haus ohne Hüter« und »Brot der frühen Jahre« werden gerade nachgedruckt, und bei anhaltenden Verkaufszahlen müßten eigentlich auch diese Bestände im Laufe des Jahres 76 zu Ende gehen. Dann ist unsere verlegerische Beziehung an ihr Ende gekommen, und so schlimm kann es für Sie doch wirklich nicht sein, noch ein paar Monate länger bei Ullstein und mir zu sein, die wir Ihnen die Treue hielten, als Rowohlt und Fischer nichts von Ihnen wissen wollten und es den dtv noch gar nicht gab.

Empfehlen Sie mich bitte zu Hause und nehmen Sie selber in alter Herzlichkeit die besten Grüsse

Wolf Jobst Siedler

11. April 1975

Lieber Herr Siedler,

leider ist diese Fairneß (Ihnen und mir selbstverständlich), was den »Konzern« betrifft, nicht gegenseitig: es ist wirklich schon nicht mehr albern, sondern eher pathologisch, wie man den H.B. nicht nur »behandelt« (das kann ich noch halbwegs verstehen, wenn E v L auch eher unter die Schwachsinnigen gehört), sondern alles, was möglicherweise »gut« an ihm sein könnte oder was er gutes getan haben könnte (in Moskau und anderswo) strikt leugnet und verleugnet.

Ich habe Ihnen niemals den Erstickungstod gewünscht, wünsche ihn keinem – ich hab nur mal einen Fluch ausgesprochen (-geschrieben) mehr nicht. Mon Dieu – der Schwächere kann doch gar nicht nachgeben. Ich mach Sie nicht für die Konzern-Presse verantwortlich, das wissen Sie – aber Sie müssen doch verstehen, dass ich auf Trennung bestehe, und – bitte – halten Sie nicht mir die damalige Geldnot und gewisse Ausverkaufstendenzen bei k u w vor.

Sehr herzlich
Ihr Heinrich Böll

Carl Zuckmayer
3906 Saas-Fee · Schweiz, 2. November 1975

Sehr geehrter, lieber Herr Siedler,

die Würfel sind nun gefallen, und ich musste mich – fast möchte
ich sagen: nolens volens, aber dann doch aus unwiderlegbaren
Gründen – für den Verbleib beim Hause Fischer entscheiden. Sie
wissen, wie sehr es mich verlockt hätte, dem Propyläenverlag, bei
dem ich sozusagen in Kinderschuhen eingetreten bin, wieder mit
meinem Alterswerk anzugehören. Auch glaube ich, dass ich in
Ihnen einen literarischen Gesprächspartner gefunden hätte, wie
er mir derzeit fehlt. Doch wäre das ja auch für Ihren Verlag nur
von Interesse gewesen, wenn ich Ihnen mein *Gesamtwerk* und damit auch die Veranstaltung einer grossen Gesamtausgabe, hätte
anvertrauen können. Dies wäre, rein juristisch, auf Grund meines im Jahr 1950 abgeschlossenen Generalvertrags mit Fischer
nur möglich gewesen, wenn ich dem Verlag eine Vertragsverletzung seinerseits hätte nachweisen können, und auch das nur,
wenn ein Jahr nach einer Mahnung und Warnung meinerseits,
diese Vertragsverletzung nicht behoben würde. Dazu fehlt mir
die praktische, und wie die Dinge jetzt liegen, wohl auch die moralische Grundlage. Vielleicht hätte man gewisse Veränderungen
in der Verlagsführung, wie sie im letzten Jahr eingetreten sind,
und eine dadurch entstandene, zeitweilige Kontaktlosigkeit zwischen Verlag und Autor, als Vertragsverletzung auslegen können,
doch hat der Verlag inzwischen alles Mögliche getan, um unser
Vertrauensverhältnis wieder herzustellen, und ich würde eine
solche, nur durch gerissene Anwaltsstrategie durchzuführende
Trennung meinerseits als unfair empfinden. Herr von Holtz-
brinck, dessen Konzern unser neues Vertragsabkommen mit dem
SFV garantiert, hat meiner Frau, die von geschäftlichen und fi-
nanziellen Dingen mehr versteht als ich, in einem persönlichen
Gespräch die sachlichen Grundlagen klargelegt, auf die wir zweifellos bauen können.

Ich selbst habe für die jetzt abzuschliessende, neue Fünf-jahresperiode vom Verlag grosszügige Verbesserungen des Autorenanteils auf allen Gebieten verlangt, wie sie wohl kaum einem anderen Autor, es sei denn Gerhart Hauptmann oder Thomas Mann, zuteil wurden, und sie wurden mir ohne weiteres zugesagt, dazu noch ein besonderer finanzieller Aufwand für Werbung im kommenden Jahr, das – wenn die Götter wollen – mein achtzigstes sein wird, ebenso die im nächsten Jahr beginnende Veranstaltung einer Ausgabe ›Gesammelter Werke‹, in Einzelbänden wie in Gesamtkassette, ausserdem eine, von mir nicht verlangte, Prämie für mein 25jähriges »Jubiläum« als Verlagsautor ausgesetzt.

Auch im Verlag selber scheint mir inzwischen eine Art von Beruhigung eingetreten, nachdem eben einige Ressorts neu besetzt worden sind und offenbar mit tüchtigen Leuten, und die Katastrophengerüchte allmählich verstummt. Frau Monika Schoeller hat den besten Willen, soweit es in ihren Kräften steht, das gute alte Fischer-Niveau wiederherzustellen. Und schliesslich gehöre ich mit meinen alten und neuen Arbeiten, wenn auch als altes Eisen, oder gerade als solches, zum eisernen Bestand des Fischerverlags, und Sie werden mit mir übereinstimmen, dass ich unter den neu gefestigten Umständen keine Berechtigung hätte, den Verlag zu verlassen.

Ihnen, und besonders auch Herrn Springer, gebührt meine bleibende Dankbarkeit für Ihre Bereitwilligkeit, mir, wenn es nötig geworden wäre, im Propyläenverlag eine Zuflucht zu gewähren. Unsere freundschaftlichen Beziehungen bleiben, so hoffe ich und bestimmt von meiner Seite aus, bestehen.

Mit den herzlichsten Grüßen und Wünschen,
Ihr
Carl Zuckmayer

Selbstverständlich behandle ich auch weiterhin unsere gesamte Korrespondenz in dieser Sache streng vertraulich.

PS. Noch eine kleine Sache persönlicher Art. Ich habe Ihnen zur Verfügung gestellt, Auszüge aus meinem Aufsatz über Speers Tagebücher zur Reklame zu verwenden, – doch ist das nicht immer in sehr geschickter Weise geschehen, und ich muss die Folgen tragen, in Form von Beschimpfungsbriefen aller Art und auch öffentlichen Anrempeleien. Ich nehme keine Silbe zurück von dem, was ich geschrieben habe. Aber wenn man den Satz, dass ›das Buch auf mich ähnlich gewirkt habe wie der erste Anblick des Meeres‹ als Reklamesatz bringt und ohne die von mir dann sehr genau dargestellte Begründung, so kann man es den Leuten nicht ganz verdenken, die mir schwulstige Lobhudelei vorwerfen. Denn entscheidend war ja doch, warum es so auf mich wirkte. Die Leute, die mich beschimpfen, haben aber nie meinen Aufsatz gelesen, sondern nur die Reklamesätze. Bitte tragen Sie Sorge, dass diese nun ein wenig eingeschränkt werden. Zum Beispiel würde der Satz, der damit beginnt: ›... ist in dreierlei Hinsicht ein grosses Buch ... usw‹ – vollauf genügen, und das ›Meer‹ könnte wegfallen. Zumal das Buch es ja Gottlob nicht mehr nötig hat – ich war immer überzeugt, dass es in diesem Jahr noch die halbe Million erreicht. Uebrigens waren die Speers jetzt ein paar Tage hier oben bei uns, – es waren beglückende Tage freundschaftlicher Verbundenheit.

Herzlichst Ihr
CZ

Lieber Wolf Jobst Siedler

Also: bitte seien Sie nicht sooo »überbeschäftigt«.
Bald explodiere ich, wenn Sie mir nicht bald Bericht
und Antwort geben. Sie haben doch meinen Brief
(3 Monate) erhalten? Oder?

Indessen viele Grüße und auf bald!!!
Ihr
Jean Tinguely
10. Sept. 78

Lieber Herr Mann,

als ich vor Jahren den PROPYLÄEN-Verlag verließ, redeten wir
gerade über jenes merkwürdige memoirenartige Buch, das ich
Ihnen bei unserer Wanderung im Taunus gesprächsweise skiz-
zierte – das erinnernde Heraufrufen der grossen Leseeindrücke
Ihres Lebens von der ersten Begegnung mit Eichendorff bis zu
abendlichen Vorlesungen des Joseph, der für mich ja immer der
Höhepunkt der deutschen Literatur dieses Jahrhunderts bleiben
wird. Die Rahel-Kapitel kann ich wohl nahezu auswendig.

Ich hatte mir die Sache damals, aus dem Stegreif redend, so
gedacht, dass Sie stets die Umstände schildern, die mit diesen
Leseerfahrungen verbunden waren, das Weihnachtsgeschenk des
Zehnjährigen im Münchener Haus, die Situation, in der Sie zum
ersten Mal Rückert begegneten, der Sie wie mich wohl ein Leben
lang nicht losgelassen hat, die Begegnung mit Gide in den zwanziger Jahren und dann im französischen Exil (ich improvisiere),
das Eintauchen in die ganz andere Welt des amerikanischen Geistes nach der Übersiedlung. Mir kam es damals so vor – und so
will es mir auch heute scheinen –, als ob ein sehr wunderliches
Buch auf diese Weise entstehen könnte, das ein Buch der großen
Dichtung ist, das die großen Abenteuer des Lebens für unser-
einen bereithält, ein Buch aber auch der eigenen Familie und
Freunde, und schließlich ein Bericht über die Katarakte, die das
Jahrhundert für uns bereitgehalten hat, indem es Sie über die
Ozeane trieb und mich, wenn ich die eigene Erfahrung ins Spiel
bringen darf, seit meinem siebzehnten Lebensjahr aus einer Zelle
in die andere.

Sie sind damals ein paar Mal darauf zurückgekommen, und
als ich mich gerade anschickte, den PROPYLÄEN-Verlag zu verlassen, erreichte mich Ihr Brief, in dem Sie sagten, ob wir diese
Gedanken nicht einmal bei einem weiteren Spaziergang hin- und

herwenden wollen. Dazu ist es dann nicht mehr gekommen und erst jetzt, wo der Verlag auf eine neue und langfristige Grundlage gestellt worden ist, greife ich das Vorhaben wieder auf. In all' dieser Zeit ist es mir nämlich so erschienen, als sei dies ein Buch ganz sonderbar vermischter Sphären, wie nur Sie es schreiben können, Literaturgeschichte, Familiengeschichte und Zeitgeschichte durcheinandergehend, gleich weit weg von allem und ganz und gar zusammengehalten durch Ihr Leben und durch Ihr Naturell. In den letzten zwei Jahren habe ich – mit Fest zusammen verreist nach Sylt, Südtirol oder Sizilien, immer wieder daran gedacht und darüber gesprochen, und alles – das eigene Denken wie das Gespräch – bestärkte mich in meiner Meinung, daß dies in jeder Hinsicht ein großes Buch werden würde. Diese Zuversicht will ich ein wenig deutlich machen, und so füge ich gleich hinzu, daß ich für meinen Teil jedes Risiko zu tragen bereit wäre, und sei es das eines Garantiehonorars in der Größenordnung einer Viertelmillion. Es müßte, wenn ich das richtig sehe, zu einem ganz anderen Honorarbetrag kommen, den ich eher zwischen einer halben und einer ganzen Million sehe. Denn ich habe gar keine Zweifel, daß ein solches Buch die literarische Saison eines Jahres beherrschen würde und zudem noch über zumindest ein Jahrzehnt Bestand hätte.

Wollen wir nicht wirklich einmal in Ruhe darüber sprechen, zu zweit oder zu dritt mit Fest, der ja in solchen Dingen ein idealer Gesprächspartner ist? Man könnte sich in Meran für ein langes Wochenende treffen, spazierengehend die Gedanken hin- und herwenden und das Gemeinte gesprächsweise erproben. Fest wäre jedenfalls mit Freuden mit von der Partie.

Die Verlagsnachbarschaft, in die Sie sich begeben würden, brauchen Sie nicht zu scheuen. In diesem Herbst eröffnen wir die zehnbändige Edition des Adenauer-Nachlasses, dessen erste beide Bände in diesem Herbst die Briefe Adenauers vorlegen werden; dem sechsbändigen Unternehmen »Die Deutschen und ihre

Nation« wird 1986 ein vielbändiges Folgewerk »Das Reich und die Deutschen« folgen, und auch die einzelnen Bücher sind so übel nicht, von einem Band Richard von Weizsäckers bis zu einer »Geschichte des deutschen Adels« eines Vierhaus-Schülers, und dann Bücher von Borst, Alfred Heuss, Bracher und Koselleck. Die neue Nachbarschaft des Hauses Bertelsmann gibt mir die Möglichkeit, meinen alten Strumpf mit neuer Zuversicht weiterzustricken, und da ich meine verlegerische Existenz mit Ihrer »PROPYLÄEN-Weltgeschichte« begann, wäre es in tausenderlei Hinsicht ein Vergnügen, sie mit Ihnen jetzt auch weiterzuführen.

In diesem Sinne bin ich
in alter Herzlichkeit stets
Ihr
Wolf Jobst Siedler

Berlin, den 13. April 1983

Golo Mann
27. April 1983

Lieber Herr Siedler,

haben Sie ein wenig verspäteten Dank für Ihren Brief von, nun
gut, auch schon Mitte April, und jetzt sind wir nahe dem Ende.
In meinem Alter geht's mit den Monaten sogar noch schneller als
mit den Jahren ... Ja, das war ein sehr netter Brief, der es wohl
mit dem Adressaten meint. An »Gedanken und Erinnerungen«
denke ich ja auch seit langem, und da würden auch Gedichte ihre
Rolle spielen, ich könnte mir sogar denken, dass ich ein Heft, die
Gedichte, die ich am meisten liebe oder so, dem Buch beigeben
würde. Uebrigens ist es meiner Erfahrung nach gar nicht leicht,
über Gedichte zu schreiben. Man fällt dann leicht ins Biographi-
sche oder sonst irgendwie Gelehrte. Ich habe ja dergleichen einige
Male für Reich-Ranicki getan, im Grunde ohne viel Freude. Gedichte muss man vortragen. Dafür sind sie gemacht. Sie kennen
vielleicht diese Schumann-Anekdote: Er spielte eine Klavier-
sonate in Gesellschaft, ein Gast fragte ihn danach: was haben Sie
nun damit ausdrücken wollen? Schumann: das kann ich Ihnen genau sagen – und spielte die Sonate noch einmal. Nun, Gedichte
sagen es ja selber mit Worten. Was die Frage, was meinte der
Dichter damit, eigentlich noch überflüssiger machen sollte.

Der schwere eiserne Haken bei Ihrem Vorschlag ist der S. Fischer Verlag. Ich bin nicht juristisch an ihn gebunden, aber ich
fühle mich irgendwie moralisch an ihn gebunden, obwohl er bisher nie Geld an mir verloren hat. Zum Beispiel soll er im nächsten Jahr eine GM Bibliographie bringen, an der ein unseliger
amerikanischer Professor seit Jahren sitzt. Mir ist an dergleichen,
am Fixieren von tausenden von Artikeln und sonstigen Eintags-
fliegen rein gar nichts gelegen, im Gegenteil, es graut mir davor,
aber verhindern kann ich's ja auch wieder nicht, und dann muss
es gedruckt werden und jemand muss dafür bezahlen. Tatsächlich ist mir S. Fischer ein bisschen ein pain-in-the-neck. Vor Jah-

ren zum Beispiel schlug mir der Süddeutsche Verlag vor, eine Biographie König Ludwig I von Bayern zu schreiben, der auch nächstens 200 Jahre alt wird. Das Thema hätte mir gelegen, eine ziemlich harmlose und ziemlich liebenswürdige, fürstliche Atmosphäre, und es hat der Mensch ja wirklich Grossartiges geleistet. Meine Antwort: sie müssen das irgendwie mit S. Fischer vereinbaren, vielleicht mit ihm zusammenmachen. Natürlich ging das nicht. Und dann musste ich dem Süddeutschen Verlag absagen, eben darum, und dann konnte ich's nicht für S. Fischer machen, denn natürlich hat mittlerweile der Süddeutsche Verlag einen anderen gefunden, und dem wollte ich nicht in die Quere kommen. So geht es. Und soll ich jetzt mit Ihrem Brief zu S. Fischer gehen und fragen: Könnt Ihr mir eine halbe Million garantieren? Nicht einmal das kann ich; ich könnte Ihnen noch ein solches Beispiel nennen, es ist recht ärgerlich, genug davon. Uebrigens soll in meinen »Gedanken und Erinnerungen« die »Familie« doch möglichst wenig vorkommen, obwohl man natürlich genau das von mir erwarten wird. Aber ich bin Familienmüde.

Mit herzlichen Grüssen
Ihr Golo Mann

RUDOLF AUGSTEIN

Herrn
Wolf Jobst Siedler
Kaiserin-Augusta-Allee 5

10553 Berlin

Hamburg, den 26. Mai 2000

Lieber Wolf,

vielen Dank für den ersten Memoiren-Band. Da ich selbst, wie Du weißt, nicht mehr

lesen und ihn daher auch nicht besprechen kann, habe ich ihn den Kultur-Leuten an-

empfohlen. Mit dem zweiten Band möge es Dir nicht gehen wie Golo Mann, der Zür-

cher Buchhändler beschimpfte, weil sie den zweiten Band seiner Memoiren nicht aus-

stellten. Allerdings hatte er vergessen, daß er ihn niemals geschrieben hat.

Herzliche Grüße
Dein

PS: Auf das Gespräch mit meiner Tochter darf man ja sicher gespannt sein.

Anhang

Zu den Aufsätzen

Als die Buchmesse noch ein literarisches Ereignis war
Der Tagesspiegel, 1958

Hat Deutschland noch eine literarische Öffentlichkeit?
Der Tagesspiegel, 1959

Endlich eine neue Stimme: Uwe Johnson
Der Tagesspiegel, 1959

Land ohne Hauptstadt
Frankfurter Allgemeine Zeitung, 1985

Trauer um den verlorenen Schmerz
Die Welt, 1964

Bürgerliche Straßen in unbürgerlicher Welt
Frankfurter Allgemeine Zeitung, 1994

Hat die Geschichte ihr Finis geschrieben?
Frankfurter Allgemeine Zeitung, 1986

Das Land zwischen Elbe und Oder ist alles,
was von Preußen geblieben ist
Die Welt, 1989

Preußens Auszug aus der Erinnerung
Die Welt, 1965

Kurzer Glanz und langes Vergessen
Frankfurter Allgemeine Zeitung, 1979

Die kurzlebigen Großreiche
Neue Zürcher, 1995

Der lange Weg in die Häßlichkeit
Frankfurter Allgemeine Zeitung, 1982

Eine Stadt ohne Geschichte mitten in der Geschichte
Die Welt, 1999

Zu den Briefen

Bildnachweis

Seite 30
Kaiser-Wilhelm-Gedächtniskirche in Berlin, Blick von der Tauentzien-
straße, 1956 (Aufnahme Fritz Eschen), ullstein bild, Berlin
Seite 35
Berlin am 1. Mai 1945, ullstein bild, Berlin
Seite 47
Oderbruch, ullstein bild, Berlin
Seite 107
Siegessäule in Hakenberg zur Erinnerung an die
Schlacht von Fehrbellin, ullstein bild, Berlin
Seite 125
Detail von der Schloßplatzfassade des Berliner Stadtschlosses,
Brandenburgisches Landesamt für Denkmalpflege und
Archäologisches Landesmuseum, Meßbildarchiv, Wünsdorf
Seite 133
Kundgebung zum 1. Mai 1953 vor dem Berliner Reichstagsgebäude,
akg-images, Berlin
Seite 156
Wolf Jobst Siedler zu Beginn der neunziger Jahre
(Foto Atelier Osterholz, Bremen), Privatbesitz Wolf Jobst Siedler, Berlin
Seite 172
Straße des 17. Juni in Berlin, August 1999, ullstein bild, Berlin
Seite 177
Potsdamer Platz in Berlin, 1924, SV-Bilderdienst, München
Seite 183
Branitzer Platz in Berlin-Westend, Elisabeth Niggemeyer, Berlin
Seite 227
Max Brod an W.J.S., 26. Januar 1953, Privatbesitz Wolf Jobst Siedler, Berlin
Seite 229
Heimito von Doderer an W.J.S., 26. Juni 1956,
Privatbesitz Wolf Jobst Siedler, Berlin
Seite 237
Horst Janssen an W.J.S. (Ausschnitt), 27. Juni 1970,
Privatbesitz Wolf Jobst Siedler, Berlin
Seite 246
Jean Tinguely an W.J.S., 10. September 1978,
Privatbesitz Wolf Jobst Siedler, Berlin
Seite 252
Rudolf Augstein an W.J.S., 26. Mai 2000,
Privatbesitz Wolf Jobst Siedler, Berlin

Bücher von Wolf Jobst Siedler

Die gemordete Stadt, F. A. Herbig Verlagsbuchhandlung, München/Berlin 1964

Behauptungen, F. A. Herbig Verlagsbuchhandlung, München/Berlin 1965

Weder Maas noch Memel, Deutsche Verlags-Anstalt DVA, Stuttgart 1982

Die verordnete Gemütlichkeit, Quadriga Verlag J. Severin, Berlin 1985

Auf der Pfaueninsel, Siedler Verlag, Berlin 1986

Wanderungen zwischen Oder und Nirgendwo, Siedler Verlag, Berlin 1988

Stadtgedanken, Goldmann Verlag, München 1990

Lob des Baumes, Siedler Verlag, Berlin 1990

Abschied von Preußen, Siedler Verlag, Berlin 1991

Lob der Flußschiffahrt, Reederei Peter Deilmann, Neustadt in Holstein 1993

Der Verlust des alten Europa, Deutsche Verlags-Anstalt DVA, Stuttgart 1996

Phoenix im Sand. Glanz und Elend der Hauptstadt, Propyläen Verlag, Berlin 1998

Ein Leben wird besichtigt, Siedler Verlag, Berlin 2000

Wir waren noch einmal davongekommen, Siedler Verlag, München 2004

Der lange Abschied vom Bürgertum. Joachim Fest und Wolf Jobst Siedler im Gespräch mit Frank A. Meyer, WJS Verlag, Berlin 2002

Wider den Strich gedacht, Siedler Verlag, München 2006